看见
才是爱

——看得到的问题，看不见的伤害

海夫人 著

青岛出版集团 | 青岛出版社

图书在版编目（CIP）数据

看见才是爱：看得到的问题，看不见的伤害 / 海夫人著.
-- 青岛：青岛出版社，2019.3
ISBN 978-7-5552-2102-9

Ⅰ . ①看… Ⅱ . ①海… Ⅲ . ①家庭教育－教育心理学 Ⅳ . ① G78

中国版本图书馆 CIP 数据核字 (2019) 第 002028 号

KANJIAN CAI SHI AI ——
KANDEDAO DE WENTI，KANBUJIAN DE SHANGHAI

书　　名	看见才是爱——看得到的问题，看不见的伤害
著　　者	海夫人
出版发行	青岛出版社
社　　址	青岛市海尔路 182 号（266061）
本社网址	http://www.qdpub.com
邮购电话	（0532）68068091
责任编辑	尹红侠
装帧设计	祝玉华
照　　排	光合时代
印　　刷	青岛双星华信印刷有限公司
出版日期	2020 年 3 月第 2 版　2024 年 4 月第 12 次印刷
开　　本	32 开（850mm×1168mm）
印　　张	13.25
字　　数	240 千
印　　数	74001-81200
书　　号	ISBN 978-7-5552-2102-9
定　　价	48.00 元

编校印装质量、盗版监督服务电话 4006532017　0532-68068050

因无力而有力，
来自海夫人的光明与照见

在成为母亲之前，我自己个性中的不足基本是被下意识地束之高阁的，因为那个时时与我短兵相接、赤膊相见的角色还不曾降临，我还没有机会在时时刻刻上演的攻击与招架的回合中照见自己的不足。那个时候的我，个性强烈分明，凡事不容人分说，充满了想当然的自以为是，会自我陶醉，会逃避自我的不足，也会自我怀疑，并不自信。总体来说，我尚是一个幼稚的成年人，还处在人生的蒙昧期，抱持了一堆浅陋的偏见，爱的能力、自我完善的能力尚未显现。

直到女儿降临，这个天性聪敏、个性也强烈的小小人儿充满了不妥协的战斗力，把那个浅陋且不坚固的我撞得稀里哗啦，满地都是。她真正是为改造我而来，是再造我的神器。

有一天我在回家的路上读到了一句话：是孩子使得父母成长，而不是父母养育了孩子。我深以为然。我感受着她的喜怒哀乐，在参与她成长的欢乐与痛苦中，在不无激烈的对撞之中，在她的千锤百炼之下，我疯狂阅读，寻找启发，我修改作息，学习勤奋自律。无数次重塑之后，我变得不再那么自我，也不再逃避自我，慢慢懂了爱的含义，有了爱的能力。包容、尊重、淡定、坚持，成为生命成熟起来的底色。

回顾我们母女的成长之路，从蒙昧到有力爱，代价也不可谓不沉重。读懂自己，方得自信。经受了严峻成长考验的我坚信，那些轻描淡写的成功育儿经验在很大程度上被隐去了真实性，一旦缺少了诸多真实的细节，就很难具备启发鼓舞别人的力量。

而遇见海夫人，是人生中最幸运的几次相遇之一。正所谓一个饱受打磨的灵魂会识得另一个丰富曲折的灵魂。但是她比我更有力，大概在于她经受的痛苦更深刻，获得的成长也更多些。我总是从她那里得到抚慰与力量，却基本无以为报。因为她已经处在一种很高级的人生状态：简单、真实、自省、自律，实在是我仰望的榜样。

在海夫人的第一本书《爱是最好的良方》临近出版之前，与她尚不熟识的我有幸被她邀至家中，就她这本处女作对她做了一次专访。在她陋朴却整饬的家中，我收获了有史以来最为放松丰富的一次采访体验。她完全不讳谈她曾经相当严重的抑郁状态，她慢慢诉说面对抽动症严重的儿子，她是怎样走出了抑郁，并迸发出了巨大的能量，曾经纠结痛苦，而今已经能够云淡风轻地回望。那一刻，她虽清弱却十分安静笃定的模样，在我面前呈现出了一种大而强的反差，那种外表文弱与内在有力的对比与交织，实在是一种现实版的成长传奇。因为虽然我自己也在育儿过程中不断获得成长，但是我的成长远不及她那般强烈与巨大。

这使我很好奇，从无力到有力，她是如何走到了这一步。我细读她的书稿，她对自己原有性格问题的勇敢剖析，面对抽动症发作的儿子，她痛定思痛，逐渐找到自己的节拍，蓄积起越来越强大的观察力与自省力，强大到令人惊叹。一个曾经了无活力的母亲，借由对孩子的爱和责任，释放了她被潜封已久的母爱的天性，成为人生的强者。那一刻我感叹母爱这一天性的伟大，自己也被有力地抚慰与激励了。

采访当晚我写了篇长日记来记录这次采访，面对一个走过巨大痛苦获得了巨大成长的人，她给我的感觉是真实、简单、有力。当她向我平静地、全无禁区地敞开，分享她的所得时，我自己也卸下了所有的压力与成见，得到了真正的释放与升华。这样的体验有力地抚慰、强大了自己的内心。其时正逢一个男演员因抑郁症自杀，在网络的传播下，抑郁症一词挑动着多少人原本就已因压力而紧绷的神经。参与了这次采访的年轻同事后来说，做完这次采访让她打消了是否自己会得抑郁症的自我怀疑。

最近我读到了"当那么多女性都无能为力时，你就会充满力量！"这句颇有密码效应的祈使句，我更加明白了海夫人的价值，就在于她曾经真实地分享了她的无能为力，更在于她没有停留在她的无能为力上，她远远地向前走去，她的从无力到有力极大地抚慰并帮助了我们。

现在的她仍在不断朝前走去，并且留给我们的不是她一人潇洒的背影，而是她更加丰富、更加睿智的指引与警示。读完这本《看见才是爱》的书稿，犹如光明来临，照见我们这些愚直的大人曾经多么无知粗暴地对待过孩子。愿我们这些底色暗黑的大人，能够借由这本新书的明镜，照见自己的偏颇懦弱与麻木不仁。

如果你发现孩子出了问题，请你回到自我这个原点来求解，以自我为圆心，奋力画长孩子的成长半径。因为正如海夫人所言，一切都在我们。孩子的起点正是我们，我们的高度就是孩子起点的高度。我们自己的底色就是孩子成长的背景墙，而不是从各处嫁接来的斑驳色彩。

面对孩子，容不得半点虚伪。基于诚实地面对自我，我们就会是笃定的，再也不会在各种教育论里迷失，我们的姿态也不再是战战兢兢的，终究会收获平和与自信。如果我们借由孩子回到我们一直在逃避或者甚至已经放弃了的人生，海夫人便真正成为我们的路标与引路人。

冷鲜花
《商周刊》副总编辑
2018 年 11 月 28 日

爱如轻轻流淌的清泉

　　我第一次听到海夫人的名字，是从青岛出版社尹红侠编辑口中知晓的。我毛遂自荐地将自己的书稿交给尹编辑看看，在闲谈中知道海夫人的著作《爱是最好的良方》正在热销中。

　　海夫人这名字首先让我联想到外国人，其次想到的是穿着长裙的贵夫人。后来才知道这个名字源自她的老公，因为老公经常出海，所以取名海夫人。刹那间，我更是觉得这名字取得有味道。让我惊喜的是，我们俩竟然是老乡，我是一个喜欢热闹的人，认识不少江西老乡，没有想到竟然会不认识这位兰心蕙质的老乡。

　　海夫人的第一本书《爱是最好的良方》是关于抽动症康复的小众书籍，说实话我刚听说的时候非常担心这本书的销量。从营销角度看，受众少本身就是一大硬伤。没有想到的是，《爱是最好的良方》上市两年，重印7次，销量已近6万册。所以，有一天海夫人联系我，让我给她的新作写序，我是很惊讶的！处在巅峰，却从容淡定，仍然笔耕不辍，让我不得不佩服！

此时我还没有见过海夫人，两年之中偶尔在微信上留个言。有一回，我和尹编辑说想找海夫人和心医觉民出来坐坐，一来见见两位大咖，二来学习一下他们的经验。尹老师说，往后放放吧，最近海夫人在西安有个分享交流会，她会比较忙，而且每次活动回来，海夫人因为身体弱需要休息好多天才能缓过劲来。我当时第一反应是既然身体不好干吗要这么拼。后来见面时，我问海夫人："你的分享交流会收费吗？"她说："如果能联系到图书馆的场地，分享会就是公益的，不收费。这次到西安的时间比较急，西安图书馆的申请流程时间比较长，来不及，所以临时租了一个场地。如果租借了场地，就会收一点场地费。"我听后肃然起敬，在这个人世间，海夫人是一股清流。

带着这些印象，我拿起了海夫人的这部书稿，书稿的名字《看见才是爱——看得到的问题，看不见的伤害》。我觉得海夫人真是取名字的高手，就像她的笔名和第一本书名一样，让人看着就舒服。

《看见才是爱》一书带领读者讨论了家庭教育中的很

多热点话题，比如说教和管控的误区、如何正确面对孩子的情绪、真正的教育是走心的、爱的能力、错爱的代价、正面面对问题并共同成长等等。

书中的很多观点都非常棒，我也很认同。比方说精细化养育，我认为这是一个特别需要重视的话题。在多子女家庭的年代，父母忙于生计，无暇顾及孩子，那时候基本是散养孩子。散养的优势在于，每一个生命都能顺其自然地发展，稍显不足的是缺少父母或长者的引领。而精细化养育诞生于少子化的家庭，父母觉得输不起，如果唯一的孩子不好了，就感觉一个家毁了。基于这种心态，父母教育孩子就有了精细化的特征，精细的背后意味着替代和控制。替代让孩子无须思考、无须担责、无须成长，控制则意味着孩子不需要有独立思想、独立意识、独立见解，言听计从就好。这样的养育不出问题才奇怪呢！

再比方说，正确面对孩子的情绪，我认为父母最该修炼的内功就是正确面对孩子的情绪。很多父母常常忽视甚至漠视孩子的情绪。正所谓，看见才是爱！有情绪就需要表达，如果不表达，则有可能在心中郁结，最后憋出内伤来。

一位年轻的妈妈领着孩子和闺蜜一家人一起玩，孩子的玩具被闺蜜的孩子抢走了，于是孩子哭了起来，妈妈就对孩子说："你哭什么哭！家里有那么多玩具，姐姐多玩一会儿有什么要紧！"这位年轻的妈妈看不到孩子的情绪，不允许孩子有情绪的表达。我就奇怪了，孩子的玩具被人拿走了，为什么孩子连哭都不可以。假如这是妈妈与孩子互动的常用方式，孩子就不被看见，就没有存在感。没有了存在感，还妄谈什么意义和价值？失去了存在感、意义和价值，个体不就抑郁了吗？

一本书也好，一篇文章也好，有破有立方为好书或好文章。不少人喜欢愤世嫉俗、吹毛求疵，骂得倒是痛快，但凡一问他有什么好办法吗，他就傻眼了。《看见才是爱》最大的优点就在于见招拆招，对于每一个家长的问题，既有理论上的讲解，又有实操性的具体方法，实属难能可贵，是值得年轻父母和隔代养育的老人拥有的一本家庭教育枕边书。

刘启辉

青岛理工大学心理中心主任、副教授，

青岛市家庭教育研究会常务理事、副秘书长，

畅销书《其实你不懂孩子》作者

2018 年 12 月 3 日

看见问题，和自己对话

　　我再次受到海夫人的邀请，为她的第二本书《看见才是爱》撰写序言，心里也是百感交集。

　　与海夫人的结缘是源自我的第一部纪录片处女作《妥妥的幸福》。这也是国内首部聚焦抽动症（妥瑞症）人群的系列纪录片。海夫人不仅仅只是这部纪录片第四集的主人公，她也为整部纪录片的众筹和一部分主人公的选择给予了极大的帮助。

　　海夫人的第一本书《爱是最好的良方》自出版以来，时至今日，备受国内抽动症儿童家长们的关注，这本书也极大地纠正了抽动症儿童家长们对孩子症状的看法和态度，并从一定程度上启发了家长们的心智。

而这本《看见才是爱》，可以说是海夫人的"升级作品"。如果说《爱是最好的良方》是海夫人写给所有国内抽动症儿童家长的康复指南，那么《看见才是爱》则是她写给所有的儿童家长朋友们的启发之言。

　　在海夫人多年从事抽动症儿童康复咨询的过程中，她接触了大量的家长群体，从中发现了很多共性问题，这些问题不仅存在于抽动症儿童的家庭亲子模式中，也同样存在于那些没有抽动症的家庭中。因为，有抽动症的孩子，他们也是孩子。

　　如同这本书的名字，"看见"自己的问题，才能更好地给予孩子正确的爱。看见孩子的问题也许很容易，但能够看见自己的问题其实并不容易。很多家长看不见自己的问题，而一味地把问题归结到孩子和孩子所处的环境上。如此看来，这便是一个死循环。而脱离这个死循环的关键，还真的就是看到此书的你们。

　　作为一个做纪录片的潜行者，我没有什么经验和资格去深入探讨亲子教育的问题，但我对这本书的价值是非常肯定的。

　　无论你把这本书理解成心理学著作也好，或是实用的亲子教育指南也罢，它就在那里，给育儿道理上遇到疑惑的你提供了一面镜子，照照你的孩子，也同时照照自己。

如果你在镜子中看到了一些问题，希望你的反应不是焦虑的叹息或偏执的否认，而是沉下心来去面对这些问题，跟自己对对话，跟这些问题也对对话，最后给自己一个微笑，给孩子一个拥抱……

大蒋

纪录片制作人，视频摄影师，

"妥友之家"订阅号创立者

2018 年 12 月

看得到的问题，看不见的伤害

海夫人从 2009 年 1 月开始在网络上分享文章，起初是分享帮助抽动症儿童康复的相关文章，而帮助抽动症孩子康复，让抽动症孩子健康成长，必定和家庭环境、养育方式息息相关，所以海夫人同时开始分享养育、亲子教育的相关文章。

海夫人在 2009 年 5 月建立了"沐浴阳光 QQ 群"，目前有 15 个群，群友近 2 万人。2016 年 12 月，海夫人的第一本书《爱是最好的良方——抽动症儿童康复指南》在青岛出版社出版。这么多年持续不断地和家长分享、沟通交流，海夫人发现很多家长普遍存在一些盲区、误区。

家长们对孩子表现出来的问题，通常看得比较认真、清楚、专注，同时对于出现的问题容易纠结、拧巴、想不通，总是在反复问：怎么就这样了？怎么就会这样呢？

　　多数家长对于孩子出现的问题，刚开始的感受是痛苦并且矛盾的，内心的第一反应大多是抗拒、不接纳，总会问：怎么就这样了？

　　家长们能够看到孩子出现的问题，甚至可以在第一时间发现，很多家长一看到孩子有点什么问题，马上就会批评孩子，指出问题。

　　家长们对于孩子问题的认识、反应、归类、评判、套概念、说对错无比迅速。但是大多数家长仅仅止于此，很多家长的关注点和焦点通常只是停留在出现的问题上，导致家长只能看到问题，重复看到问题，但是看不见问题出现的原因——曾经的影响和伤害、曾经的偏离和错误。

　　在电视连续剧《海上孟府》里，男主人公孟文禄在那个动荡的年代，舍弃私人家产，把自己家的兵工厂捐给国家，为国家造兵器，保卫国家，抵御外国列强的侵略。日本人为了阻止他这样做，处处迫害他，甚至计划暗杀他。他的父亲送他出国留洋，学习兵器制造。他在给学生上课的时候说："我们国家现在的样子是祖宗造的孽，我们现在怎么做能决定给将来的子孙带去福还是祸……"

当家长看到孩子表现出来的问题时，这个问题的成因并不在今天，而是在今天以前。

　　当家长看到孩子表现出来的问题时，不去思考，不去反思反省，不从自身开始努力，不做好自己，而是整天盯着孩子已经表现出来的问题，盯着孩子的行为方式，这无疑对问题的解决毫无益处。

　　今天表现出来的问题，成因并不在今天。

　　今天表现出来的问题，是一个很好的提醒，提醒我们去看看曾经的做法是否不妥当，是否需要修正。

　　根据出现的问题，思考需要努力提高和改变的地方，只有这样，这个问题的出现才有价值和意义。

　　让我们通过看得到的问题，去看见曾经的伤害和曾经的错误，要看到真正的孩子，看见才是爱。

　　《看见才是爱》这本书收录了海夫人10年间接触到的家长错误的养育模式和错误的教育模式，而其最根本的原因就是家长没有看见孩子。当家长无法看到孩子的时候，就会对孩子进行说教、管控、包办代替、精细化养育，这个时候伤害远大于教育。

　　希望通过这本书，大家不仅能够看到问题，而且能够反省并发现曾经的错误，然后做出调整和改变。

　　书中分享的都是真实具体的个例。

解决问题的关键在于面对的过程，面对的过程也就是发现曾经的错误、自我修复并解决的过程。

　　看见才是爱，看见孩子，看见自己。

海夫人

2018 年 8 月

第一章 说教和管控的误区

第二章 如何正确面对孩子的情绪

第三章 真正的教育是走心的，无关对错

第四章 爱的能力

第五章 错爱的代价

第六章 障碍的出现是一种提醒

第七章 面对并成长

第一章　说教和管控的误区

▶ ▶ ▶

　　很多家长认为不管孩子就是对孩子不负责任，如果不管孩子，家长就会觉得自己是个罪人，所以一定要管，管了才如同心理安慰般好过点。其实不应该管孩子，而应该教育和引导孩子，但是很多家长都是在管，管就必然带来限制，甚至强迫，以说教和管控为主，这样家长管得越多，孩子的问题就越多。

隔代养育与精细化养育

在海夫人举办的"沐浴阳光群"青岛第一届抽动症分享交流会上，一个家长在现场提问："我感觉家庭和谐，孩子也被养育得好好的，孩子怎么就有那么多毛病？比如：没按着孩子说的来就不行；在家里窝里横，出门胆小；平时比较磨蹭、拖拉；还有抽动症。"

当时，我问："孩子出生后一直由谁照顾？怎么照顾的？"

家长回答说："一直是奶奶照顾，奶奶和我们一起生活。奶奶把孩子照顾得很好。"

我问："具体是怎么照顾的？我想了解的是养育孩子的方式方法，比如是精细化养育，还是……"

家长疑惑地问："海夫人，什么是精细化养育？"

什么是精细化养育？

精细化养育类似什么？当时在分享交流会现场，我举了具体的例子。大家是否见过现代化的养鸡场？我曾经在电视上看过，并听过关于现代化养鸡场的介绍。

现代化养鸡场的设施都已经是机器化、自动化。鸡笼

003

一层层，一格格，排列整齐；鸡笼前有一排槽，槽里定期定时送食物，定期定时送水；鸡笼后面有滑道，能自动处理排出的粪便，还能自动收集鸡蛋。鸡舍的天花板上有白炽灯，灯光照明严格按科学计算设定，模拟晒太阳的效果，给鸡做日光浴。鸡每天定时吃饭，定时喝水，定时日光浴，定时睡觉，鸡的吃、喝、睡、拉都被照顾得特别好。

现代化养鸡场饲养鸡的方式就类似精细化养育，鸡们只管吃、喝、拉、睡，别的一概不用管，并且这种吃、喝、拉、睡属于机械化、循规蹈矩、按部就班、一成不变的形式。

这样快速养成的鸡，三个月就能出笼，被拿到市场上出售。但是如果我们这样养孩子，可以吗？这种长在现代化养鸡场里的鸡，如果离开这个鸡笼能存活吗？

家庭幸福，为什么孩子却有了抽动障碍、刻板和追求完美的情况？

有一位家长是一家上市公司的中层管理人员，工作能力强，工作也挺忙。

这位家长找到我的时候，是一头雾水，她怎么都想不明白，她那个可爱的、健康的、被照顾得非常好的宝贝儿子为什么就得了抽动症，孩子才4岁。

为了弄明白是怎么回事，她请了年假，带孩子去了两家非常好的三甲医院看病，两家医院都确诊孩子患有抽动症，同时两家医院的医生都告诉她，不用太紧张，也不用吃药，改变养育方式，多让孩子锻炼，年龄大一点就好了。

在门诊就医时，医生所说的内容有限，这位家长还有很多困惑。当时她请了年假，每天和孩子在一起，她发现孩子还有强迫倾向，不仅如此，还很刻板，比如在外面玩，被别的小朋友不小心碰到，他就说："你碰到我了，快道歉。"但是大家都玩得很开心，谁会注意这个细节呢？那个碰到他的小朋友继续很开心地玩，他独自一人僵持在那里，一直在说："你碰到我了，你要道歉。"

没人理他，他一个人很不高兴，然后不玩了，嘴里嘟嘟囔囔，一直说着这句："你碰到我了，你要道歉！"

这是精细化养育惹的祸

这位家长带着很多疑问上网查资料，这一查就找到了我，向我咨询孩子的问题，下面是这位家长的提问。

家长：海夫人，我看了你的文章，我感觉很多孩子得抽动症的原因都是家庭出了问题，父母感情不好，长年吵架打架，粗暴对待孩子。我们家不是这样，我们家庭和睦，夫妻感情也好，家里的气氛很好，也很温和，我想不明白，我的孩子怎么会得了抽动症？

海夫人：并不是家庭不和谐、父母常年吵架打架的孩子就一定得抽动症，这些孩子也可能出现其他的问题，表现在其他方面。对抽动症而言，家庭环境和养育方式只是诱因。你的孩子出生后是谁带孩子，怎么带？

家长：因为我工作忙，所以孩子出生后一直由我爸爸妈妈带，我爸爸妈妈专门从老家过来帮我带孩子，希望我专心工作。我妈妈带孩子特别细致，把孩子照顾得特别好，孩子白白胖胖的，长得挺好。"

海夫人：那你妈妈对待孩子的方式是不是属于精细化养育呢？照顾得特别细，事无巨细，比如刚从外面回来，孩子还没说口渴要喝水，姥姥就把水端过来了。孩子还没说饿，姥姥就把吃的塞到孩子嘴里了……

家长：海夫人，你这么一说，我发现还真是这样。我妈把孩子照顾得特别周到，比如出去玩，孩子刚走了一会儿，我妈妈就把孩子抱起来。我妈妈说，小孩子脚嫩，走多了路不长个，那个时候我还觉得我妈妈的话挺有道理。

这些天我回家全程陪着孩子，我发现孩子在外面玩，稍微跑一跑就大喘气，而且说累，我看别的孩子疯跑很久都没事。

孩子特别爱干净，就像有洁癖一样，谁也不能碰他的东西，碰了他就嫌脏，就不要了。坐下来之前一定要把凳子擦干净，要不就不坐，绝对不会像别的孩子那样玩得高兴了会躺在地上打滚……

海夫人：稍微玩一下就大喘气，觉得累，那是因为孩子平时活动得太少，老人照顾得太细致，孩子多走两步，老人就怕孩子累着，孩子玩耍的时候老人肯定也在小心地控制着。

特别爱干净的习惯也是老人培养出来的，比如外出时老人会反复告诉孩子不要随便乱摸，脏，不要随便乱坐，脏。每天这样唠叨，孩子就养成了这样的习惯。

精细化养育是婴儿期共生状态的错误延续

当孩子刚出生，还是一个小婴儿的时候，孩子需要这种和养育者处于共生状态的精细化养育方式，需要养育者的细致照顾，需要随时吃奶和增减衣物，需要安静舒适的生长环境。

这种完全的共生状态仅限于婴儿期，随着年龄的增长，当孩子从婴儿期进入幼儿期以后，孩子会爬，能走，开始奔跑，开始懵懂探索世界，就不再需要这种共生状态的精细化养育方式了，家长应该逐渐把成长的主动权交给孩子。

精细化养育对孩子产生的影响

老人这种精细化、全程包办的养育方式，带给孩子的影响就是阻碍了孩子的自然探索和真实体验，孩子犹如被架空了，被架空在一个高级、舒适、标准化的"笼子"里，被舒舒服服地喂养着。

孩子被照顾得舒舒服服，虽然身体在一刻不停地生长发育，但是因为一直处在被精细化养育和被架空的状态，所以内在的力量没有获得成长。

真实的体验带来真正的力量，孩子被精细化养育着，定时吃饭、定时喝水、定时晒太阳、定时睡觉，这些都是由养育者安排制定的，没有孩子的自主参与，比如踏进家门，还没说渴，家长就把水端过来了。这种切断孩子自身链接的非自然的养育方式，会让孩子逐渐暴露出因自身能力（力量）不足而引发的各种问题，比如会莫名慌乱、胆怯、紧张、焦虑、强迫等。

研究表明，强迫症儿童多数生活在"父母过分十全十美"的家庭中，父母具有循规蹈矩、按部就班、追求完美、不善改变等性格特征。（摘自杜亚松主编《儿童心理障碍诊疗学》，人民卫生出版社出版）

精细化养育在这些养育者看来就是十全十美的养育方式，循规蹈矩、按部就班、追求完美、不善改变。

比如上面这个4岁孩子的表现，别人碰了一下，必须要对方道歉，别人不道歉，孩子就没法继续好好玩下去。

孩子在这种精细化的养育下，变得模式化，也变得循规蹈矩、按部就班、不善改变。这种模式进入了孩子的潜意识并影响着孩子，孩子自主的生命能量在这种行为模式中被卡住了，孩子不会变通了。

孩子是一粒种子，每一粒种子都有他独特的地方，有他自己的方式和他自己的力量，而真实的体验是让种子萌发和生长的必然和必需的条件。

说教是盯着结果来纠正结果

男宝5岁妈妈：我现在心情真的很难受，自从孩子抽动以来，我每天都努力改变自己，但他还是那么敏感。孩子最近不好好吃饭，说没胃口，但是很喜欢吃零食，比如酸奶、面包、糖果、萨其马，吃完正餐一会儿就要吃零食。

我忍了几天，每天好言好语地告诉他不能多吃零食，我们都要吃正餐。

今天下午孩子一直在吃零食，一会儿要吃这个，一会儿要吃那个，我尽量控制他，晚上孩子又说吃不下饭。我有点不高兴了，本来心里就很崩溃，我就说："宝宝晚上吃不下饭，那明天真的不能吃零食了，吃多了真的没胃口吃饭了。"他可能看出我有点不高兴，可是我的态度真的很好，他还是很敏感。爸爸拿奶片给他吃，他就发脾气说："妈妈不让吃零食，奶片也是零食，你不要给我吃，我什么都不吃。"我真的很崩溃，不知道怎么处理。

海夫人：如果妈妈把注意力全部放在孩子的吃、喝、拉、睡等本能需求上，就容易忽略生活中的其他事情，比如户外足够的奔跑、自由的嬉戏、情感的互动、亲子秘密时间、悄悄话等等。

人的吃、喝、拉、睡属于先天的自然本能，只要没有被过度干扰和破坏，这些本能的能力都能得到自然顺利地发展。

　　孩子喜爱零食，这是孩子目前表现出来的一个行为，也是一个结果，并不是原因。原因是什么？这和家长的照看方式、生活方式、家庭环境有关。

　　如果正餐对孩子有足够的吸引力，搭配合理，并且是孩子想吃的食物，而不是家长认为必须吃的营养食物，孩子就不会特别排斥正餐。

　　如果平时孩子有足够多的时间在户外自由奔跑嬉戏，每天都能够玩得大汗淋漓，正餐时候胃口自然就会好。

　　如果孩子整天只是宅在家里，生活单调乏味，如果不用零食和电脑游戏（手机游戏）消磨空闲时间，又该怎样打发时间呢？宅在家里，靠零食、电脑游戏（手机游戏）打发时间，到了正餐时间胃口自然不好，吃不下。

　　如果家长每天都事无巨细地盯着孩子的吃、喝、睡、拉，那么家长的内心必然时刻紧张着，密切观察孩子，稍有差错，家长就会纠结拧巴。

　　如果一个人的吃、喝、睡、拉整天被人盯着，被人安排，时间长了，必然心生厌倦。

　　如果一个家庭整天充斥着争吵、矛盾、不和谐和负面情绪，这样的氛围会影响家庭中每一个人的胃口，对孩子的影响会更加明显。

要从问题的源头来改变

这位妈妈如果想要改变孩子偏爱吃零食、正餐胃口不佳的行为，就需要从上面列举的种种原因中找答案。因果因果，因变了，果才会变。

这位妈妈对孩子的行为非常不满意、不高兴、不认同，这可以理解，因为吃过多零食必定没有胃口好好吃饭，而不好好吃饭自然会影响身体发育，妈妈对事物的判断和理解左右了妈妈的态度。

事实上，吃零食并没有那么恐怖，适当的零食还可以弥补正餐的不足，好比我们会在餐后吃些甜点或者水果，这种补充可以满足对营养的需要，也能满足对生活情趣的需要。

对于孩子表现出来的行为结果，家长需要做的只是静心观察，找到原因，然后从源头慢慢改变，而不是简单地纠正孩子的行为结果。

不要盯着结果来纠正结果

这位妈妈是盯着结果来纠正结果，她的做法是什么呢？说教！

这位妈妈只想直接改变孩子爱吃零食的行为结果，只想快速纠正孩子的行为，妈妈觉得唯一能快速改变孩子的行为，达到预期效果的办法就是简单直接的说教，把道理讲清楚，孩子理解了，就会改变行为。这就是妈妈说教的原因。

这位妈妈讲了很多道理："每天好言好语地告诉他不能多吃零食，我们都要吃正餐。"

很多妈妈都会这样讲："我一直在给孩子讲道理，我非常温和地、非常有礼貌地、非常耐心地讲了很多次，但是没有用。"

妈妈讲了那么多道理，但是孩子并不理解，也不配合，妈妈这样描述："他可能看出我有点不高兴，可是我的态度真的很好，他还是很敏感。爸爸拿奶片给他吃，他就发脾气说：'妈妈不让吃零食，奶片也是零食，你不要给我吃，我什么都不吃。'我真的很崩溃，不知道怎么处理。"

其实孩子只是简单直接地表达了情绪，接下来，妈妈爱无力的表现是"很崩溃"。妈妈被孩子的情绪轻易地绑架了。

尽量避免说教

这位妈妈对 5 岁的孩子说："零食吃多了不好，对身体发育不好，要吃正餐才好，零食吃多了就没胃口吃正餐。"这样的话对一个 5 岁的孩子会有多少实际的影响力呢？这个 5 岁的孩子对妈妈的话能理解多少呢？

对一个成年人说教，只有当这个成年人完全认同的情况下，说教才会有点作用。如果对方不认同你，你的话就如同废话,说了等于没说。我们都知道,大部分的说教没多少意义。

喜欢说教、喜欢讲道理的家长,往往倾向于纠正结果,容易忽略过程,更不明白应该从源头开始着手,查找出产生问题的原因,然后从点滴开始努力。

喜欢说教的人总是希望通过讲道理来解决问题,如同"纸上谈兵",务虚不务实,多半是嘴上的功夫。比如这位家长通过说教的方式来纠正结果,不如从"因"开始努力。

与其说教,不如带着孩子行动、体验

每天一汗,带着孩子出去疯玩,自由奔跑。

每天一歌,和孩子一起愉快高歌,心情愉悦。

每天一次悄悄话,和孩子谈心,表达自己的感受,聆听孩子的感受。

每天和谐,愉快,笑口常开。

天天如此,孩子的胃口还能不好吗?

如果孩子偏爱零食,正餐胃口不佳,可以结合身体、心理、环境等因素来考虑,帮助孩子调整应对,不要盯着结果来纠正结果,更不要不停地说教,唠唠叨叨。

以此类推,当孩子出现其他任何问题时,家长都要接纳当下,不要盯着当下表现出来的问题反复说教。空洞的说教能起到什么作用?只盯着结果怎么可能改变结果?

李雪曾说过,说教带来控制和自我控制,真实的体验带来真正的人格力量。

评判带来管控

孩子发脾气打妈妈，可以吗？

河北－妈妈－5岁：昨天读了海夫人的文章《情绪只需要被看见》，我也一直是这样做的，让孩子充分发泄情绪，我想请教您一下，我应该怎样对待孩子发脾气偶尔打妈妈这件事？这种方式可以被接纳吗？

我告诉过他生气时可以打软东西，但是当他的情绪出现时，如果我在旁边，他就会不自主地打我两下或者踢我两下。如果我制止他，说这样不对，又怕他的情绪释放不出来；如果我不制止，又怕将来让他养成不尊重家长的坏习惯。在这件事情上，我把握不好度。

如果他下次再发脾气打妈妈，我就直接告诉他不可以打妈妈，可以去打拳，这样没错吧？

要如实地看见孩子，不加评判

海夫人：当一个5岁的孩子出现情绪的时候，因为暴躁会不由自主地打妈妈两下或者踢妈妈两下，这是一个孩子本能的攻击性表现，攻击性是人类最大的一种本能。弗洛伊德认为，攻击行为来自一种自我破坏性冲动，有助于释放愤怒和回到冷静的状态。

孩子有了情绪就需要表达，情绪需要被看见，如果情绪没有被看见，没有被接纳，那么孩子就会在行为上表现出来，于是出现攻击性行为，打了妈妈两下，但是孩子的这种攻击性行为并不像成年人想的那样：

"你怎么故意打人？"

"你这样打人是不对的！"

"你怎么能打人呢？"

孩子的内心并没有这些想法，孩子只是觉得难受，妈妈没有理解他，没有看见他的情绪，所以便自然地表现出本能的攻击性。

来看看一个家长的感受

还好遇见自己：我觉得孩子攻击别人其实是想要得到爱。当我把儿子正在看的手机关掉后，他很愤怒，而且打了我，但是我并没有批评他，只是说："你生气了，你生气了！"儿子突然温柔地抱着我。以后他再生气还想打我，但是我看到儿子的手停顿了一下，没有打下来。

孩子发脾气打妈妈，这种表达方式可以被接纳吗？

海夫人：孩子发脾气偶尔会打妈妈。当孩子生气的时候，妈妈是否看见了孩子的情绪？妈妈是否接纳了孩子的情绪？妈妈最好这样清楚地表达："宝贝，妈妈知道你生气了，你非常生气。生气就生气，没关系的，愿不愿意告诉妈妈你为什么生气？如果不想说也没关系，我们一起让气跑出来，把气憋在身体里可不好。我们一起出去运动，或者在家里砸枕头，让气跑出来，好不好？如果你让气跑到妈妈身上，妈妈会同样难受的。"

只要妈妈发自内心地这样做了，孩子的情绪便有了容纳的空间和正向的流动方向，这个过程就是看见孩子、爱孩子的过程。

妈妈需要接纳孩子表现出来的攻击性，要明白孩子只是在表达攻击性，在索爱，不需要在头脑中设定那么多评判、概念和标准，如"打人不好""打人不对""打人不礼貌""打人是粗暴的行为"等等。

如果妈妈不接纳孩子的攻击性，或者妈妈无力接纳，在面对的过程中，如果妈妈爱的力量不够，妈妈就会选择自我防御，甚至会粗暴地打回去，这个时候孩子的攻击性就被压抑了，这份攻击性就可能转向自己或者他人。

孩子如果总是不被接纳，并且被打击"教育"，就有可能出现啃手指、咬指甲的行为，有可能表现多动。

如实看见孩子，不给孩子贴标签

成年人的思维牢笼太多，对孩子的任何一个行为都会自动归类，"好"或者"不好"，贴上各类定义和标签。

5岁的孩子心里没有这些限制，孩子只是在直接表达愤怒或者其他情绪。

妈妈认为孩子在打自己，妈妈已经这样判定，那么无论是不是，孩子的行为在妈妈看来都不对。

妈妈只要做出评判，接下来必然会对孩子进行管控。比如当妈妈评判孩子在打人，认为孩子打人不对，那么必定会动用管教的方式，对孩子批评教育，甚至打回去。这样反复几次，妈妈就教会了孩子什么是管控，什么是打，什么是暴力。

我曾经这样伤害过孩子，很多家长还在继续重复这样的方式。成年人头脑中自以为是的标准、评判、是非对错，在孩子的头脑中是不存在的。在孩子成长的过程中，成年人如果一直进行着这种"教育"（投射），孩子本无恶意，结果被套上了所有"坏"的标准，好孩子就这样一步一步被误导（心理暗示），成了问题孩子。

5岁孩子的内心是干净纯洁的，所有的情绪和行为都是孩子的直接表达。对于孩子这些直接表达的情绪和行为，家长不要用自己的标准来评判。

孩子简单的行为因为家长人为赋予的意义而变得复杂起来，天使变魔鬼就是这样一步一步演化的。

要看见真实的孩子，不要去妄想孩子应该是怎样的。由妄想得出的评判只能带来管控。

来看看家长的后续反馈

河北 –ZDE 妈妈 –5 岁：谢谢您专门针对我的提问聊了这么多，昨天和您在群里聊完，我已经知道了大概的方向。昨天晚上孩子就出现了因为生气打妈妈的情况，我已经能够很好地处理了，孩子也发泄出来了，哭出来了，过了一会儿就开心起来了。

事情的经过是这样的，孩子想买东西吃，因为去晚了，商店卖完了，他就特别火，我能感觉到是抽动这股力量导致的。他看上去特别生气，不知道怎么发泄。

当时我们在街上，他开始踢人家店铺的门，我把他抱开了，我对他说："妈妈知道你饿了，因为没吃到，所以你很不开心，很生气。"他就使劲地捏我的手，然后咬了我一口。我能感觉出来他不想这样做，但是他无处释放。他咬我的时候，我能感觉到他特别想发泄，但是他又在控制自己，没用劲咬。我知道他并不想这样，所以我没有阻止。过了一会儿，他哭了，我就抱住他，他的情绪开始慢慢平复，然后抱着我哭，哭完就说："妈妈，咱们去吃别的吧！"到了另一个饭店，他的情绪特别好，他对我说："我打妈妈是因为周围没有软东西，妈妈，对不起！"从开始闹到情绪平复，整个过程持续了 20 分钟左右。

海夫人：这次妈妈真实地看见了孩子，接纳了孩子的情绪和行为，看见就是爱，这个时候孩子获得了妈妈爱的指引，情绪开始正向流动起来，于是孩子自己的力量获得了增长。

看见就是爱

江苏－辰辰－10岁：我的理解是：家长不要用成人的标准去定义孩子的行为。孩子生气时偶尔打妈妈，只是在单纯地表达情绪，这时我们要做的就是接纳孩子的情绪，理解孩子的心情，并告诉孩子妈妈当时的感受，妈妈那样会觉得痛。我们不要曲解和放大孩子的行为，也可以把自己的情绪表露给孩子，注意用词，以免又让孩子释放出的情绪受到打压。情绪需要被看见，妈妈要先看到自己的情绪，也要看到孩子的情绪，看见才可以让彼此的情感流动起来，才可以和孩子建立起情感链接。与孩子讲情最重要，在家庭中不需要经常讲大道理或说教。

孩子为什么爱吃手？

网友：海夫人，我女儿今年 2 岁 8 个月，从两三个月开始就喜欢吃大拇指，每天饿了的时候，想睡觉的时候，看电视的时候，都爱吃手。

为了让她戒掉吃手，我用了很多办法，但是效果都不好。昨天她吃手，我抓住她的手强制地涂了戒吃手的药，她一边哭一边哀求我不要涂，说她不吃了，但我还是涂了。她哭得很伤心，但是我没有安慰她，也没有理她。今天下午下班我回家后就发现她频繁地眨眼睛。请问她是不是得了抽动症？对于孩子吃手的问题，我应该怎么处理？

孩子爱吃手为哪般？

海夫人：第一，孩子吃手是因为对自己的身体好奇，尤其在孩子几个月大的时候。孩子在刚出生的时候认为自己和世界是一体的，当初即便婴儿在自己面前晃动小手，婴儿也不知道这是自己的手，这个时候婴儿没有你、我、他的概念。可是某天婴儿不小心把手放到了嘴里，有了触碰、吸舔的动作，他感受到了不同，他第一次有了自己的感觉，当他吃大拇指的时候感到与众不同，这种不同便是"我"

的感觉。

第二，这个孩子2岁8个月，已经度过婴儿期，进入幼儿期，孩子已经度过了对身体的起初探索期。如果在婴儿时期养育者懂得尊重孩子的行为和感受，让孩子自由触碰和伸展自己的身体，自由吸舔自己的身体，那么在婴儿的探索期，孩子会完成这个仪式，并在这个探索的过程获得满足。对婴儿来说，满足感即是安全感。

如果在婴儿期，孩子对自己身体最初的探索被阻止，与自己链接的第一环就断开了，孩子会在第二个阶段，也就是幼儿期继续这种链接，继续对身体进行探索。

孩子用行为表现问题

吃手是孩子对自己身体依恋的表现，也是孩子与养育者之间缺乏情感链接的表现。幼儿通过吃手来接触自己的身体，来获得安全感。即使养育者常常无回应，但是自己的身体是可靠的，是有回应的，也是有感觉的，这至少让幼儿知道，和自己在一起是安全的，孩子一边吃手指，一边就有身体回应的感觉。

这位妈妈犯了很多人都容易犯的低级错误，强行阻止孩子吃手。这个问题其实不能用强制阻止的方法来解决。因还在，因不变，果就会持续存在。即便现在强行切割掉这个果，那个依旧存在的因会继续导致果的出现。因果因果，有因有果。找到了因，并将其解决，果自然消亡。

妈妈在延续错误

这位妈妈强行阻止孩子吃手，导致孩子的强烈反应，孩子哭得很伤心。面对孩子情绪的表达，妈妈既没有安慰孩子，也没有理会孩子，妈妈对孩子的情绪没有回应。吃手能给孩子带来安全感、依恋感，妈妈阻断孩子的依恋是不对的。这个时候，如果妈妈及时回应孩子，安抚孩子，给孩子足够的安全感和依恋感，提供高质量的陪伴，妈妈还是有机会和孩子建立情感链接的，妈妈就会获胜，手指就会败下阵来。

这位妈妈不仅阻断孩子的依恋，还冷漠地对待孩子，孩子无法平衡内心的焦虑和恐惧，于是通过抽动障碍的方式——频繁眨眼来自我释放，让自己的内心达到平衡。

家长采用简单粗暴的戒断方式，不仅没有看见孩子的真实需求，还会带给孩子二次伤害。

孩子为什么会反复啃咬指甲？

有不少家长告诉我："海夫人，孩子一直喜欢啃咬指甲，手指甲基本不用剪，全部被孩子啃得光光的。"

有的家长还会告诉我，她用了好多种方法试图不让孩子啃咬指甲，但是收效甚微。

孩子反复啃咬指甲的两个主要原因

啃咬指甲的第一个原因：焦虑

年幼孩子的行为大多出自本能，小孩子最初啃咬指甲大多是为了转嫁和释放焦虑，还说明孩子内心容易紧张，缺乏安全感。

没有人能够长期与焦虑相处相伴，那样太难受。无论是谁，面对焦虑，都会出自本能地将其转嫁出去，或者将其转化。

成年人经常把焦虑转嫁出去，比如家长会通过言行将焦虑转嫁给孩子。

当成年人无法将焦虑转嫁于他人，又不能进行自我排解释放时，焦虑通常会往两个方向转化，一是转为强迫，二是转为抑郁。

啃咬指甲的第二个原因：本能的攻击性没有被看见

在一次分享交流会上，一位妈妈倾诉了她的烦恼："孩子6岁，性格顽皮、好动、好斗、好强，喜欢啃咬手指。孩子从小就这样，近两年感觉孩子的攻击性越来越强，我很累，觉得有点管不了。"

当时我告诉这位妈妈：当孩子本能的攻击性没有被妈妈接纳，不仅没有被妈妈看见、接纳，甚至被妈妈批评打压时，孩子向外的本能攻击性就会转而向内，转向自己，最直接的表现就是开始啃咬手指，还有一种可能就是把这种本能的攻击性转而对向他人，比如在外面变得好斗。

这个孩子天性顽皮、好动、好斗、好强，性格使然，本能的攻击性很强,然而妈妈采用的教育方式是打压式的，比如整天盯着孩子说：

"你乖乖的，不要动。"

"你坐好了。"

"你不要和别的小朋友打架。"

孩子本能的攻击性就这样被压抑了，然而这是孩子的天性。孩子可能在2岁时就会表现出这样的特质，但是妈妈从孩子2岁开始就不断打压孩子，否定孩子的攻击性，孩子就会表现出极强的逆反心理，孩子一边啃咬手指甲，一边继续把本应在妈妈这里得到接纳并释放的攻击性转向别的孩子，所以这个孩子一直表现得很顽皮、好动、好斗、好强。

孩子为什么会出现反复攻击的情况？

当年幼的孩子第一次表现出本能攻击性的时候，就被妈妈（或者身边的其他养育者）直接打压回去，孩子和妈妈互动链接的沟通方式被阻断，而此后孩子会一直希望重新修复这个链接方式。这其实是因为婴儿期的心理需求没有得到满足，有了裂痕，有了缺失，后来出现的攻击性、好动、好斗、啃咬手指甲等行为都是出自本能的修复行为，当然这样的行为并不正确，也不被家长允许和接纳。

最后我给了妈妈这些建议：

不要阻止孩子本能攻击性的表达，尤其当孩子在妈妈面前表现出这种攻击性时，妈妈一定要接纳孩子的表现，妈妈可以温柔地抚摸孩子，搂着孩子，告诉孩子，如果他觉得愤怒或难受，可以去打沙袋，可以去练拳击，可以去运动，这样就可以发泄释放，如果打妈妈，妈妈会痛的。

可以给孩子提供可以释放攻击性的场地，让孩子击打有弹性的物品，通过拳打脚踢来释放攻击性。

可以让孩子参加具有攻击性的运动，如跆拳道、武术等。

可以让孩子参加高强度的运动，如长跑、游泳、登山、打球等。

另外，不必关注孩子啃咬手指甲的行为，只有找到了内在的原因，并将其解决，孩子的情绪才能变得稳定，才能拥有足够的安全感，本能的攻击性才能得以表达并正向流动，啃咬指甲的外在行为表现才会停止。

要不要逼着孩子睡觉？

微笑的幸福：海夫人，您好！我家孩子3岁，男孩，有轻微的抽动症，脾气差，特别霸道，每天中午都不愿意午睡，我每天都逼着他午睡，他常常躺了一两个小时都睡不着，在床上玩，脱衣服玩，就是不睡。我怕如果现在没有养成睡午觉的习惯，将来去幼儿园会不适应，所以每天强迫他午睡。今天他又躺了一个半小时没睡着，在床上玩脱衣服，被我狠狠地打了一顿，实在太气人了。请问海夫人，我有必要让他午睡吗？

孩子不睡觉，肯定不是装的

海夫人：孩子只有3岁，可以肯定，孩子中午不睡觉是孩子自身真实的状态，并不是故意不睡，更不是装出来的假象。

任何问题都会通过某个媒介表现出来，这个媒介有可能是行为表达，也有可能是情绪表现。孩子表现出的行为或情绪并不是问题的根本原因所在。

比如这个孩子不睡午觉，是因为孩子不想睡，也睡不着，这是孩子表现出来的行为，也就是出现的"果"，并不是"因"。

孩子不睡午觉的"因"是什么呢？

孩子不睡午觉的原因有可能是多方面的。

（1）孩子可能早上起得晚。我如果早上起得晚，中午就不需要午休。我是一个有午休习惯的人，每天中午生物钟便会自动启动，眼皮沉重，人没劲，就需要午睡。但是如果我早上起得晚，比如过了8点才起床，中午就不需要午睡了。

（2）孩子白天太宅，基本没有什么活动，精力旺盛的孩子根本不需要午休。

（3）出于身体原因，体弱，睡眠质量不是很好，入睡困难，可以看海夫人的书《爱是最好的良方》中相关文章《孩子入睡困难怎么办？》。

（4）与精神因素有关，可以看海夫人的书《爱是最好的良方》中相关文章《关于"神"安》。

（5）与抽动症有关，部分抽动症儿童的睡眠会受到抽动症的影响。

027

真正看见孩子，才能有针对性地帮助孩子

家长只是看到孩子不睡午觉的行为，却没有去了解孩子不睡午觉的原因，家长只有看见孩子不睡午觉背后的原因，才能有效地帮助孩子，才不会错误地打骂责备孩子。

所以说，看见是多么重要，看见才是爱，如果看不见就很有可能会错误地对待孩子，还会伤害孩子。

孩子的睡眠需要训练吗？

网友： 生孩子之前买了一堆睡眠训练的书，月子里就开始按照书上的方法给孩子做睡眠训练，现在孩子状态越来越不好。孩子起初哭了，我只是看看表，除了吃奶和换尿不湿，对其他原因的哭泣我一概不回应，严格按照时间表喂养孩子。在孩子熟睡的时候，我按照时间表打脚心弄醒孩子；在孩子困的时候，我强迫孩子玩；在孩子哭泣的时候，我认为他是在闹觉，固执地采用哭声免疫法关门离开。这样坚持了一个月，孩子果然不哭了，连拉粑粑了也不哭，整天睁着眼睛却不看我。我自己也得了严重的抑郁症。我非常后悔把原本会笑的孩子变成了现在的样子。

海夫人： 首先要指出这种育儿理论是非常错误的，误人不浅，不知道还有多少家长看了，然后用在自己孩子身上，让自己和孩子都备受摧残。

用自然的方式才能养育出健康的宝宝

一个人的吃、喝、拉、撒、睡是最基本的本能，不需要教，更不用训练，那些曾被强制训练吃、喝、拉、撒、睡的孩子，反而容易在这些方面出问题。

比如上面这位家长，孩子哭的时候不给孩子吃奶，孩子难受的时候不给孩子换尿不湿，孩子睡熟的时候按表格里规定的时间弄醒孩子，孩子困了想睡的时候不允许孩子睡。这是什么养育方法啊！这样会折腾出一个问题孩子来，孩子不精神分裂就算万幸了。

家长用这样魔鬼般的方式，果然很奏效，一个月后，因为无论怎么哭妈妈都没有回应，所以干脆不哭了。原来孩子尿湿了就哭，是告诉养育者自己难受了，但是养育者没反应，到最后孩子就真的不哭了。孩子不仅不哭了，也不知道互动了，完全不看养育人，因为原来求助是希望得到回应，养育者却完全反着来，宝宝就被弄得精神紊乱了。

有的孩子白天睡，晚上精神，这没什么，顺应自然，孩子不想睡就不睡，想睡了就睡着了，慢慢就调整过来了，只要家长不焦虑，不瞎折腾就行。

孩子身心安宁，睡觉自然会好。孩子心神不宁，不睡觉或者睡觉不安稳，有可能是因为身体不舒服，也有可能是因为环境出了问题，还可能是因为身边的养育者情绪和心理出了问题，过于焦虑、紧张或者产后抑郁，养育者的状态会直接干扰并影响孩子。

养育者要好好关注自己的内心，内心要平静祥和，滋养并善待自己，孩子想睡的时候就睡，不想睡就不睡，不强迫，不紧张，这样才是对睡眠最好的引导。

谨慎行为主义的育儿误区

行为主义倡导的行为矫正式儿童养育体系，在 20 世纪三四十年代，在很多欧美国家风靡一时。哭声免疫法、延迟满足法、婴儿独立睡眠法就是以行为主义为核心理念所倡导的育儿方法。

有一天，我的一个朋友用 QQ 小窗告诉我，她的一个朋友在发现孩子有抽动症后，加入了一个抽动症学习微信群，学习如何提高孩子的心力，而且据说用的是行为主义方法，朋友问我是否知道。

对于行为主义的育儿方法，我是不认同的。

举一个具体的例子

有一个七八岁的女孩，因为患有抽动症，会出现一些奇怪的身体动作和面部表情。有一天，班长当着全班同学的面，模仿孩子挤眉弄眼、扭动身体的样子，班长嘲讽孩子的样子很难看，让女孩尽快改正。

那天放学回家后孩子大哭一场，心情非常不好，家长不知道怎么办，于是问抽动症微信群里的老师。

抽动症微信群的那位老师这样回答："告诉孩子，这么小的事有什么了不起？哭什么哭！家长首先要坦然面对，家长觉得这件事没什么，孩子才会觉得没什么。如果家长觉得这是件大事，觉得就像天塌下来一样，那么孩子更过不去这道坎了。"

海夫人：这位家长来问我的时候，我给出了这样的建议：

家长首先要允许孩子充分表达、充分释放，要倾听孩子讲述事情的经过，拥抱孩子，抚慰孩子，让孩子哭出来。这才是看见孩子、接纳孩子的过程，要看见孩子行为背后的情绪表达和内心需要，接纳真实的孩子。只有这样，孩子的情绪、情感和内在的能量才有了流动的方向和空间。这就是"疏"的过程，"疏"就是让孩子自身的能量流动起来。

接下来，根据孩子的年龄和性格特点，用适当的方式和孩子正面沟通这件事情，这个沟通的过程就是"导"的过程。"疏"和"导"便实现了"疏导"的功能。

孩子的班长不了解抽动症，以为通过这样的方式能够帮助孩子改变，改掉这个"坏习惯"。但是这位班长的方式方法的确非常不好。对于这种自以为是、冷嘲热讽的做法，家长必须坚决说"不"。家长需要和老师有效沟通，请老师调停，让班长收回自己所说的话，并向孩子道歉。

家长要让孩子感觉到，父母是站在孩子这边的，是会支持、理解、保护孩子的。

当一个孩子得到了足够多的爱，真正地被看见，并得到及时的回应时，这个孩子的内心自然就会有足够的容量和力量。这个孩子的内心足够强大，在遇到事情的时候才能自然而然、坦然豁达地面对，这是内心强大后的自然呈现，而并不是通过父母的"洒脱"说教就能拥有的。

大气的父母养育大气的孩子，父母的"洒脱"大气的确能够影响孩子，但是这种"洒脱"大气的前提依旧是要看见孩子，看见才是爱，看见孩子，接纳孩子，然后及时回应孩子。大气的父母更懂得如何让爱流动起来，而不是让爱卡住。

来看看另一个例子

广东－玉宝－8岁男孩：在接触海夫人的理念的同时，我也接触了另一种理念，那是一种比较严厉的育儿方法。这让我从之前的百般顺从走到了另一个极端，以至于孩子以为我要放弃他。

比如孩子分床这件事，我家孩子当时7岁，我当时容不得孩子一分一秒的考虑，必须马上分床。无论孩子怎么哭，怎么害怕，我轻描淡写地说："有什么好怕的？"然后头也不回地就出去了。

孩子让我抱他一会儿，我推开孩子，说："你这么大了，自己玩去！"

那段时间，孩子的心力的确提高了不少，独立性也增强了，但我看得出他开始怀疑我们对他的爱，对我小心翼翼，还会来讨好我。我又开始反思，因为我变得迷茫了，接下来我该怎么办?

行为主义育儿方式真的能培养出孩子更强的独立性吗?

海夫人:我们每个人或多或少都曾受到行为主义育儿方式的影响,不回应孩子,严厉、严格地对待孩子,以为只有这样才能培养出孩子的独立性,以为只有这样才对孩子好。

及时回应孩子和培养孩子的独立性矛盾吗?其实并不矛盾。在及时回应和分清界限这两件事上,很多家长把握不好度,要么完全不回应,要么没有界限地共生或完全地包办代替。及时回应孩子,并不代表剥夺孩子的体验权和独立自主的选择权。

你可以告诉孩子你了解了他的感受,看见了他的感受,但是并不意味着你需要代替孩子完成所有的事情。那些属于孩子自己的事情,自主权、面对权、选择权和完成权都属于孩子,家长只需要在一旁陪伴、鼓励、欣赏和引导,不要包办代替,更不要管控和强迫。

当孩子遇到问题时,如果家长完全无回应,对孩子而言,就如同冷漠的死寂。用这种方式养育孩子,的确能够较早培养出孩子的独立性,但是同时容易让孩子出现心理创伤。

哭声免疫法、延迟满足法、婴儿独立睡眠法都是以行

033
▲

为主义为核心理念的育儿方法。行为主义倡导的行为矫正式儿童养育体系，在 20 世纪三四十年代，风靡了整个美国，又影响了西方多个国家。

后来心理学家哈洛通过一系列实验，对行为主义育儿方法提出了质疑。1958 年，在美国心理学年会上，哈洛做了题为《母爱的本质》的演讲。这个演讲颠覆了美国社会一直倡导的行为主义哺婴方式。哈洛提出了以下观点：

（1）独立并不是用孤立和狠心培养出来的。恰恰相反，得到细心呵护、温柔拥抱、及时回应的孩子，反而更容易离开妈妈怀抱去独立探索，成为更加独立、更能适应社会的大人。

（2）越是得到爱抚和疼爱的孩子，就越会敞开内心，变得开朗。而越是得到关注少的孩子，就越会封闭自己的内心，漠视周围环境，孤僻不合群。

（3）孩子出生后的 6 个月，是建立良好母爱的重要时期。孩子出生后，父母特别是母亲，要避免与孩子长期分离。长期分离会对孩子造成巨大伤害。

（4）早期严重而持久的孤立，会导致孩子的心理残疾和创伤，这种影响直至终生。

（5）严重缺乏回应的婴儿，内心会产生两个激烈的情绪：第一是绝望，认为爱不存在；第二是仇恨，想毁掉整个世界。

回应就是光，没有回应，家也是绝境。

行为主义的这套育儿理论在美国早已经不用了，然而在我们国内，有些育儿书籍、育儿机构和育儿讲座依旧在推广这套已经被心理学家哈洛证实是错误的育儿方法。哭声免疫法、延迟满足法、婴儿独立睡眠法、完全不回应、以凶狠的方式让孩子独立，反而会给孩子带来不同程度的创伤。

孩子表现问题只是希望被看见

北京－尊宝－4岁男：我是一位4岁男孩的妈妈，孩子得了抽动症，我在网上认识了海夫人，后来买了海夫人的书《爱是最好的良方》，已经读过两遍了，经常研读海夫人的文章，真的好棒，后来孩子稳定了。

最近感觉孩子的症状严重了好多，我又迷茫了。

孩子在两周岁时开始出现抽动，那时候只是一看电视就眨眼睛，感觉眼睛干涩，不看电视就不眨，以为是看电视看多了。一直到三岁半都没出现过任何的症状，后来开始经常眨眼睛，吸鼻子，嗓子里发出"咳咳"的声音，还被当作鼻炎治疗过，也一直没当回事儿。偶尔抱他的时候会感觉孩子的身体会有抖动，孩子还经常撅着肚子说："妈妈，你看我的肚子好大啊！"无知的我一直没当回事儿。这些症状时有时无。

到后来，孩子经常眨眼睛，吐舌头，举手踢脚，小动作很多。放假的时候回了趟老家，因为一件事情，我觉得孩子不听话，打了他，第二天孩子眨眼睛特别厉害，我真的担心了，赶紧去网上查，怀疑是抽动症，就在我们当地医院进行检查，结果确诊是抽动症。

当时我觉得天都塌了，心里在流泪。因为确诊之前我受原生家庭的影响，是急性子、脾气暴躁的妈妈，对孩子非打即骂，我觉得自己一点都不配做妈妈！

想想孩子两岁前性格非常好，身体素质很好，出去玩时跟小朋友相处得也非常好！上幼儿园之后非常调皮，老师说孩子注意力不集中。孩子当时特别抵触上幼儿园，总是哭着说不去，我常常用严厉的态度逼着孩子去。

后来才知道老师也经常吓唬他，有时候还罚站。孩子多无助啊！我算什么妈妈啊！真不配做妈妈！

确诊之后我及时调整了教育方法，平时都好好说话，一个月下来，稳定了，症状少多了。

孩子偶尔会有强迫症，闹脾气，但是从6月底到现在开始严重了，脾气特别大，碰到一点小事情就闹很大的脾气。期间几乎所有抽动症的症状都交替出现过，面部抽动，说脏话，有强迫症，还经常说："妈妈，你打我吧！你吼我吧！"其实我早就不打他不吼他了。有时候他知道他的某些行为不好，但是他自己也没办法，所以就想让我打他。有时候他还不自主地打自己的头，冲动任性，比较敏感，也特别聪明。

这几天孩子的脾气特别差。我现在一直在耐心地疏导，但感觉孩子的情况越来越严重了，又开始迷茫了……

孩子只是表现了问题

海夫人：这怎么是越来越严重呢？孩子只是表现了问

题。难道你希望孩子受到伤害后没有反应和表现吗？

如果孩子没有任何反应和表现，那就意味着还在孕育着一个更大的创伤，将来会出更多的问题。你应该感谢孩子，早早用抽动的方式来提醒你。

如果你没有得到提醒，你会改变吗？

如果你不改变，还继续原来的魔鬼做法，你觉得将来孩子会怎样？

你伤害了孩子，难道还不允许孩子修复、疗愈，还不给孩子时间修复、疗愈吗？

你伤害了孩子，难道还希望一两个月就什么事都没有了？难道你希望你的魔鬼做法在孩子这里立刻雨过天晴？

3 年的伤害起码需要 3 年来修复，年龄越小，受到的伤害就越难修复，越需要时间和家长的爱心、耐心和用心。

如果你真的爱孩子，你怎么会因为这么一点困难就有怨言？

如果你只是想要一个完美的孩子，那么当年你自己就要做到完美，而不是你伤害了孩子，却要求孩子什么表现也没有。

孩子表现问题是自救和求助的信号

一个孩子受到伤害，表现出问题，这是基本的自我防御、自我保护、自我拯救，这就跟一个人难过了会伤心、会哭，烦躁了会发脾气一样，这是最基本的反应和表现。

上面这位家长的这些话给人什么感受？孩子又能从妈妈这里感受到什么？

家长为什么会这样呢？因为孩子的表现不符合妈妈的标准，没有达到妈妈的期望。简单地说，妈妈没有看见孩子，妈妈看到的只是自己头脑里的标准，妈妈在用标准养育孩子，而不是用心、用爱、用情感。

看见才是爱，如果妈妈没有看见孩子，妈妈就会用所谓的标准冷漠地要求孩子，一旦孩子不符合标准，妈妈就会着急、焦虑、担忧，处于失控状态。

维系在妈妈和孩子之间的居然不是情感和爱，而是冷冰冰的标准。

表现出问题的孩子只是希望被看见，看见才是爱，孩子其实渴望的是家长真正的爱，无条件的爱。

有多少孩子出自本能地表现出问题，发出求救信号，却遭遇到家长头脑中冷冰冰标准的伤害。

表现问题是孩子自救的信号，孩子只是通过这种方式希望被家长看见，从而获得双方相互之间身心和情感的链接，从而在爱的滋养下修复创伤。

不要给孩子输入限制性思想

　　有些家长平日在面对孩子的时候，除了说教和管控，还有一个坏习惯,就是比较喜欢用负面的信息去恐吓孩子，以便达到限制和规范孩子的目的。来看看"沐浴阳光群"里一位家长的心得体会。

不要用负面信息去恐吓孩子

　　深圳－冰－7岁女孩：抽动症的有些症状是因为孩子的心被堵了才会出现，我家这样的例子有很多，家长能识破并解决孩子内心的限制，症状就会消失。如果家长能经常帮助和引导孩子，孩子慢慢就会自己调整心态了。

　　家长不要给孩子输入限制性思想，否则就会在孩子头脑中植入家长的限制性思想，孩子就会出现症状。比如：害怕自己多看手机就会近视，但又想看；害怕不刷牙就会长蛀牙，但又不想刷；害怕不吃饭不吃菜就会营养不够，身体不好，但又不想吃……

　　孩子这么多害怕的感觉都是家长灌输的，这些限制性思想一直在限制着孩子，家长却不自知。

　　孩子这种害怕自责但又无力改变的矛盾心理，会造成心堵，并出现症状。如果大人帮孩子解除思想限制，解除孩子的这种担心，孩子就不会因为这些问题而出现症状。

不必逼着孩子去硬扛坚持

北京－蛋妈－5岁女孩：前两天爸爸去接孩子时，老师跟爸爸说孩子坐姿不好，孩子在路上解释说是因为自己坐累了，后来爸爸没有再说她。

深圳－冰－7岁女孩：老师批评孩子坐姿不好，如果我是这个孩子的妈妈，我会说："我听老师说他因为你坐姿不好批评你了，我觉得这没什么。你一天坐几个小时，坐那么久，那么累，放松一下也正常。宝宝，你如果累了，就需要找机会放松一下。"

孩子累了，自然地想放松，老师就批评孩子坐姿不好。孩子害怕被批评，可身体确实太累了，就会以为自己累了想放松是错误的想法，就要进行自我批评。这种自我批评和自我否定容易造成孩子"心堵"，从而出现症状。因为孩子想休息这样自然的想法都被堵住了。

连累了想放松一下身体这么简单的想法都要被堵住，我该说什么呢？

为什么要对孩子说累了还在坚持很厉害呢？这个潜台词是不是在说如果累了不坚持就代表不厉害呢？其实我觉得累了想休息也很厉害呀！累了知道休息，知道调整的人，不是更厉害吗？

让自己硬扛着累坏的人就很厉害吗？事实上，知道如何松弛有度、劳逸结合的人才是更聪明、更厉害的。

如果总是让孩子累了也要坚持，总是说孩子累了还在坚持很厉害，那么孩子会为了变成厉害的人，变成爸妈认可的人，死扛硬扛，直到扛不住也不敢说。

孩子需要拥有一种内在驱动力，为了让自己变得更好而去努力做事，而不是因为恐惧发生不好的结果而不得不迫于压力逼自己去做事。

如果家长彻底明白了这个道理，孩子就不会有多少问题，就会一直非常健康。

不要用负能量来提醒孩子

深圳 - 冰 -7 岁女孩：那天我女儿应付了事地洗了头。

我问她："如果不想洗就不用洗，为什么要这样应付地洗呢？"

孩子说："这样奶奶就不会骂我不洗头了。"

我说："你洗头的目的是什么？"

孩子说："洗头了奶奶就不会训我了。"

我说："洗头是为了让你自己的头发变干净，是为了让你自己觉得舒服，是为了让头皮不痒，并不是为了奶奶而洗。这是你的头发，不是奶奶的头发。如果你觉得头发不脏，也不难受，你又不想洗，那你就可以不洗。"

然后孩子她爸说："如果不洗，以后头发会长虫子了……"孩子瞬间就很生气，爸爸又在用负能量提醒她了。

其实可以告诉孩子洗了头发就会感觉很舒服，头脑很清醒，自己的感觉也会很不错，也能让别人欣赏你头发的美。这就是正面的引导。

负面的恐惧性提醒是很可怕的，不洗头就会生虫子，不刷牙就会长蛀牙，不好好开车就会撞车，吃多了就会变胖变丑，吃少了就会营养不良长不高，不早睡早起身体就会变差……

我女儿称这种负面提醒为诅咒，家长的出发点确实是好的，是想提醒孩子。但这种制造害怕恐惧心理的提醒，会给孩子的心理带来限制性思维，后果非常可怕，会把孩子的能量堵得死死的而不自知。

到后来，哪怕家长不再严格管制了，孩子自己的头脑里已经被植入了限制性思维，而且一直存在，就会自我限制，自我压抑。

海夫人："沐浴阳光群"真的是藏龙卧虎，上面是"沐浴阳光2群"里的一位家长向其他家长分享自己用心体验到的育儿真谛：不要给孩子输入限制性思想，负能量提醒就是诅咒。

经常给孩子输入限制性思想，这种负能量提醒是一种诅咒，家长利用这种制造恐惧心理的负能量提醒，不仅给孩子带来了限制性思维，并且会把孩子的心理能量堵住，造成孩子的"心堵"。

海夫人：这位妈妈建议大家不要人为制造心堵，抽动症孩子自身比较敏感，和其他的孩子相比更容易形成心堵，而海夫人提倡的心理疏导针对的就是这类心堵。

当抽动症孩子的内平衡被打破时，抽动症的症状就会出现，内平衡包括身体、情绪和心理的平衡，也就是说，身心两个方面的不平衡都会造成内平衡被打破，从而出现症状表现。因为心堵而出现症状的情况属于心理的不平衡。

一次两次的心堵，一个月两个月的心堵，一年两年的心堵，年复一年的心堵，这个孩子能健康快乐吗？

第二章　如何正确面对孩子的情绪

▶ ▶ ▶

当有人拿烟头烫你的手臂时，你会很自然地喊痛，会自然地躲避。人对疼痛的反应是正常的生理躯体反应，人的情绪是精神、情感、生理的综合反应。

当有人拿烟头烫你的手臂，你喊痛的时候，如果有人说，你喊痛是不对的，你肯定会觉得匪夷所思。

但是很多家长在面对孩子的情绪时，经常采用批评的态度，比如：你不应该哭，哭不好；你怎么不高兴了？你不应该不高兴。

情绪是用来表达的，情绪只是需要被看见，而不是被评判。

02

什么是情绪？

情绪，是对一系列主观认知经验的通称，是多种感觉、思想和行为综合产生的心理和生理状态。情绪既是主观感受，又是客观生理反应，具有目的性，也是一种社会表达。情绪是多元的、复杂的综合事件。情绪包括正面情绪和负面情绪，无论是正面情绪还是负面情绪，都会引发人们行动的动机。

简单地说，情绪是人对外界最直接快速的反应，情绪具有短暂性。

情绪本身并无对错，情绪可以帮助人的身心达到平衡，情绪所起的作用是保护人的整个自主体系和机能，如同人体对疼痛的应激反应。

比如当有人拿烟头烫你的手臂时，你会很自然地喊痛，会自然地躲避。人对疼痛的反应是正常的生理躯体反应，人的情绪是精神、情感、生理的综合反应。

当有人拿烟头烫你的手臂，你喊痛的时候，如果有人说，你喊痛是不对的，你肯定会觉得匪夷所思。但是很多家长在面对孩子的情绪时，经常采用批评的态度，比如：你不应该哭、你不应该不高兴等等。

情绪需要被看见

天成花卉：海夫人，您好！我感觉无能为力了。孩子12岁得了抽动症，现在17岁，他控制不住自己的情绪，老是想摔东西。

海夫人：这位家长需要想一想，孩子的情绪为什么会如此？如果孩子的身心都很舒服，他会这样吗？妈妈说孩子控制不住自己的情绪，其实无须刻意控制情绪，情绪需要被看见，情绪需要的是疏导、管理，而不是控制。尤其在家里，孩子的情绪需要被家长看见。

控制或者压抑情绪只会让情绪更糟糕，令情绪的淤堵状态更严重，只会导致情绪出现障碍，出现问题。

孩子已经很难受了，而家长却没有看见孩子的难受，家长没有看见真正的孩子，没有看见孩子的真实感受，自然接纳不了孩子的情绪。

情绪是我们知觉他人、了解他人的主要线索，这个时候家长需要通过孩子表现出来的情绪去了解孩子，帮助引导孩子。

情绪需要被看见。

情绪就是用来表达的

小苹果－男孩3岁： 海夫人，您好！最近宝宝天天晚上说梦话，有时候哭，每天如此，我是不是要让他吃药呢？

海夫人： 孩子哭表达的是不愉快的情绪。当幼小的孩子语言能力还没有发展起来时，孩子用笑表达高兴，用哭表达不高兴、不舒服。孩子表达的都是最基本、最直接的身心感受，孩子的情绪直接反映了孩子的身心状况，是舒服还是不舒服，是愉快还是不愉快。

这位家长考虑的居然是："我是不是要让他吃药呢？"

通过药物控制情绪会出现什么后果？

家长希望通过药物来控制或者修正孩子的情绪，家长认为孩子的情绪是错误的，如果家长真的这样做了，并且也如家长所愿，孩子的情绪被药物控制，无法表现出来，高兴的时候不会笑，伤心的时候不会哭，孩子会很乖，但是孩子已经不正常了，已经没有正常的情感反应了。

仔细想想，真可怕！孩子通过情绪表达自己的渴望，渴望和父母建立情感链接，或者想向父母求救，但是家长对这样的信息毫不知情。

这位家长害怕和孩子建立情感链接，还认为孩子病了，想让孩子吃药，阻止孩子情绪的表达。

情绪是我们知觉他人、了解他人的主要线索。如果情绪的表达被阻止了，一个人就没有通道表达自己，也没有线索供他人了解自己，这个人将何其孤独、孤单，并且绝望，他将陷入何等可怕的无回应的地狱。

情绪是正常的自然表达，当情绪出现障碍时，心理阴影的产生也就不远了。

海夫人天天提倡心理疏导，首先疏通的就是情绪淤堵，让情绪自然流动起来，让情绪健康且有活力。能够自然流动的水才是健康的、有活力的，情绪也是如此。

我们怎么能够无视孩子的情绪呢？我们怎么能去灭掉孩子的情绪呢？我们怎么能够如此呢？情绪就是用来表达的，情绪需要被看见，不应被灭掉或者被评判。

药物能对情绪起作用吗？如果药物真的对情绪起了作用，灭掉了情绪，那么孩子接下来该用什么表达自己？如果一个人的情绪被灭掉了，那么这个人对外界直接快速的反应，该用什么来表达？一个人没有了表达的出口，会怎样？

弗洛伊德说过，未被表达的情绪永远都不会消失。它们只是被活埋了，有朝一日会以更丑恶的方式爆发出来。所以情绪需要被表达，需要被看见，需要被疏导。对待情绪，不能压抑和逃避，也不能对抗或否定。

情绪本身没有对错

四川－男孩 7 岁：海夫人，最近我一直很苦恼，孩子动作稳定了，可脾气越来越大，遇到一点小事就发很大的脾气。孩子和别的小朋友不合群，甚至对父母大吼大叫。面对这样的状况，我实在不知道该怎么冷静地和他沟通，只要和他认真沟通，他就表现出强烈的拒绝和反感。我觉得不严厉管教不行啊！我该怎么办呢？请海夫人给予指点，谢谢！我也在看海夫人的书《爱是最好的良方》，总是担心冷处理不管控，孩子会变本加厉啊！

情绪本身没有对错

海夫人：第一，这位家长不了解抽动症，当抽动症这股力量无法通过身体动作来释放表达的时候，必定会通过情绪来释放表达。

抽动症有三种表现形式：身体动作、情绪表达和内心阴影。抽动症这股力量会通过这三种形式表现，在表现的过程中，这三种形式会相互转换。

第二，这位家长不懂情绪，情绪本身没有对错，情绪就是用来表达的，情绪只是需要被看见。家长不应该评判孩子情绪的对错，也不要认为孩子不应该出现情绪。面对孩子的情绪，家长需要做的只是看见、接纳和允许，然后做出回应，不需要去管控，管控只会让孩子的情绪更糟糕。

家长为什么无法接纳孩子的情绪表达？

当孩子表现出情绪和行为的时候，家长的头脑里自动地给出了评判："这样不对，这样不行，对于这种情况不严厉管教不行。"

一旦做出这种评判，家长看到的只有头脑中的评判标准，而看不到真实的孩子，就没法看懂孩子的情绪表达和行为表现。

一旦做出这种评判，家长就会根据自己头脑中的评判标准来管控孩子，这个时候所谓的管控就如同"虐"孩子。家长根本无法正确理解和善待孩子，这种歪曲的管控、强制的管控带给孩子的只有冷漠和伤害。

可悲的是，家长不仅毫无觉知，还满心委屈。

情绪需要被看见，而不应被管控

看看这位家长的表达："只要和他认真沟通，他就表现出强烈的拒绝和反感。我觉得不严厉管教不行啊！"

这句话表达的真实意图是什么呢？我觉得孩子这样不对，所以我认真地和孩子讲道理，要孩子改变，但是孩子特别反感，我这样做是为孩子好啊！可孩子不领情，孩子这样怎么行呢？我必须想办法改变他。

　　孩子的情绪表现都是有原因的。一方面是抽动症这股力量导致的，另一方面和父母长期看不见孩子的情绪有关。情绪只是需要被看见、被接纳，情绪需要一个温暖的流动空间，但是孩子每次表达情绪时都受到父母的负面评判和批评。"你这样不对，你这样不好，你这样真没礼貌。"孩子本该自然健康流动的情绪就被堵住了，反复如此严重淤堵，情绪障碍便出现了。

　　一旦孩子出现情绪障碍，当他在外面和人相处的时候，必然表现得不合群。因为在情绪表达的时候孩子很容易被卡住，孩子会用不正确的方式来表达情绪。

正面面对情绪

当我们认识了情绪，并能够及时看见自己和孩子的情绪时，我们才能正面面对情绪。

现代社会信息大爆炸，各类现象层出不穷，人的心理活动也越来越复杂，心理的负荷越来越重，与之相伴随的情绪也就越来越多。情绪是心理活动的释放器，表达的是心，守护的也是心。

如果情绪得不到合理有效的释放，难受的是心，心身相连，心受伤了，身体也会有反应，就会生病。

情绪背后的主导是我们的心，负面的情绪是恶劣的心态和心境引发的，恶劣的情绪是心暂时陷入泥潭的信号，也是一种求救信号。如果周围的人能够有意识地先接纳这份不良情绪，然后积极主动地进行引导，这颗陷入泥潭的心可能会早日渡过难关。或者本人具有觉察的意识，能觉察到这种不良情绪，并能让情绪自然释放，然后反省检查自己的内心，也就是孔子所说的"内省"。孔子云："见贤思齐焉，见不贤而内自省也。"

倾听，理解，接纳，正面面对情绪。正心正念方有正见，坏的情绪源于错误的认知。

情绪障碍是如何产生的?

大家在平时生活中都会遇到情绪化严重甚至有情绪障碍的人，比如我，我曾经就是一个非常情绪化的人，情绪淤堵严重所产生的情绪障碍会让我经常陷入情绪的低谷，甚至进入抑郁状态。

这样的淤堵是如何产生的呢? 举一个具体的例子:

百合: 我老公的家规就是不许哭，尤其是对男孩子这样要求。我儿子小时候每次哭时老公就对儿子凶，不准孩子哭，也不许孩子乱发脾气，后来孩子抽动了，也不会哭了，每次难受时只会生闷气，愤怒的时候也不敢发脾气，只会脸涨得通红，浑身难受。我现在每当看见孩子这样时都告诉孩子，想哭就哭，想发脾气就发脾气，没关系，但是孩子说他不会，我只想哭……

海夫人: 哭和愤怒都是正常的情绪表达，尤其对孩子来说，这些都是最基本的情绪表达。孩子无法像成年人那样会调节情绪，无法用丰富的语言来表达需要，只会用本能的情绪反应来表达。如果家长每次都看不见孩子的这种本能情绪反应，而是让孩子憋回去，孩子的情绪就没法自然流动起来，久而久之淤堵便产生了。

我们形容没有流进也没有流出的水为"死水"，把流动的水称为"活水"，"死水"的特点就是容易变质，也就是容易出问题。

给情绪一个温暖的流动空间

香奈儿：我儿子有一次在外面与人发生碰撞，撞到胸部，然后觉得胸部不舒服。我带儿子去医院检查，医生说没伤着，没有问题，但是孩子就好像有了心结，整天念叨，我和老公每次都跟孩子解释说没事的，每次都安慰他，但是没什么作用。

海夫人：家长错误地理解了孩子的情绪，家长没有领悟孩子情绪表达的意义。

当孩子表达自己的感受的时候，家长只要倾听和接纳孩子的感受，孩子觉得胸部不舒服，这是他真实的感受，家长接纳就好。如果家长接纳了孩子的这份感受，孩子的情绪就自然地从自己这里流向了父母，孩子就通过情绪和父母发生了链接。父母接纳了孩子的情绪，然后及时做出回应，这个过程就是让爱流动的过程。

当你能够给情绪一个温暖的流动空间时，心中的爱同样能够温暖地流动起来。健康流动的情绪所蕴含的意义就是这个孩子心里既有爱，同时被爱包围着，成年人也是一样。

如果没有给情绪流动的空间，淤堵就会越来越多，障碍自然重重。当情绪障碍重重时，爱也就被困住了。

即使心中有爱，如果无法让爱在你和你爱的人之间流动，被困住的爱就会慢慢被冰冻，失去活力。

认识情绪，看见情绪，正面面对情绪，给情绪一个温暖的流动空间！善待自己的情绪，情绪需要被看见，而不是被灭掉或者被评价。

区分情绪，不纠缠

有不少家长说，他们自身脾气暴躁，容易上火，通常情绪来了就无法控制，孩子患抽动症后不敢再对孩子发火，但是自己压抑着特别难受，有时候忍不了还是会对孩子发脾气。

其实家长不用那么紧张，有情绪很正常，每个人都会有情绪。如果你确实脾气不好，一时半会又改变不了，那么有一个很简单的方法，就是教会孩子区分情绪。

什么是区分情绪？

区分情绪是指要明白我的情绪是我的，你的情绪是你的，我们各自对各自的情绪负责。

比如：当你心情不好，要发火的时候，你可以主动告诉孩子："妈妈现在心情不好，妈妈要发脾气了，但是这是妈妈的事情，和你没关系，是妈妈自己心情不好，需要用情绪表达一下，并不是因为你有什么不对或者不好妈妈才这样，所以你该干什么干什么。"

来看一个具体的个例

有一位妈妈受原生家庭的影响，经常会有无名火，动不动脾气就上来了，而且每次都是雷霆之火，怒不可挡。

这位妈妈找到我的时候非常痛苦，她知道这样乱发脾气对孩子不好，但是她根本控制不了。孩子只有4岁，就像一个可爱的小天使，这个小天使有什么错呢？她说当她发怒的时候，孩子吓得发抖。

我引导这位妈妈的方式很简单，首先告诉妈妈，她的这种无名火源自潜意识，就是原生家庭的影响潜移默化地进入了她的潜意识，很多时候她自己都觉得莫名其妙，怎么会发这么大的火？至于吗？面对这种莫名的情绪，根本不需要克制或者压抑，而是主动地去觉察，去看见。

然后我告诉这位妈妈，让她在每次发脾气的时候主动告诉孩子，妈妈的坏脾气又来了，没事的，这是妈妈的事情，妈妈发一会儿脾气就好了。

不要把这种坏脾气当作无比罪恶和不应该的事情，而应当成自然的事情，妈妈的内心首先不要纠结，不要在脾气来的时候恨铁不成钢："我怎么又这样了！"

只要妈妈的内心不纠结了，传递给孩子的信息就不拧巴，妈妈会顺应当下的情况自然地表达："妈妈的坏脾气来了，现在妈妈感觉不大好，这是妈妈自己的事情，妈妈的状态有点糟糕。宝宝，你可以出去玩，或者到另一个房间待一会儿，妈妈把情绪表达出来，一会儿就好了。"

刚开始孩子可能没那么明白，还会有点紧张，后来孩子就不紧张了，甚至会在妈妈发脾气的时候主动问："妈妈，你的坏脾气又来了吗？没关系的，你发出来好了，发出来就没事了。"

当妈妈学会看见和接纳自己的情绪后，也就能看见并接纳孩子的情绪，孩子也能逐渐学会读懂别人的情绪。

有时候妈妈感觉自己的怒火太大，好像要把整栋房子烧了一样，妈妈怕吓着孩子，会建议孩子离开，出去玩或者到别的房间去，不要理妈妈，但是孩子会说："妈妈，没关系的，我知道你的坏脾气又来了，我想陪陪你，这样你是不是会好点？让我陪陪你吧！我想陪陪你。我心情不好的时候，你也总是陪着我、抱抱我。"

情绪纠缠和情绪绑架

大家一定不陌生，家庭中亲人之间往往存在情绪相互绑架或相互纠缠的情况，例如：

"我不高兴，都是你的错。"

"你怎么这样？你看你弄得我生气了。"

"都是你的错，让我一天心情都不好。"

有些家长会被孩子的情绪绑架，孩子处处要家长为自己的情绪负责，还有的家长会把自己的恶劣情绪投射给孩子，或者拿孩子撒气，比如家长心情不好，把孩子打一顿。

学会区分情绪

如果家长能引导孩子区分情绪，家长和孩子自然不会轻易被别人的情绪绑架，而是懂得感知他人，和他人共情，理解并接纳他人的情绪，同时能正面面对并管理好自己的情绪。

一个人能很好地面对情绪，自然能更好地面对事情。

"情绪本身没有对错"是歪理吗?

一位家长看了我在上海关于情绪的讲座以及我的书《爱是最好的良方》后,说了一点自己的感悟:

清雪:情绪没有对错,要无条件地接纳,这像一盏灯,照亮我前方的路,先疏后导,逐渐提高孩子的心力。感谢您,海夫人,有幸看到您的书,对我有很多帮助,有很大的启发,我在不断调整自己的情绪和行为。

家长的感悟引来了网友的评论。

网友:"情绪没有对错,要无条件地接纳。"这是什么歪理?这属于脑子有病。假设孩子说他今天想杀人了,但是没得逞,就开始闹情绪,不吃饭,不睡觉,摇头晃脑……难道家长也要跟着说,你这种想法是对的,我理解,我也想杀人?

情绪是什么?

海夫人:这位网友的评论很有特色,也有一定的代表性,她把情绪、脑子、病(脑子有病)、想法(假设孩子说他今天想杀人了)联系起来,混为一谈。

海夫人在很多场合都这样表达过:情绪本身没有对错,只有好的情绪和糟糕的情绪之分。

比如当有人用烟头烫你的手臂时，出自本能，你会躲闪，缩回手，并且会喊"痛"，因为你确实感到"痛"了，这个"痛"是真实的，这个"痛"本身没有对错。如果这个时候周围人指责你或者批评你，说你说"痛"是不对的，说你这个行为是错误的，你是不是很难理解？这个"痛"的生理本能反应有什么对错呢？

情绪也是如此，情绪是一个人对外界生理和心理的快速综合反应，是对外界最直接快速的反应。如同人对疼痛的生理反应一样，当人被烟头烫了表达痛和一个人感受到悲伤会哭是一样的道理，这两种反应都属于本能反应，这两种反应本身没有对错。

当一个孩子感觉不爽的时候用大哭表达情绪，这和一个孩子被烟头烫了大声喊"痛"是同一个道理，唯一的区别在于一个是生理和心理的共同反应，另一个是生理反应。

假如一个孩子因为难受而大哭，或者因为某件事而生气，这个时候家长说："你这样不对，你哭或者生气是不对的。"这意味着家长在批评孩子的情绪不对。当孩子得到这样的心理暗示时，孩子该如何面对自己的情绪呢？妈妈说哭是不对的，不高兴是错误的，那么孩子该怎么表达自己呢？

一个年幼的孩子在生命的最初，在语言表达能力没有发展起来的时候，就是通过情绪和身体动作来表达自己，渴望被妈妈看见，渴望和妈妈沟通交流，并且渴望和妈妈建立深厚的情感链接，获得亲密关系，获得更多的关注和安全感。

如果在生命的最初，用来表达情感的情绪通道被堵住了，而且被家长不断批评，这种强硬阻断的方式将会带给孩子多大的情绪情感障碍呢？

表达情绪是否等于脑子有病？

当一个孩子在表达自己的情绪时，被家长训："你有病，你脑子有病！"这个时候孩子不仅被暗示自己的情绪不对，同时也被暗示孩子有病，脑子有病。这和一个人被烟头烫了说"痛"，别人说"你说痛，你有病，你脑子有病"是一样的道理。

那位家长从孩子的情绪联想到孩子的脑子有病，然后再引申到孩子的想法有问题。

如果家长不能正确地理解孩子的情绪，看不见孩子情绪背后的心理原因和生理原因，看不见孩子的感受，那么就不懂得如何正确地面对孩子的情绪，只会错误地评判孩子的情绪，只会让误解加深，只会在抱怨孩子。

当孩子心里难受的时候，如果不知道怎样正确表达自己的情绪，这就需要家长的言传身教了。

如果每次孩子表达情绪，家长都说："你有病，你脑子有病，你想杀人，我还想杀人呢！"那么孩子终将被家长误导。

情绪障碍不是一天两天形成的。如果一个孩子出现了情绪障碍，首先家长自身很可能就存在情绪问题，家长不知道如何让情绪流动起来，也不知道如何去看见情绪，更不知道情绪只是需要被看见，而不是被评价，因为情绪本身没有对错。

为什么要阻止孩子哭？

网友：您好，我的孩子每天都要哭，每次都哭半小时以上，好像没有意识一样。请问，我如何制止她哭？

海夫人：孩子哭都是有原因的，比如身体感觉不舒服、内心有事情想表达、心情不好等等。

这位家长没有弄明白孩子哭的原因，没有去努力地看见孩子，没有看到孩子哭泣背后的需要，比如身体的需要、情感的需要、内心的需要等，只是想着如何制止孩子哭。

为什么家长总要阻止孩子哭呢？

孩子哭让大人不知所措、无法面对、心烦；孩子哭让大人觉得这个孩子不乖，这个孩子不对，哭是错的。家长无法面对孩子哭，所以最直接的想法就是不让孩子哭，阻止孩子哭。你是否也是这样的家长？

家长阻止孩子哭的做法，有点类似鸵鸟一遇到危险就把头埋进沙子里，假装看不到危险，就可以假装以为危险不存在了，这样可以稍微心安些。这种简单粗暴干预的方式，可以让家长在自己制造出来的假象中稍稍感到安慰。

家长阻止孩子哭，孩子不哭了，家长就可以避免直接面对这个问题，就不会被孩子的哭泣打扰，就减少了焦虑。

不能哭泣的孩子会怎样？

哭泣是年幼的孩子最直接的表达方式。年幼的孩子语言表达能力还不足，无法用语言表达自己的情感和内心的需要，孩子有了需要，难受了，饿了，渴望爱，渴望情感交流，只能通过哭来表达。

孩子用哭这种人类最简单最直接的方式来表达自己，流露情感，渴望家长的互动和链接，渴望获得家长的爱和关注，渴望获得更多的安全感。

当孩子发出信息后，没有得到家长的回应，却遭到家长的阻止，就如同进入了情感的荒漠。

很多时候家长还会非常委屈地说："海夫人，孩子天天哭啊！"

孩子每次哭，每次表达，感受到的都是父母不接纳的信息，遭受到的都是父母冷漠粗暴的阻止，那么这个伤心、孤独、可怜的孩子还能有什么办法呢？除了继续用哭来表达弱小者的无奈，孩子还能怎么办？

孩子哭的时候，家长的应对方法非常简单。温柔地接纳孩子的哭泣，让孩子表达，如果哭得太厉害，家长可以冷处理，但不能用冷暴力。可以温柔地抚摸孩子，拍拍孩子的背，让孩子知道，妈妈看到他在哭泣，妈妈知道他伤心、难受。

最重要的就是家长要接纳孩子，同时让孩子知道，妈妈知道他在表达，看见了他的需要。

孩子用哭泣来表达，孩子为什么要表达呢？是希望妈妈看见知道啊！看见就是爱。

没有看见就无法接纳

为什么家长会对孩子的哭泣如此不知所措、如此抓狂？一方面是因为心疼孩子，另一方面是因为没有看见孩子的能力。没有看见就无法接纳。

如果你真的没有能力看见孩子，不知道如何回应或者疏导孩子，怎么办呢？很简单，爱和自由。

允许孩子哭的同时让孩子知道，你知道他在哭，在伤心。同时对孩子说："妈妈确实不知道该怎么安慰你，妈妈允许你哭，而且妈妈会陪着你。妈妈不会因为你的哭泣就心烦意乱，更不会因为你哭泣就讨厌你。"

宝宝在哭，这便是当下的事实，那么面对当下、面对此刻就好。

安顿好妈妈自己的这颗心，耐心地陪着孩子，孩子自己会在哭泣中慢慢成长。

不要废弃哭的功能

在群里我经常能看到家长面对孩子的哭泣手足无措，甚至焦虑恐惧。家长觉得孩子哭不好，给孩子哭打上了很多标签，如不勇敢、不坚强、不懂事、不合理、不懂控制等等。

在群里我也经常能听到家长说自己难受得想哭，但是拼命压抑着，觉得哭不好。

成都－酱妈－女孩5岁：千万别压抑自己。想哭就哭，就是用哭来释放情绪的，不要废弃哭的功能。当我特别难受的时候，我一定会哭的。我把自己关在厕所里，把水龙头打开，一边洗脸一边拼命哭，使劲哭。哭完了，情绪释放了，心里舒服多了。人一定要懂得怎么让自己舒服。

压抑是最傻的办法。好好哭一场，用自己喜欢的方式，用舒服的方式疯狂地哭。

我经常独自解决很多事，有时候会觉得老天很不公平。凭什么每件事都是由我来面对，我承受的压力最大，我挡在最前面。这时我会去看名人传记，就会悟出很多道理。老天安排这些苦难和压力让你承担，是因为你能成事，老天觉得你能行，所以你势必未来将比其他人走得更远，更有力量，所以不要怕。

压抑只会让自己负重前行，走不了多远，力量也不会增强。要先释放，给自己减负，然后继续走下去。我们总是觉得遇事要坚强，但是要先放下，哭完再变得坚强。一味扛着，谁也走不远。

海夫人：哭是一种情绪表达，表达悲伤、无奈和无助。情绪需要表达，情绪需要被看见，而不是被灭掉或者被评价。不要废弃"哭"的功能。

看见就是爱

这是"沐浴阳光群"中一个群友的分享：最近很多孩子都在排练六一儿童节的表演节目，比较辛苦劳累，娱乐时间被压缩，孩子难免有牢骚埋怨，甚至出现症状。我分享一下我儿子的情况和我的做法。

儿子参加了合唱团

四年级刚开学，老师让儿子参加学校合唱团，因为他参加学校唱歌比赛得过两次奖。合唱团的活动每周一次。儿子每周参加合唱团排练的时候都不开心。他说合唱团没意思，不如美术组好玩。我告诉他如果下学期不想参加合唱团，可以跟老师说转到美术组。

5月份，合唱团开始排练。听儿子说，是为了参加一个比赛。

儿子因为排练辛苦想退出合唱团

第一周排练的时候，每天放学后都要去参加合唱，儿子很不高兴，因为排练占用了他玩耍的时间。

从第二周开始，每天不但放学后要排练，还要占用上课的时间排练，这样一来，孩子放学以后不但要写家庭作业，还要补当天的课堂作业。

合唱团每次排练的时间都很长，尤其是下午，基本上从2点一直排练到五点半，这3个半小时孩子一直站着唱歌，中间休息的时候也不能坐下，也是很辛苦的。

儿子常常不满地说，合唱团占用了太多的时间，而且排练难度很大，很辛苦很累。儿子不止一次地说过要退出合唱团。

妈妈鼓励孩子坚持

我建议儿子坚持到参加完比赛再退出合唱团，我告诉儿子，做人要有大局意识，咱们不能因为个人的喜好影响到学校的安排。

一开始的时候儿子是接受这个建议的，可是有一天，儿子回来说："妈妈，我现在就要退出合唱团，我不参加比赛了。"原来那天从早晨第一节课就开始排练，一直排练了一整天，一节课都没有上。那天刚好班里进行数学考试，他回到家不但要完成课堂作业，完成数学考试的卷子，还要完成家庭作业。儿子回到家一般已经6点了，吃完饭再写完作业就已经8点多了，几乎没有休息娱乐的时间。

那天儿子一直说一定要退出合唱团，才不管什么比赛，也不管什么学校的安排，也不管什么顾全大局。他要求我马上给老师打电话，退出合唱团。当时他情绪很激动。

我想了一下说："如果你一定要现在退出合唱团，你自己去跟老师说。"

我的想法是：儿子已经排练了这么久，现在退出会影响学校的整体安排。如果他一定要退出，我想老师也会同意，但他必须接受老师对他的重新评价。我认为做事要有始有终，如果遇到一点困难就放弃，那么干什么都干不好。我把这个皮球踢给他自己，让他自己去权衡。

后来他就去写作业了，我们没有再谈及这个问题。第二天他回家的时候，像平常一样开开心心，他似乎对每天排练的这个事实已经接受了。

我问他是决定退出合唱团还是继续坚持，儿子说："反正再过一个多星期要比赛了，我就再坚持坚持吧！"

就这样，孩子很顺利地排练完毕，演出也很精彩。

牢记海夫人的话：关注孩子的内心

即便是成人，遇到类似的情况也会有负面情绪。面对问题，有情绪是正常的，家长首先要接纳孩子的情绪，给予理解，与孩子共情，适当给些好建议，不逼孩子表态，给孩子一点时间，让孩子逐渐接受现实。

对于孩子的负面情绪，只要让孩子说出来，发发牢骚，发痛快了，就不必过多纠缠，纠缠多了反而传递了一种不良暗示，最好用孩子感兴趣的事转移注意力。其实，孩子有时只是说说而已，说出来心情舒畅了，该干吗还干吗。

每个孩子在成长过程中都会遇到各种各样的问题、困难、阻碍……作为家长，我们要做的不是替他一一攻克问题，解决困难，排除阻碍，而是让他在这些问题、困难和阻碍之中进行自我体验，引导他用自己的力量去面对困难，解决问题。

通过这次合唱团事件，我又一次看到了儿子的成长，深感欣慰。

看见就是爱

海夫人：在孩子遇到事情的整个过程中，这位妈妈的做法非常好。

这位妈妈每次都看见了孩子，看到了孩子的情绪，看到了孩子的小矛盾、小纠结，看见了孩子行为背后的情绪表达和内心需要，然后根据情况及时做出了回应。

当家长能够真正看见孩子时，家长和孩子之间才会有真正教育意义上的沟通和交流。如果家长没有看见孩子，就根本谈不上帮助孩子和疏导孩子。

如同在婚姻生活中，如果我们的另一半长期看不见我们，不知道我们的喜怒哀乐，没有看见就没有回应，没有正确合适的回应就没有爱的流动，时间长了，问题就会慢慢滋生。

看见才是爱，看见孩子，接纳孩子，然后及时回应，这个过程就是让爱流动的过程。没有看见的教育会因为缺乏真正的理解而充满说教和管控，缺乏爱的教育必定会带来伤害。关心孩子、爱孩子，首先从看见孩子开始。

这位妈妈看到了孩子的内心情绪表现，并且进行合理引导，疏通了孩子内心的纠结，适时鞭策和鼓励了孩子，孩子在这件事情上得到了锻炼和提高，这种成长和家长的爱息息相关，和家长的看见分不开。

来看其他妈妈的"看见"

多美妈妈：孩子 3 岁时换了一个幼儿园，转园第一周还挺好，第二周第一天早上起来哭着说："妈妈，我不要上幼儿园，我害怕。"我把孩子抱起来说："是的，宝宝害怕，身体都很紧张。"孩子把头埋在我的怀里，我继续说："在一个新环境里生活对你来说太不容易了，妈妈很理解你。"孩子抱着我哭了一会儿，孩子说："走吧！妈妈。"孩子就去幼儿园了。

灿烂如你：我女儿比儿子大两岁半，每次两个小娃娃起冲突，我婆婆都训我女儿，要姐姐让着弟弟，每次训完女儿下手就更快更重了。我告诉女儿："弟弟的本意是想和你玩，但他不会表达，所以只会用打人的方式，你看到他想打你一定要躲远点，如果他不知轻重地把你打疼了，妈妈会心疼的。"从此以后，姐弟俩再有打闹，女儿都会让着弟弟了。

莉莉：我姐的儿子有一次要吃红薯，买了之后我姐怕他弄脏，就自己拿着剥皮，孩子顿时吵闹起来。我解释说："他是想自己剥皮。"我一说他就不哭闹了，那一瞬间他的眼睛亮了，他看着我，眼里满满都是你懂我的惊喜。那种满眼小星星的眼神我到现在都忘不了。

看见就是爱，你看见孩子了吗？

第三章　真正的教育是走心的，无关对错

▶ ▶ ▶ ▶

　　在我看来，育儿不是讲什么道理、规则，而是一种深入人心的感情，就是母与子之间的交流，彼此都能接纳对方，肯定对方，看见对方，没有绝对的对与错，任何事情都有多面性。这些话我以前肯定说不出来，也体会不到，但是我现在之所以能说出这样的话来，是因为我走心了，我还得多努力，多反思，我希望我能更豁达一些，更开心一些，我的孩子就会更好了。

　　　　　　　　　　——"沐浴阳光群"山西和妈

"一百分"的悲剧

"别让孩子输在起跑线上。"大家是不是对这句话很熟悉？早教培训机构在做宣传的时候，常常会用这句广告语做渲染，鼓动家长。

经常有家长担心地问我："海夫人，我的孩子整天都在玩，什么都不学，怎么办啊？同一个小区的孩子每天不是学这就是学那。"

这位家长的孩子正在上幼儿园，我告诉这位家长，处在这个年龄的孩子的主要任务就是玩，通过玩来认识这个世界，通过玩来感受生命的美好，通过玩来学习成长。童年最美好的事情莫过于此，能够痛痛快快地、毫无心理压力地玩，在游戏中探索这个世界，在游戏中愉快成长。

家长把每次考一百分当成孩子的起跑线

有位家长曾经在海夫人举办的分享交流会现场，分享了她在孩子的成长过程中所经历的误区。望子成龙是我们大多数家长的梦想和愿望，这位家长当然也不例外。

孩子上幼儿园的时候，这位家长就开始积极准备，让孩子上了好几个兴趣班。上了小学一年级，这位家长郑重其事地告诉孩子每次考试都必须考一百分，如果考了一百分就有奖励，如果没考到就有处罚。

从小学一年级开始，每次考试都要得一百分，这是一个多么苛刻的要求。这意味着孩子不仅要学得好，而且考试时不能出半点错。这给一个六七岁的孩子套上了一个紧箍咒，孩子会因为考试而背上沉重的包袱。

这个孩子不负父母所望，在一二年级每次考试都得一百分。为什么会这样呢？是因为让孩子上了各种早教学习班打下了基础。

从三年级开始，孩子次次考一百分就不那么容易了，每次考试时这个孩子就变得很紧张，后来孩子开始对家长撒谎，没考一百分，但是孩子会说考了一百分。

有一次期中考试，孩子三门科各考了 98 分、99 分、97 分，这个分数在班里算比较高的，但是孩子回家不敢说，而是骗父母说自己考了三百分。后来班主任知道了这事都奇怪：为什么孩子考得这么好都不敢跟你们说，还得撒谎？

很可惜，班主任的疑问并没有引起家长的重视，家长没有因此反省，继续用这个标准要求孩子，每次考试必须考一百分。

这个严苛荒唐的要求最终导致孩子出了问题。孩子从四年级开始有轻微的眨眼、耸肩现象，父母没在意，以为是坏习惯，只是呵斥孩子，在学习上一如既往地要求孩子每次考试必须考一百分。如果孩子考了一百分，家长就欢欣鼓舞；如果没考一百分，家长就责备、埋怨孩子。

到了五年级，孩子开始出现吐口水的情况，父母还是没在意，只是觉得奇怪这孩子的坏习惯怎么越来越多。

到了六年级，孩子的眨眼、耸肩、扭头的症状变得很严重，虽然不再吐口水了，但总觉得自己后面有人跟着，总要回头看，没走两步就要回头看一下。孩子的抽动症并发强迫的情况全面爆发。

孩子越来越严重的奇怪行为举止总算引起了这位妈妈的重视，妈妈开始在网上了解相关情况，看到了海夫人的文章。

妈妈的心都要碎了，痛苦和悔恨难以言表，她多么希望能重新来过。在交流会现场，她分享的时候眼泪就好像断了线的珍珠，止也止不住。

我听了直摇头叹息，这个考试一百分有什么意义！

家长为什么会要求孩子次次考试都必须考一百分呢？这就是不要输在起跑线上吗？

陈道明写于 60 岁前夕的话

我在人生起步阶段没有经历什么急功近利的熏陶，很自然地学会了将很多东西看淡。不像现在的演员，接受了太多以竞争为主，甚至强调"你死我活"的教育，心理变得急功近利了。

其实不光演员，现在很多人都得了"有用强迫症"，崇尚一切都以"有用"为标尺，有用学之，无用弃之……许多技能和原本提升自我、移情悦性的初衷越行越远，于是社会变得越来越功利，人心变得越来越浮躁。

无用方得从容，洁净如初的心灵及丰富多彩的精神世界才能成就百毒不侵的自己，心没病，身体自然安康。

海夫人：家长看重的是分数，崇尚的是有用，为了考高分上重点学校，便逼迫孩子每次考一百分，要求孩子不能输在起跑线上。孩子的确没有输在起跑线上，一二年级的成绩名列前茅，但是抽动并发强迫的情况让孩子背负上沉重的包袱，这就是典型的"赢在了起跑线，输掉了成长。"

分数是否等于成长？

教育的最终目的不是传授已有的东西，而是要把人的创造力量诱导出来，将生命感、价值感唤醒。唤醒，是种价值手段。父母和教师不要总是叮咛、检查、监督、审查他们。孩子们一旦得到了更多的信任和期待，内在动力就会被激发，会更聪明、能干、有悟性。

——斯普朗格

海夫人：成长是最具实际意义的一件事，成长的标准就是内在力量是否增长，成长意味着一个人具有了自主的内在力量，从而拥有了许多实际的能力，比如组织能力、创造力、爱和被爱的能力、自我管理的能力等等，这些能力要远远比那个微不足道、僵硬死板的分数重要。

孩子真正需要获得的是成长，成长是一个人的基础（地基），有了这个基础，才能盖起高楼大厦。而所谓的起跑线，也应当是指孩子真正的成长，和分数无关。

我们为什么一定要让孩子苦读书？

中国自古就有"头悬梁，锥刺股"这样刻苦学习的典范，多少年来反复激励着穷苦人家孩子的求学，比如"吃得苦中苦，方为人上人""凿壁借光"等等。

很多人都在提倡苦读书，其实当一个人对读书有兴趣的时候，读书的过程是充满乐趣的，工作也一样，比如我平时写文章，没有人给我安排任务，没有人要我做，更没有人逼我，但是这么多年我一直心甘情愿地做了下来，因为我喜欢。

081

豆豆妈妈：孩子感冒发烧引起了扁桃体发炎，班里好多孩子都病了。这学期新换的班主任很严格，学习任务比较重，孩子也有一定压力。我问孩子是不是觉得学习挺累挺苦的，她说是。我跟她说："大家都是一样的，都在努力，都在为自己的高楼大厦添砖加瓦。你的口算准确率越来越高，就是你努力的结果，这种努力能让你获得快乐！"

海夫人：上面这位家长表达有点不妥。当孩子觉得累的时候，家长应该告诉孩子稍微休息一下。

很多家长一味让孩子努力，让孩子吃苦，这其实是错误的。一个人如果通过过分辛苦的努力获得成绩，往往没什么甜蜜感。通过自觉自愿的努力和在能力许可范围内的努力所收获的成功，才是巨大且甜蜜的。

当孩子觉得劳累和辛苦的时候，家长就不要再给孩子加压，不要让孩子继续坚持学习，而是应该给孩子一个拥抱，告诉孩子，只要尽力了就可以了，结果并不重要，过程的幸福才重要。

累了就要休息，会休息的人才会工作，懂得如何努力的人也会懂得如何休息，来调整自己。累了是孩子的真实感受。在学习之余，我们偶尔也可以让孩子适时放松一下，到户外玩一玩，给孩子玩耍和休息的时间，让孩子学会自我调整。

当孩子觉得劳累和辛苦的时候，有的家长会担心孩子不愿做作业或厌学，然后要求孩子继续坚持，这样做其实忽略了孩子的感受。这个时候，家长要看到孩子的感受，和孩子共情，多体谅孩子，短暂的休息反而能让孩子学习更高效，并不会让孩子放弃学习。

真正会学习的人永远是最高效的，而且懂得劳逸结合。一个人张弛有度，才能保持充分的弹性和韧性，才能保有活力。

我们为什么要让孩子如此辛苦地去"苦"读书和读"死"书呢？我们可以让孩子愉快地、充满兴趣和激情地学习。孩子需要休息，更需要空闲时间去思考，去发展自己的兴趣。

现在的教育给家庭和孩子的负担太重了，孩子没有多少自己的时间。建议中小学别学得太多，要给孩子们时间玩，一个人有空余时间才会去思考。应该给学生的兴趣培养提供机会，如果给孩子灌输太多东西，脑子装得满满的，就没有自己的空间和兴趣去学东西了。

——周有光

选择重点班应量力而行

许多家长从小学开始就希望把自己的孩子送入重点班，谁也不想让自己的孩子输在起跑线上，所以进重点班就成了许多家长的心愿和努力的方向。

来看看下面几个进入重点班的孩子的状况，其中后面两个孩子进的还是重点学校的重点班。

不要太迷恋重点班

平安是福：我的孩子开始进入逆反期，我需要认真对待，不能大意了。现在我面临的问题是：孩子上的是重点班，作业太多，早出晚归。

我家离学校很近，但老师中午不让孩子回家，让统一在学校吃饭，12点30分以后就开始午自习，让孩子做很多题，晚上6点30分以后才能回家。孩子匆匆吃完晚饭后，马上开始做家庭作业，每天正常情况下10点30分做完作业，洗漱完上床睡觉就得11点了。11点或12点睡觉都是常事。

我连关心了解孩子的机会都没有，更别提沟通了。眼看着孩子的症状越来越严重，我很着急，却没有什么好办法，只能在吃晚饭时简单地问候关心一下，可我觉得是杯水车薪。

我也试探着问："儿子，我们换个班好吗？"但他明确表示不愿意。后来我想也许这样可以提高孩子的抗压能力，但我没有多大把握，只能看情况再说了。

在这里我还想对所有的小妥妥（妥瑞综合征的简称）家长们说一声，请不要太迷恋所谓的重点班，如果大家只看重分数，那么能力培养就成了句空话，这样特别不适合咱们这样的孩子。

海夫人：上初一的孩子晚上 11 点或 12 点才能睡，早上又要早起，太辛苦了！如果追求的只是分数，那么其他能力的培养就是一句空话。

重点班就是最好的选择吗？

网友：我的孩子刚上初中，我做了一件让我后悔终生的事情，我想尽办法让孩子进了当地重点学校的重点班。我当时以为儿子的抽动症已好了，学习也不错，我心里也就放松了。

孩子所在的那个班几乎把全市各个小学的尖子生都收了进来，这样一来，儿子在班里想突出就不容易了，但是他从小习惯了在班里的突出位置，他心里的压力可想而知。

孩子的班级从初一开始上晚自习，晚上 9 点才放学，而且周考月考都排名。儿子的脸上没有了以往的笑容，他过于在意成绩排名，会因为一次考试而哭一个小时，认为自己虽然付出了，但没有得到应有的回报。我其实不怎么在意他的成绩，但对他不够耐心，没有进行正确的引导，孩子从初一开始又出现了一些小小的症状，初一上学期期末考试他终于考到了全班前十名。

进入初一下学期，孩子的学习任务突然加重，班主任要求他们每天定量完成背书任务，只能下课背，每天检查。孩子是组长，要听别人背，还得自己背，没有了休息时间，孩子的压力越来越大。儿子的症状变多了，开始发声，但不严重，但他因为怕别人发现而尽力克制，变得有些敏感，也不怎么和同学交流了。用他的话说："我想用学习好来掩盖我的抽动，让别人瞧得起我。"

初一下学期第三次月考，儿子在班上的名次后退了十几名，老师惩罚的方法是罚站一个月，站在教室最后一排，这让本来就自卑的他雪上加霜。期间老师也多次找他谈话，告诉他别太在意，没什么，但是孩子反而越来越紧张，发声的症状更厉害了，也越来越明显，而且不敢和人说话，不敢去食堂吃饭，吃饭时手抖动得会把饭打翻，有时打了饭一个人躲在墙角吃，有时一天都不吃。后来实在严重得没法上学了。

海夫人：这个孩子进入重点学校的重点班，压力太大，不堪重负，抽动症爆发，最后休学了，目前还在家里，已经休学 10 个月。抽动症症状表现从最初的身体抽动发展到情绪抽动，又发展到心理抽动，所有的症状都很明显并且严重。

重点班也许看重的是分数，平时作业多，考试频繁，考试压力大，比拼厉害等等。如果一个孩子的抗压能力和自我疏导能力不足，在这样的环境中，面临这样的压力，适应不了是正常的。

选择重点班应量力而行

网友：我的孩子今年上初中，进了重点学校的快班，也就是重点班。孩子的压力越来越大，脾气越来越不好，因为一点小事就发火，还打妈妈，打了之后还让大人跟他说对不起，如果大人不说，他就又哭又闹。

有时家长问一句孩子就哭闹，每当感觉紧张或压力大时抽动症状就变得严重。

国庆假期结束后，孩子由于没写完作业，哭闹和害怕的症状加重，还不停地回头，有两天没去上学，后来在老师的开导下才去，还出现强迫症的症状，每天检查书包好几次，怕忘带东西，还不让别人碰他的书包。

最近，孩子每天上学前还让家长说好几遍祝他没压力或一天平安。有时，孩子让家长和他说对不起，而且要说好几遍，反复说，如果家长不说就哭闹。孩子的脾气越来越差，不太愿意和大人沟通，天天都在学习，压力很大，而且他自己给自己施加压力，从早上 6 点就开始学习，白天在学校学习，晚上 6 点放学回家还要家长请家教，如果家长不请就生气，每天都学到晚上 11 点，如果家长让他睡觉，他就发火。

海夫人：初一开学没多久，孩子的情绪压力和心理压力都已经出现，因为作业多，睡得晚，起得早，恶劣情绪和心理阴影表现明显，并有进一步严重的趋势。我建议孩子换到普通班，家长需要帮孩子进行情绪疏导，帮孩子减压，多和孩子沟通交流。

如果孩子具有良好的体质、心理素质和学习能力，能很好地适应重点班，那么说明这个重点班是适合孩子的。

如果重点学校的重点班带来的是孩子体力和精力的过度透支，以及恶劣的情绪和心理的巨大压力，甚至出现问题，那么说明这个重点班是不适合孩子的。

如果健康都没有了，还谈什么成绩呢？上重点班还有意义吗？

是饭前吃棉花糖还是饭后吃棉花糖？

这里分享一个关于孩子吃饭问题的分析。

饭前买了棉花糖，棉花糖撒了

暖宝－5岁：今天晚上又出现了吃饭的问题。晚饭前我带孩子去了一趟超市，买了暖宝宝，孩子一看到棉花糖就要买，我说吃完饭再吃棉花糖，他说可以。吃晚饭的时候他就把棉花糖包装袋打开了，打开的力量太大，棉花糖撒了一地。

海夫人：孩子买了棉花糖以后就迫不及待地想要打开，是因为特别想吃，这对于一个5岁的孩子来说很正常。如果孩子在这个年龄就相当自觉、自律，那么要么不是普通的孩子，要么就是为了表现好而压抑自己。

从另一个角度说，如果孩子平时在进食方面被严格约束或控制，只能吃家长认为健康的食物，不能吃自己喜欢的食物，那么孩子看到喜欢的食物就会特别渴望。

家长在某个方面越是对孩子约束控制，孩子在这个方面就越难以自制和自控。

妈妈生气，孩子害怕

暖宝－5岁：我看到棉花糖撒了一地就生气了，但是我没有吼，只是当时的气氛就像凝固了一样，他看起来很害怕。

海夫人：孩子看起来很害怕，有两个方面的原因。

第一，棉花糖撒了一地，脏了，不能吃了，妈妈看见我浪费食物会生气的，甚至会愤怒，尽管是不小心撒的。

第二，棉花糖撒了一地，没得吃了，妈妈肯定不会再买了，但是孩子很想吃，所以内心会纠结难过。

暖宝－5岁：我把饭盛好，他也不吃，我就说："你如果不吃饭，那今天晚上什么都不可以吃。"我心里很生气，讲话有点冷。

089

海夫人：妈妈在逼孩子吃饭，或者说在强迫孩子吃饭。如果换作成年人，在这种情形下，我们也会没胃口吃饭，孩子会怎样？

暖宝－5岁：吃完饭叫他洗澡，他很听话，平时他会拖延，可能心里战战兢兢，也就乖乖地洗澡了，我给他洗完澡，平复了自己的情绪，问他："你害怕吗？"他说害怕。我跟他说："妈妈生气是因为担心你不吃饭会肚子饿，我现在不生气了，你也不要害怕，妈妈不骂你。"

海夫人：孩子感到害怕，战战兢兢，表现得很乖。妈妈站在自己的角度，告诉孩子妈妈的心理感受："妈妈生气是因为担心你没吃饭会肚子饿。"尽管妈妈看起来是关心孩子，其实是要孩子为自己的生气买单、负责。

妈妈并没有站在孩子的角度去了解孩子的感受，而是处在一种高高在上、居高临下的状态。

孩子哭了，妈妈没有看见和理解孩子

暖宝－5岁：他掉了眼泪，然后我们玩了一会儿，就睡觉了，期间我问他还害怕吗，他说还害怕。后来睡觉时他说心里难受，我问是不是因为没吃棉花糖难受，他说是的。

海夫人：妈妈在和孩子沟通时，是在表达自己内心的不满，而且强调孩子做错了，不该在饭前吃棉花糖。妈妈这种冷冰冰的教育让孩子掉了眼泪，继续感到害怕，心里很难受。

然后妈妈再次主动做了引导："你是因为没吃棉花糖难受吗？"

孩子难受仅仅是因为没吃到棉花糖吗？妈妈的引导成功地安慰了自己，孩子难受是因为没吃到棉花糖，并不是妈妈生气导致的。

暖宝－5岁：我说明天早上起来吃完早饭就能吃棉花糖了。后来孩子就睡着了。

海夫人：妈妈再次强调规则："吃完饭就能吃棉花糖。"在妈妈心中，冰冷的规则比孩子的感受更重要。

妈妈采用的教育方式是说教、管控和规则约束，唯独没有真实的情感体验。

妈妈强调规则

暖宝－5岁：我想请教海夫人，对待孩子吃饭的问题，是不是应该这样做：如果他不想吃饭，那接下来就什么都不能吃，即使大吵大闹也不能吃，饿上一天也不能吃。

海夫人：其实吃饭是人的本能，饿了就会想吃，白天多运动，保持好心情，拥有健康的身体，一般都能有不错的胃口。

人的吃、喝、睡、拉都属于本能，是自然赋予的基本能力，一般不需要特别训练，不必制订刻板的规则，顺应自然为好。

如果妈妈继续采用这样刻板的方式，估计孩子吃饭会越来越成问题，孩子会没胃口，吃得不香，因为吃饭的自主权不在孩子自己这里。

无论是饭前吃棉花糖还是饭后吃棉花糖，沟通需要建立在孩子真实体验的基础上。如果孩子饭前吃了棉花糖并不影响正餐的胃口，那么棉花糖什么时候吃都没关系；如果饭前吃棉花糖影响了正餐的胃口，就需要让孩子通过真实的体验看到这一点。妈妈应该在孩子真实体验的基础上沟通，而不应空洞说教。

来看看其他家长的认识

逝水无痕：我和很多家长的沟通有无力感，那时候有几个家长给我打电话，我如何说，他们都不能理解。比如，饭已经做好了，家长需要做的是告诉孩子，可以吃饭了，吃或不吃的选择权在孩子那里。家长可以告诉孩子，一会饭菜会凉，也会吃光，家里就没有食物了。但是很多家长就不能理解，就想方设法让孩子吃饭。

雪梨：我小时候喜欢吃零食，尤其小学低年级那段时间，那个时候有机会吃零食，有点无法控制，一吃就会吃多，每次吃多都会难受，因为零食普遍味道重，不是太甜就是太咸，然后吃了过多的零食到了饭点就吃不下饭，这个时候我就会想，零食真的不能多吃，多吃不仅觉得不好吃，反而会反胃般难受，零食吃多了，饭就吃得不香。后来我就学会自己调整。这个不需要人教，只要自己体验就能获得。

李雪：无论找伴侣、商业合作伙伴，也包括交友，把对错放在第一位的人，不能深交。从商业上说，看重对错的人欠缺解决问题的智商和情商。从感情上说，对错比你的感受重要，还有啥感情可言，耗心神伤感情。

沟通是为了逼孩子认错吗？

安徽－谦儿妈－11 岁：我分享一件最近发生的事情。孩子这次期末考试没有考到预期的好成绩，语文考 98 分，数学考 96 分，孩子有点灰心，加上刚刚放假，孩子对待很多事情都比较敷衍、拖拉，几天前，我和他爸爸忍无可忍，经过几次沟通无果后，爸爸把孩子打了一顿，虽说是打，其实吓唬的成分居多，并不是真的想打他。

打完又让他把没做的作业补齐、改正，因为我们当天订了晚上《奇迹男孩》的电影票，就一起去看了电影。观影后爸爸为打他这件事道了歉，我们也讲了很多道理，孩子也不生气了。

海夫人：家长对这次的"教育沟通"的效果好像还挺满意，发了火，吓唬了孩子，讲了道理，孩子好像也改变了一些。

沟通的目的是什么？

沟通是双向的，沟通的目的不是评判对或者错，也不是为了逼孩子认错。但是上面这位家长认为沟通是为了让孩子认错，这其实不是沟通，而是说教。在说教的过程中，家长情绪失控，还打了孩子。打完以后孩子好像乖了些，家长很是安慰。只是这种打出来的效果，不知道能持续多久？

孩子放假了，懈怠一些，拖延一些，这样的表现不是很正常吗？生活本来就要有张有弛，假期难道不应该属于孩子吗？

语文 98 分，数学 96 分，这还叫没有考好？看来是没有考出预期的成绩，这个预期的成绩估计就是完美的 100 分吧！这个预期的成绩，这个目标是谁帮助引导制订出来的？

好好学习，原本体现在学习过程有收获，孩子能够成长，而如今在很多家长的引导下，学习成了单纯追逐分数的利器。

沟通是为了逼孩子认错吗？

王人平：沟通的目的是解决问题，并不是逼孩子认错。当我们逼孩子认错时，不妨先回答自己几个问题：孩子真的错了吗？我们评判孩子错误的依据经得起推敲吗？我们做错事时向孩子认过错吗？孩子的错哪一个不是我们直接或间接导致的呢？拒绝孩子犯错，孩子还能成长吗？在我们没有办法让孩子认识到问题的本质时逼孩子认错，不仅会削弱孩子的自尊、自爱和自信，也是在逼孩子说谎和屈从。好的教育是用正向的、肯定的、积极的方式，给孩子更多的启示、选择和可能性，增强孩子的力量，而不是用负面的、否定的、消极的方式，去逼孩子认错，削弱孩子的自信、勇气和生命力。

小问题中的大格局

红袖添香－7岁女孩：海夫人，我想向您请教如何应对小伙伴的不友好。

我女儿有个很要好的同学在学围棋，女儿很想和她一起学。我带女儿去上了一次试听课，女儿很喜欢，围棋老师想让她同学和她对弈一局，看看女儿的水平。那个女孩已经学了一年了，她不想和我女儿下棋，非常不友好地说："我不想和她（我女儿）下。"后来老师哄着她开始下了，女孩下棋期间总是不耐烦地说我女儿，还说我女儿不能和她一起上课，要她去初级班。我女儿很文静，一直也没说话。

试听课结束后我问孩子要不要上，她说很喜欢，还是想和那个女孩一起上课。面对这种情况，我们应该怎么办呢？

我怕那个女孩老是用语言伤害我女儿，我女儿在家很活泼，但在外面对别人的语言伤害从不知道反击。请教海夫人，我应该如何教她面对。

孩子不懂得掩饰

海夫人：那个女孩（女儿的同学）学了一年棋，不想和初学的女儿下棋，的确表现得有些骄傲或得意，但作为

095
▲

一个孩子，不懂得掩饰，也在所难免。

我们当然都希望孩子能遇到友善的朋友，相互帮助，共同努力进步。理想很丰满，然而现实通常很骨感。

儿童的世界并没有多么复杂，这个小女孩因为已经学过一年，有点优越感，所以难免骄傲得意，这很正常，也可以理解。小女孩的内心或许并没有多少恶意，只不过出于虚荣心，发一下小脾气。

家长担心女儿被伤害

家长担心女儿被那个女孩言语伤害，担心女儿不会反击，白白吃亏。女儿第一天学棋，表现非常好，友善、礼貌，虽然那个女孩一直在挑剔，不满意，但是女儿一直挺安静，没有反击。女儿的反应成了家长担心的焦点，并且这个焦点被家长无限放大，家长陷入了无谓的纠结和焦虑中，完全看不到事实。

女儿不反击也许有三种原因

第一，女儿特别喜欢这个女孩，想和她在一起学围棋，甘愿忍受，并不反抗。

第二，女儿的性格也许比较软弱，无力反抗。

第三，女儿的内心特别强大、善良，可以包容对方。

女儿不反击有好几种原因，但家长只看到了其中的第二种，只关注第二种情况，不过事实也许并非家长认为的那样。

小问题中的大格局

我们知道，一个人最重要的是格局，一个人的格局有多大，舞台就有多大。一个人的格局来自他的胸襟。

家长从女儿遇到的问题中看到了所谓的"敌人"，她努力想让女儿做到反击，别被别人欺负，不要吃亏。

如果我们在和人交往的过程中看到的都是"敌人"，那么我们遇到的人成为"敌人"的概率远高于成为朋友的概率。

其实这个女孩能成为敌人还是朋友是由女儿自己决定的，女儿可以让女孩成为自己最好的老师和朋友。女孩学过一年围棋，自然可以教女儿。女儿和这个女孩是同学，同学加上棋友，友谊能更进一步。

面对并成长

任何事情都不是唾手可得的。女儿想要获得一个良师益友，但遇到了一点小问题，小女孩并不是那么友善，脾气还臭。如果想要获得良师益友，就得面对这个问题，当然也可以选择放弃，不要这个良师益友，不在这里学棋。

我们是树立一个"敌人"，避开一个"敌人"，还是化"敌"为友呢？哪种选择最能锻炼孩子的能力，培养孩子的胸襟，树立孩子的格局意识呢？

家长其实只需要引导女儿看清一个事实：这个女孩学过一年棋，有经验，但是棋品一般，有点骄傲，不够友好，脾气还臭，如果决定和这个女孩一起学，就需要接纳女孩的缺点，勇敢地去面对目前的情况。

要让女儿积极勇敢地去面对，可以先和女孩做朋友，然后相互交流、相互影响，可以从侧面了解一下女孩为什么如此不友好。让女儿告诉女孩，自己非常欣赏她，想和她一起学习，取长补短，共同进步，成为好朋友。

如果女孩觉得女儿棋下得不好而不想一起下，那么让女儿加倍努力，让棋技飞速提高，等女儿水平提高后女孩自然会刮目相看。

家长引导孩子了解事实后，如何选择就是孩子自己的事情，如果孩子选择和这个女孩一起学棋，那么家长要做的就是鼓励孩子积极勇敢地面对，努力和这个女孩相处好，努力提高下棋水平。

真诚的付出是最能打动人的，如果女儿真诚地付出了，依然无法成为这个女孩的好朋友，那就不必勉强。这也是女儿自己的选择。

在勇敢面对的过程中，女儿会收获很多，比如棋艺会有所提高，和人相处与应变的能力也能得到提高，还会懂得努力追求，但不纠结结果。只要积极正面地应对问题，就会有收获。

任何问题的出现都有其积极的意义。小问题也隐藏着大格局。大气的家长养育大气的孩子。

第四章　爱的能力

▶ ▶ ▶

　　教育的本质是家长的自我成长，家长需要拥有爱的能力，爱的能力很重要。

04

爱无力

来看看一位妈妈的倾诉

北京－喵妈－6岁女孩：我每天看完育儿书后，决定要温柔地对待孩子，接纳孩子的一切，但她情绪一上来，我还是觉得她做什么都不对。

3个小时后，我的耐心被彻底磨没了，我做什么事她都不开心，顺着她也不行，反着来也不行。孩子无休止地纠缠着我，陪孩子消耗太多能量，感觉就像被掐住脖子无法呼吸。后来我实在忍不下去了，又不能打孩子，只好打自己，否则我也要崩溃了，我打完自己哭了。我对孩子说："妈妈一直在努力做个好妈妈，希望你开心，可是无论妈妈怎么做你都不满意，我也不知道该怎么做，顺应不行，管教不得。"

我很无力，也许我就不该要孩子，因为我没有能力给她爱，我也不知道孩子将来到底会怎样，她说不想活了的时候我真想跟她一起不活了。我现在害怕和她在一起。

来看看其他家长的讨论

福建—彩色阳光—11 男：孩子在最痛苦的时候，无论她说了什么话，做了什么事，那都是当时的一种情绪表达方式。作为妈妈，你哪怕内心有再多的痛苦，都不要随着孩子的情绪变化而变化，不要跟着她一起痛苦，而要想办法转移孩子的注意力，带她出去玩一玩，和她谈论她喜欢的话题，或者陪她看看她喜欢的节目，给予她更多积极的力量。

父母的整个精神状态与面貌都会直接影响到孩子，包括语言、语气。所以先不要说我们到底能为孩子做些什么，等把自己拯救出来之后再说。

北京 – 小草 –6 岁：爱不是围着孩子转，那是给孩子当奴才。

梁歌：父母的心力低啊，竟然被孩子绑架了。

妈妈没有能力区分情绪、看见情绪、接纳情绪

海夫人：上面那位妈妈的情况让我想到了一个词——爱无力。

这位妈妈没有能力面对遇到的情况，没有能力区分情绪、看见情绪、接纳情绪。与其说这个妈妈的情况属于"爱无力"，不如说妈妈一直在向孩子索取"方向、指导、安全感、标准答案"。妈妈一直在要求孩子："你为什么不好好的？为什么不乖乖的？我该怎么做？请告诉我！"

妈妈扮演的是孩子的角色

这位妈妈扮演的是孩子的角色，更需要方向、爱和力量，同时要求完美，希望别人满意。

妈妈以孩子为中心，而年幼的孩子尚没有能力成为一个中心来把控一切，以年幼的孩子为中心的后果是没有中心和规则，一切都是乱的、无序的，好比一个国家，国王软弱无能，必然会有奸臣谋权篡位，造成社稷混乱，引起战争，百姓不得安宁。

妈妈的无力不仅会造成这种局面，还会让孩子陷入痛苦的孤立无援中，所以孩子会说"不想活了"。

孩子没有正确方向的指引，没有内在力量的支持，没有温和有力的爱的滋养，孩子处在一种绝望和四面楚歌的状态，即便如此，脆弱无力的妈妈还在时时刻刻地逼问孩子："你说我该怎么办？我要怎么做才能满足你？"这些话表达的潜意识是："你怎么这么多事？你为什么总是不高兴？你怎么这么难缠？"

教育的本质是家长的自我成长

爱的教育首先是自我的教育和成长，一个自身没有光、没有力量、充满吸附力、充满负能量、不断向外索求的妈妈，能对孩子做的只有掠夺。

而这位在进行着掠夺的妈妈，内心还充满了抱怨，充满了恨，充满了不愿意，心里想："我怎么就这么倒霉呢？遇到一个无理难缠的孩子。"

武志红说过，爱指向整合，恨指向切割。

妈妈正确的做法是什么？

妈妈要分清界限，不和孩子的情绪共生。妈妈需要知道，每个人自己对自己的情绪负责，妈妈不需要对孩子的情绪负责，孩子也不需要为妈妈的情绪买单。

当孩子表达情绪时，妈妈只需要温和地接纳孩子的情绪表达，因为孩子表达的只是当下真实的感受和真实的体验。

妈妈只要接纳了孩子的情绪表达，积极地回应，和孩子共情，孩子自身情绪的能量场就会经由妈妈的引导健康地流动起来，只要孩子的情绪能够健康地流动，那么每一次的情绪表达对孩子自身都是一种修复。

这位妈妈之所以这么累，是因为每次她都费尽心思地想让孩子摆脱当下糟糕的情绪，在潜意识里否定孩子当下的情绪表达，孩子的情绪就无法流动起来，就会被堵住，时间久了情绪便会淤堵，情绪障碍便由此产生。

这位妈妈不懂得自然真实的重要性，过分依赖头脑中的评判标准，孩子对当下情绪的表达让妈妈感到焦虑，妈妈头脑里只有一个评判标准："孩子哭或者不高兴是不好的，是不对的。"

其实，评判即伤害，评判带来管控。

父母不要总是忙着教孩子做人的道理

北京－闹闹－7岁男孩：最近这段时间，我真是快要崩溃了。孩子目前没有任何的动作症状表现，但是特别爱生气，尤其是晚上快睡觉的时候，有一点儿小事让他不顺心了，就开始生气，把自己关在房间里，不让我们进去。我们跟他说话时他就捂着耳朵，或者把自己藏在被子里，或者大哭，哭起来没完没了，而且隔三岔五地就闹一次，我真的不知道该怎么办了。

昨天一整天他都很开心，跟同学们去爬山，回来写作业也很认真，很快就完成了。后来他问我是否可以玩会儿手机游戏，我说可以，但约定好玩半小时，半小时到了，他还没玩够，我跟他耐心地沟通，他听不进去，就生气了。孩子这样不遵守诺言，我不知道应该看重他的情绪表达，还是教他做人的道理。

海夫人：这位家长需要好好学习海夫人关于抽动症的相关文章，读一读海夫人针对抽动症儿童康复的书籍《爱是最好的良方》。"孩子目前没有任何动作症状表现，但是特别爱生气"，关于这个问题，海夫人已经写了文章，所以在这里就不谈了。

家长内心的纠结拧巴源自什么？

这位家长为什么这样纠结拧巴呢？孩子认真做完作业，约好玩半个小时手机游戏，半小时到了，孩子没玩够，家长就开始讲道理。孩子听不进道理，生气了。家长便给7岁的孩子套上了一个大大的标签："不遵守诺言。"家长纠结拧巴的原因是一定要教给孩子做人的道理。

言传身教的影响胜过说服教育

让我们好好回忆一下自己的成长之路，在成长的过程中，有多少说教能被我们记住并真正影响了我们，教育了我们？

我回忆自己的成长之路，父母的说教对我几乎毫无作用，而且让我反感，反倒是父母某些爱的行动留在了我的记忆深处，父母的为人处事、性格、情绪更多地影响了我。

在孩子的成长过程中，起重要作用的是孩子自身的体验和感受，父母的引导、鼓励、陪伴、欣赏起着辅助的作用。

成长路上，孩子是主角，家长是配角

在孩子的成长之路上，孩子是主角，家长是配角。但很多家长都搞错了自己的角色，家长成了主角，总想把控孩子的方向，左右孩子的行动，还美其名曰："教孩子做人的道理，要好好教育孩子。"

如果孩子没有自己的体验和感受，那么做任何事情的效果等同于零。

做人的道理是父母教出来的吗？不错！但更确切地说是言传身教影响出来的，父母通过日常生活中自己的一言一行，通过潜移默化的影响教出来的，绝对不是靠空洞说教的方式教出来的。

比如这位家长内心对孩子有了评判："不遵守诺言。"评判一出，是非对错的标准一出，家长就已经看不见真实的孩子，看到的只有给孩子套上的负面标签。

这才会有后面的拧巴："我不知道应该看重他的情绪表达，还是教他做人的道理。"

107

真实的体验带来真正的力量

一个人的自我管理能力和自我约束能力是靠自己慢慢培养出来的，在这个过程中，需要在自我体验和感受中进行对比反思，然后慢慢获得进步。

一个 7 岁的孩子没有按约定的时间停止玩手机游戏很正常，即便是成年人也不一定能做到。游戏的开发者为了让游戏吸引人，必然使出浑身解数和千百万种手段。

即使孩子不愿停止玩游戏，家长也已经强行中断了孩子的游戏，这个时候孩子不高兴也是情理中的事情。家长遇到事情时要先面对情绪，处理好情绪，再面对事情。

当孩子闹情绪的时候，家长还要对孩子说教，来教孩子做人的道理，这样做不妥。这说明家长太不懂教育，离孩子很远，而且离真正的自己也很远。家长不懂得情感情绪表达，是情感的绝缘体，成为刻板思维的奴隶。

当孩子闹情绪的时候，家长唯一可做的就是让孩子表达他的情绪，充分接纳孩子的情绪，等孩子充分表达完情绪，释放完内心的不满，安静了下来，能够听得进话的时候，才可以温和有度地和孩子沟通。

父母不要总是忙着教孩子做人的道理，任何没有情感链接的空洞说教都起不到作用。父母如同土壤，孩子如同树木的根，父母和孩子之间的情感链接如同土壤和树根之间的紧密关系，树根如果不深入土壤就无法得到养料，家长看不见孩子的情绪表达，不接纳孩子的情绪，就如同拒绝树根深入泥土。

如何提高孩子的自控力和受挫能力

自控力是很多家长关心的问题

在"沐浴阳光群"里经常会听到家长们抱怨，说孩子管不住自己，该写作业的时候总想着玩，玩游戏的时候无法控制时间。孩子的自控力恐怕是很多家长最头痛、最关心的问题。

为什么孩子的自控力没有被培养起来？

我和这些家长仔细聊了聊，了解了孩子出生后的带养情况和带养方式，我发现这些家长从孩子小时候起就架空了孩子，事无巨细地安排好了孩子生活的方方面面。

比如：出门走路不能走多了，因为觉得小孩子走路多了会不长个子；回家后一定要先喝水；要多吃蔬菜水果，不能吃垃圾食品，完全杜绝垃圾食品；走路时一定要好好走，不能乱跑，摔跤或者磕碰可不行；放学回家后一定要先完成作业才能玩；玩游戏时严格规定时间；等等。

这类家长严格安排孩子的时间，在什么时间就必须干什么事，如果孩子没照做就一直盯着孩子，一直催，或者干脆直接替孩子干了。

越是被过度保护并备受限制的孩子，自控力就越弱，因为自控力是孩子自己在体验中慢慢获得的。比如：这次跑步摔跤了，下次就会注意；这次口渴得厉害，就知道下次要及时喝水；放学回家是先玩后写作业，还是先写作业后玩，自己比较之后才知道哪种方式更好；等等。

家长如果替孩子安排好一切，就意味着家长剥夺了孩子学习自我控制和自我管理的机会，因为自我控制和自我管理无法通过别人替代来获得，别人教的都是别人的经验，是通过他的体验和经历探索出的适合他的方法，别人的体验和经历无法代替我们自己的体验和经历。

孩子需要通过亲身的体验来获得自控力，没有体验就谈不上自控力的培养。

有些家长埋怨孩子的受挫能力差

有位家长在群里讲，孩子在学校被老师批评了，于是对上学比较抵触，对参加集体活动也比较抵触。于是这位家长着急了，认为孩子的受挫能力太差，遇到这么点小事就这么难受。

孩子被老师批评了，有情绪反应，于是对上学和集体活动比较抵触，因为怕做不好又被老师批评，这是人之常情。

这位家长没有看到孩子的情绪需求和内心需求，只是看到孩子表现出来的问题，认为被老师批评是小事，孩子应该表现得像什么事也没发生一样。

这位家长其实没有看见孩子，看见的只是结果，在意的也是结果，而对最重要的过程毫无作为。

为什么孩子的受挫能力没有被培养起来？

如果孩子的情绪没有被家长看见和接纳，那么孩子的受挫能力就会比较弱。因为当孩子遇到挫折后，容易产生不良情绪，孩子需要的是情绪和情感的表达，而不是批评指责。父母越是接纳孩子的情绪情感表达，孩子自身的能量流动就越好，孩子就会越勇敢，越有能力面对挫折。

孩子在学校被老师批评，这就是一次引导孩子面对挫折的好机会。家长要耐心倾听孩子，接纳孩子的情绪情感表达，让孩子表达出来，这样才能让孩子把内心的委屈释放出来，才不会压抑在内心深处。

善于接纳孩子表现的父母，犹如一个巨大的容器，会为孩子提供无限成长的空间。只知道评判孩子，给孩子打上负面标签的父母，会人为地限制孩子成长发展的空间。

孩子的境界和人生格局最初都是由父母奠定的。

为什么孩子变得输不起？

经常有家长抱怨自己的孩子输不起，只想赢，输了就发脾气，就很不高兴。为什么孩子变得输不起？

　　道理很简单，现在的孩子被爸爸、妈妈、爷爷、奶奶、姥姥、姥爷围着转，从小到大得到的关注太多，受到的空洞表扬太多，做点小事就被猛烈表扬，而且不具体的表扬特别多，比如：你真棒！你太厉害了！

　　建议家长平时多鼓励孩子，多鼓励孩子的努力过程，少空洞表扬，表扬要具体化。经常得到鼓励的孩子往往比较勇敢，比较注重努力的过程，能够积极面对挫折；经常得到空洞表扬的孩子往往比较虚荣，比较在意结果，害怕面对失败。

如何平衡电脑游戏和学习的关系

来看看一位妈妈的讲述

福建－彩色阳光－11岁男孩： 在上一年级以前，我们约定一天只能看1小时电视，后来经常在时间上不断地与孩子发生冲突，孩子总是要再看几分钟，好几个几分钟过去了，还要看，直到我强制关机，在他的哭泣中结束。

113

一年级放开电视，不管控，孩子处于失控状态

因为孩子患有抽动症，我在不断学习，开始反思自己，我看了一些育儿书之后，做了一个大胆的决定，开始放开我们家的电视，不再要求他一天只能看多久，前提是他能合理地安排学习与看电视的时间，每天的作业必须完成，什么时候完成我不管，我只看结果。

在刚放开的那几天，他每天都把作业安排在晚上9点开始，可他的作业特别多，那一阵他把自己搞得焦头烂额，情绪特别不好，后来演变成不能听到"作业"两个字，一听到就发火，再加上抽动症状，点头、挤眼、耸肩、清嗓子、抽肚子、张嘴……什么动作都出现了。

而我庆幸的是，我只花一个半月的时间来伤心，我很快从痛苦中爬出来。因为我知道，如果不爬出来，我就没有能力去帮助我的孩子，我需要成为一个坚强的妈妈，这样才能带着我的孩子远离抽动症。

接纳孩子的行为，接纳孩子的情绪

每个孩子都是好孩子，每个孩子从内心里都希望自己变得更好。

当时的我，每晚都在孩子的坏情绪中陪着他度过，我从来没有因为他哪次发火，就被他的情绪带着走。当他发火的时候，我就先从他身边离开，到客厅坐坐，等他不哭泣的时候，我再进去，问他："想不想吃点东西？妈妈陪你到楼下走走，我们今天不做作业了。"他说："好的。"然后我们就到楼下买点他爱吃的东西，边走边聊，他会告诉我他内心真实的感受。

孩子当时上小学一年级，还在入学的适应期。

在楼下逛一圈回来，孩子的情绪渐渐平静了，这时候他想继续做他的作业，我说："尽力吧，尽力就好。"

那一阵，他总能完成当天的作业，只是时间比较晚。我当时试着引导他把做作业的时间往前移一移，但从来不会告诉他几点开始。他也试着把时间往前移了一下，移到了 8 点 30 分。

让孩子在体验中面对

刚放开电视的那一阵，他总是感觉怎么也看不够，这也符合人性的特点。长期被压制的兴趣一旦被放开，不要说是孩子，就是大人也想拼命满足一下。

如果家长起先曾经强行禁止孩子做某件事，将来孩子肯定会在某个时段强力地反弹。

到了第二天，他决定在 8 点 30 分开始写作业，我没有发表任何意见。他从下午放学回家 4 点到 8 点 30 分期间，除了吃饭以外，所有的时间都贡献给了电视。

不过值得高兴的是，8 点 30 分一到，他真的准时地把电视关了，然后去写作业。可是提前半小时开始写作业，依然要写到很晚，又困又累又没精神，又开始发脾气，继续重演以往的情况。

115

每天陪伴孩子，每天和孩子谈心

我们每天晚上都到楼下进行谈心，就这样我拉近了和孩子的关系。孩子慢慢地敞开心扉，慢慢地学着接受我的建议。

这样的状态持续了一个学期，到了第二个学期，他又把写作业的时间往前调整一点。也许是因为慢慢适应了学校的生活，他的学习有所进步。在此期间，我从来没有对他的成绩有过什么评论和要求，孩子对成绩也不怎么在意。

不在意成绩，只是告诉孩子学习的意义

我和孩子谈起学习的意义，人到底为什么要学习？学习可以让我们获取知识，更好地认知自己和这个世界，学习可以让我们有能力把握机会选择自己喜欢的职业，学习会让我们的生活更加丰富而美好。

孩子从小就很爱读书，在孩子眼中，成绩只是体现了自己对知识的掌握程度，除此之外，没有任何意义。

一年级下学期，孩子的学习有所进步，写作业的速度也提高了，孩子自己把写作业的时间调到了 7 点 30 分，每天晚上 9 点之前都能写完作业，然后继续看电视，直到 10 点准时上床睡觉。

这样的情况持续到整个二年级，孩子的脾气越来越少，抽动症状也逐渐减少，到如今，几乎没有任何症状。

二年级放开电脑游戏，不管控

二年级下学期，我又放开了游戏，儿子跟上一年级时看电视一样，没日没夜地玩游戏，而且游戏对于孩子的诱惑比起电视来，简直太大了。从此，他放学回来，再也不看电视了，开始玩游戏了。

我之所以讲这个过程，是因为想告诉大家，几乎没有一样东西是孩子永恒的爱好，孩子只不过还没有找到下一个兴趣点而已，所以很多家长怕孩子看了电视就会有什么后果，我觉得除了合理安排，避免视力下降过快，没有其

他需要特别重视的。

学习不好也不一定是看了电视或者玩了任何有兴趣的事物导致的。

要让孩子树立正确的学习观和价值观，要让孩子发自内心地自主学习，实现自我的价值。当然孩子还小，没那么容易坚定这种信念，但我们家长要允许他有时有偏差，不必过于执着。

电脑游戏具有更大的诱惑

孩子很喜欢玩游戏，我开始思考如何引导他平衡学习和玩游戏的关系。有一天，我带孩子外出吃饭，就趁这个机会和孩子谈心。

我说："我很理解你玩游戏时不愿受到管控，妈妈也不想干涉你的安排。这样吧，我们把时间改一改，改成周一至周四不接触电视和电脑，从周五晚上到周日，你自行安排。"

他听了，有点不高兴。

我说："要不然咱暂时不上学了，在家待一学期，专门打电脑，行不？"

他马上说："不行。那还是按你说的做吧！"

我说："妈妈有责任在你没有思考周全的时候给你一个提醒。学习是你目前唯一的任务，当然也要兼顾玩耍，如何平衡好学习和玩耍的关系是你自己要考虑的问题。"

孩子接受了我的建议，他之所以那么爽快地答应，是因为我们的亲子关系比较好，而且我从不唠叨，从不限制他看电视或玩游戏。

孩子不再对游戏那么着迷了

孩子玩游戏快两年的时候，他的游戏级别特别高。我只有一个要求，就是不能用钱买游戏装备，要通过自己的努力来获得想要的东西。

他在每一关游戏中都反复练习他的技能，技能提高了，就能获得一些奖励，他就非常开心。

现在他开始慢慢减少游戏时间，对游戏不是那么着迷了。我开始引导他参加运动，在三年级下学期开始报足球班，平时闲暇时间不是骑车，就是玩滑板。

孩子在体验中获得了成长

现在孩子周一到周四放学回家从6点到7点看电视，7点整准时关上电视，开始写作业，10点准时睡觉。

我从来不知道他有什么作业，孩子只有在需要我签名的时候才会找我，学习一直处在中上水平。

周五晚上回来，他把时间贡献给了游戏，周六上午与周日上午写作业，两个下午或者玩一会儿游戏，或者跟同学一起去图书馆，或者去踢球，或者骑车，或者徒步锻炼。

我们的所有长短假期，电视与电脑都可以随便用，没有任何规定，也没有任何唠叨。

妈妈的育儿智慧

海夫人：首先，这位妈妈拥有独立的核心自我（主体自我），并没有处在以孩子为中心而失去自我的状态；其次，妈妈有明确的边界意识，没有活在自己的头脑自恋中，没有依据自己头脑中的标准来强硬地要求孩子。有了这两点，妈妈在育儿过程中便充分体现了爱和自由。

妈妈能够看见孩子，看见才是爱。

妈妈和孩子建立了良好的亲子关系，在看见孩子的同时接纳孩子当下的表现，然后合理地引导孩子，帮孩子树立学习的目标，让孩子明白学习不是为了单纯地追求学习成绩，学习的意义在于学习的过程以及在学习过程中得到的收获，让孩子在自己的体验中逐渐平衡好看电视、打游戏和学习的关系。

妈妈经常和孩子谈心聊天，聊天和谈心正好起到了心理疏导的作用。

妈妈给孩子充分的自由，让孩子自己去体验，孩子进行自我体验的过程就是提高心力的过程。所以在不知不觉中，孩子的抽动症得以康复，动作自然而然地消失了，没有经过任何治疗。

妈妈在引导孩子如何平衡游戏和学习的关系时，边界

119

意识明确，采取了谈心、沟通、告知的方法，从不唠叨，也从不限制，尊重孩子的决定，接纳孩子的情绪，让孩子充分表达，及时对孩子做出回应，适时进行引导。

妈妈和孩子因此都得到了收获，获得了进步、成长和提高。

关于"共生"

我们彼此没有责任义务,这是界限;我们愿意彼此支持,这是情感和爱;只有界限没有情感,这是路人;只有情感没有界限,我的是你的,你的是我的,这是共生。高品质关系,是既清楚彼此的界限,又彼此有情感支持。

——凉水鹿

共生心理

这个说法现在已经得到一种公认,就是 6 个月以内的小婴儿活在这样的感觉里,我和整个世界浑然一体,我和妈妈是一个人,即我就是妈妈,妈妈就是我;我就是世界,世界就是我;我们沟通使用一个身体,一种心理。6 个月以内的小婴儿无法分辨自己和妈妈之间的区别。有时候小婴儿咬咬自己的手指头,再去咬咬妈妈的手指头,有些妈妈可能觉得受不了,觉得孩子在攻击妈妈,在咬妈妈。

实际上孩子是在干吗呢?他在做检测,在辨别自己和妈妈到底是同一个身体,还是两个身体。咬自己的手指头时能感觉到疼,咬妈妈的手指头时并不能感觉到疼。小婴儿就会逐渐明白,原来自己跟妈妈不是同一个人。

他揪揪自己的头发,再揪揪妈妈的头发,这也是在做检测。所以 6 个月之前，叫作正常共生期。6 个月之后，如果你还活在共生现象里，就叫作病态共生。

——武志红

共生状态

网友：我老妈总是过分担心我，她总觉得我什么事都做不好，在我身上操碎了心。在发现孩子患了抽动症后，我一直以为是我的焦虑影响了孩子。现在终于察觉了，妈妈对我，我对儿子都是共生关系。儿子很乖，但没能很好地做回他自己。

海夫人：打个比方，一个人不在自己的家里，她的房间是空的，心不在这里，也就是空心人的状态。空心人因为身体和心的隔离，就像木头人，缺乏感受和回应。

空心人不在自己家里，跑到哪里去了呢？是跑到别人那里了，也就是她共生的那个人那里。于是这个被共生的人要么痛苦压抑，要么也变成一个空心人，自我隔离。

空心人对别人的情绪和情感很难及时回应，只凭借头脑中的经验、认知、概念来判断并行动，所以空心妈妈无法看到真实的孩子，整天都在担心孩子，因为妈妈根本看不到孩子，看到的只是自己的投射。

共生带来的不仅仅是伤害

海洋之心：我婆婆寄生在我老公身上，所以我老公小时候抽动，咬手指，从小时候咬到现在，三十多岁了，十个手指不堪入目，没有指甲。

海夫人：这位母亲肯定不知道她的所作所为是如何影响并伤害孩子的，她认为她在爱孩子，在为孩子付出。一个人一直无法停止咬指甲，三十多岁了依旧如此，十个手指不堪入目。这个成年人从小就无法表达自己，即便表达了也无法被看见，他的愤怒、渴望以及自身本能的驱动力一直被压抑着，他的本能动力和攻击力不得不转向自身，因为共生的母亲不允许他有任何攻击力。

共生带来纠缠和沉重感

北京-妈妈：我发现我妈妈和我就有共生关系，我特别烦，她总是过分担心我，我要是抱怨一句，她马上就自责，不管她是否有错。我要是不高兴，她就坐立不安。我真是受够了。我发现我对我的孩子也这样，连孩子有时都说妈妈太弱小。我不喜欢这样，这样的爱太沉重。没有自我的爱太令人悲哀了。

海夫人：强烈要求共生的人是出于潜意识里的动机，所以本人是感觉不到的。这样的人是寄生在别人那里当"主人"，寄生者会要求被寄生者按照自己的标准来，因为寄生者已经把被寄生者当成自己，要求做主。

世界只有一个太阳，人也只能有一个主人。随着孩子年龄的增长，这种共生状态会产生很多矛盾，要么寄生者强大，彻底灭了被寄生者，要么被寄生者强大，驱赶走寄生者，要么发展成极致的共生状态，寄生者和被寄生者完全合体（乱伦）。

母爱是渐行渐远的分离，这才是健康的、积极的、阳光的爱。共生会给孩子带来伤害，而且妨碍孩子成为自己。

先觉察然后看见

温念：我就处在和孩子共生的状态，真的很痛苦，放不开。

海夫人：这位母亲感到痛苦并非坏事，因为她已经有所觉察，觉察和看见便是转化的开始。我遇到好多母亲，她们毫无觉察，会对这种说法嗤之以鼻，而且会振振有词地说："天下的父母没有一个不爱自己的孩子。"

这十年来，我接触的家长大都是这样认为的："哪有妈妈不爱自己的孩子呢？"但是如果你真的了解了情况，了解了她们的爱，你会说不出话来，不知道能说些什么。

除了共生状态，还有一个状态是缺乏爱的能力。

如果一个母亲缺乏爱的能力，但是她懂得放手，不和孩子"共生"，孩子一样能得到很好的成长。

如果一个母亲缺乏爱的能力，又强烈要求"共生"，便会妨碍孩子的成长，伤害孩子。

有界限就不会共生。什么是界限？界限就是指，如果这件事情是属于孩子的，那么对于这件事的自主权、面对权、选择权、完成权都属于孩子，家长只需要鼓励、欣赏、告知、教育和引导，绝对不要包办代替，更不要管控和强迫。

担当，很容易消失在没有界限的一锅粥里

朱朱：海夫人，您的书我一直在看，也按照书中的做法，安慰她，抱着她，她却总是不停地要求我不要生气，不停地哭。

海夫人：一个孩子不停地哭着要求妈妈不要生气，妈妈可能会说："我没有生气。"但孩子还是一直哭着说："妈妈不要生气。"为什么会这样？

妈妈没有引导孩子区分情绪

正常情况下，妈妈的情绪是属于妈妈的，孩子不需要为妈妈的情绪负责。

孩子的情绪是属于孩子的，孩子可以自由表达，妈妈不需要为孩子的情绪买单。

如果妈妈的情绪和孩子的情绪如同一锅粥的样子，就是不分你我，你中有我，我中有你，也就是共生的状态，没有区分开彼此的情绪，总是纠缠在一起。

比如，妈妈说："我不高兴都是因为你没有做好。"或者说："你再这样我就不高兴了。"

妈妈没有对自己的情绪负责，而是要孩子负责，如果孩子做得好，表现得好，妈妈就高兴；如果孩子做得不够好，

表现不好，妈妈就生气。

反过来，孩子对待自己的情绪也是这样，自己不高兴都是妈妈惹的，妈妈没做好，所以孩子不高兴。也就是说，孩子不高兴都是妈妈的错。这就是情绪绑架和没有担当的表现。

没有界限就没有担当

孩子不停地哭着要求妈妈不要生气，而妈妈内心确实不高兴，妈妈还很有可能把焦虑转嫁给孩子，孩子感受到了，觉得难受，小小的孩子要为妈妈的情绪负责，会觉得很累，而且年幼的孩子也无法做到对妈妈的情绪负责，所以哭着要求妈妈不要生气。

妈妈的情绪就成了孩子的负担，如果妈妈本身就是一个有情绪障碍的人，情绪不稳定，并且不温和，那么这个孩子就时刻生活在紧张中。

年幼的孩子只会直接表达，不会掩饰，更不会转弯抹角，所以孩子只能一直不停地哭，请求妈妈不要生气。

其实孩子还在表达另外一个潜在的意思，也就是请求妈妈自我担当，自己来面对自己的情绪，自己对自己的情绪负责。只是妈妈不知道，因为妈妈没有能力看见。

如果妈妈可以做到区分情绪，自己担当起自己的情绪，孩子便也可以担当起自己的情绪。担当和勇气很容易消失在没有界限的一锅粥里。妈妈要和孩子分清界限，有界限，有情感，有担当。

溺爱和无条件的爱

很多家长非常担心自己溺爱孩子，因为大多数人都知道，溺爱孩子不好，溺爱有毒。溺爱犹如被打了标签，让很多家长避之不及。同时很多家长错误地理解了溺爱，防范过头，甚至错误对待。

错误理解溺爱

来看下面的群聊天信息。

北京－熠琨－9岁：真诚的接纳、理解、尊重只会让亲子关系和谐，信任基础牢固，不存在孩子被惯坏的问题。大家去观察周围的家庭，在民主、懂得尊重的家庭环境中长大的孩子，往往显得自信、阳光、孝顺、知书达理。只有那种处处包办控制、毫无原则的宠爱才容易培养出逆子。

我们接纳的是孩子的情绪，理解的是孩子的意图，并不是接受和允许孩子所有的行为。

孩子的任何情绪都应该被接纳，对于孩子超出原则的行为，家长需要在接纳情绪的前提下约束孩子的行为，这是接纳孩子的情绪和无原则的宠溺的主要区别。家长需要避免毫无原则的宠溺。孩子在完全没有原则的情况下，是没有安全感的，他不知道哪里是安全区域，反而会丧失安全感。

海夫人：有的家长错误地认为看见孩子的情绪、接纳孩子的情绪、允许孩子出现情绪和顺着孩子都是惯孩子和溺爱孩子的表现。

看见孩子的情绪，接纳孩子的情绪，并及时回应，这是在和孩子建立情感链接，这是建立良好的亲子关系的基础。看见就是爱，看见、接纳然后及时回应是让爱流动的过程。让爱流动的过程绝对不是溺爱。

有的家长对溺爱的理解居然是：不能事事都满足孩子，不能都顺着孩子。

溺爱和真正的爱的区别是什么？真正的爱是无条件的，溺爱和无条件的爱的区别是什么？

溺爱和无条件的爱的区别

先说说有条件的爱

在"沐浴阳光群"，经常能看到家长对孩子做出的种种设定。比如：

"如果你这次期末考试考到班级前五名，我就给你买玩具。"

"如果你表现好，我就带你去旅行。"

来看一个具体的例子

上海－多多妈－9岁女：昨晚饭后跟女儿散步，路过一家宠物医院，女儿又提出要养狗，之前约定好如果期终考试考到班级前五名，就答应给她买。这回又开始要赖，不停地跟我磨，我觉得对待孩子要有原则，一味顺从并不是件好事，我一直不搭话，小家伙赖着不走，怎么说也不行，我当时挺生气，转身就走了。

海夫人：孩子只是想养一条宠物狗，这是多么简单的事情，但这还需要条件，要考试达到前五名才行，这是典型的有条件的爱，是一种交换的关系。

如果孩子想养一条宠物狗，那么实际上应该根据家庭自身的具体情况，通过和孩子沟通协商来决定是否适合养。这和孩子的考试成绩毫无关系，而和房子是否够大，能否再容纳一只小狗，家庭中其他的成员是否支持有关。小狗加入家庭后，谁负责照顾，给小狗洗澡，清理小狗的大小便，带小狗出去遛，带小狗打预防针，等等，这些才是养小狗最重要的内容。如果能够把这些问题协商沟通好，达成共识，约定好，那么作为家庭的新成员，小狗随时可以养。

养宠物狗本来是一个引导孩子学习责任、义务以及怎样在团体中协商面对问题的好机会，但是在这位家长的引导下，变成了和成绩挂钩的有条件的交换，其实成绩和养宠物狗没有任何关联。这样一个条件的引入，除了教孩子学会有条件的交换以外，没有任何其他的教育意义。

讨论是否养宠物狗的过程，是要让孩子体验和明白责

129
▲

任和义务的关系，孩子在争取的过程中需要提出自己的主张、愿望和自己计划为之付出的行动。在这个过程中，孩子能够学会通过协商来找到解决问题的方法，学会尊重他人的意见，同时尽量坚持自己的想法。孩子能够从中获得成长，这和父母养育孩子是同样的道理，教育的本质是家长的自我成长。

上面这位妈妈的做法是赤裸裸的条件交换。按照这位妈妈的逻辑，是不是学习成绩不好，做任何事情都没有权利了？家长这样给孩子设限，也就是说，一旦成绩不好就啥也别想了，成绩不好意味着人生的任何乐趣都不配有。这就是成绩至上论。

有条件的爱是人为地给孩子设定了条条框框，这种局限和狭隘必然缩小了孩子的人生格局。有条件的爱就是小气的爱。

说到这里，很多家长立马开始紧张了，她们会说："海夫人，如果孩子要什么就给什么，那不就是溺爱吗？"

什么是溺爱？

溺爱就是没有原则的爱，无限制、无条件地满足孩子的任何要求，而且更多的是物质上的满足，在满足的过程中，养育者和孩子之间没有深层次的沟通和交流，没有精神、情感、内心的进一步沟通链接。

在溺爱里，孩子得不到正向的学习引导和成长，只有家长过度地满足孩子。

在溺爱的背后，其实有一个匮乏爱的能力的家长，也许常常因为害怕孩子吵闹、害怕孩子不高兴而无限制地满足孩子。

溺爱是让孩子得到过多无节制的非精神层面的满足。有的家长即便没能力，没条件，也会缩衣节食地满足孩子对物质方面的要求。溺爱和欲望前呼后拥。溺爱的典型表现是围着孩子转，满足孩子，伺候孩子。

溺爱里没有心与心的看见、碰撞、沟通和交流。

溺爱里没有内心的滋养，溺爱不走心。

溺爱里，更多的是物质的满足。

溺爱没有界限。

131

真正的爱是什么？

真正的爱是无条件的。

真正的爱包含的是心与心的看见、碰撞、沟通和交流，在这个过程中，爱从一颗心传递给另一颗心，爱用一颗心滋养了另一颗心。

真正的爱有正向的积极引导，有看见，有接纳，有回应，有良好深厚的亲子关系。

真正的爱有界限，有界限才有担当，有界限才有自由，有界限才有尊重。

真正的爱走心。

真正的爱、无条件的爱是我有多少温暖便给你传递多少，不求回报。真正的爱传递更多的是精神的力量。

真正的爱、无条件的爱和祝福比邻而居。

真正的爱、无条件的爱是无论你怎样，我都爱你，都拥抱你，但是我不以你为中心，不围着你转，不伺候你，我只是爱你、鼓励你、欣赏你、引导你、接纳你、回应你。

真正的爱、无条件的爱是无论你怎样，我都爱你，如同阳光一样。太阳给予这个世界上的每个人的恩惠都是一样的，都是无条件地给予。

我们在晒太阳的时候会觉得很轻松、惬意，因为不用担心我们晒了一小时的太阳就必须回报给太阳什么才行。

这种感觉就是沐浴阳光，我们可以无条件地得到阳光，享受阳光的温暖。

孩子是爱不坏的，孩子获得的真正的爱越多，就越有力量。

看见才是爱，评判即伤害

天津 - 4 岁男孩妈妈（沐浴阳光 13 群）：今天孩子对我说："爸爸做的饭真好吃。"然后又说："我得当着爸爸的面说。"我隐约发现孩子有讨好人的习惯了。孩子喜欢说"你真漂亮"或者"你做饭真好吃"，然后大人一阵高兴和夸赞。所以我就告诉他："不一定非要当着爸爸的面说，你告诉了妈妈，妈妈就知道爸爸做饭好吃了。喜欢或者不喜欢，你都可以告诉妈妈。"

孩子表达感受没有错

海夫人：孩子表达自己的感受没有错，家长为何要用评判的眼光去看孩子的表现？一个 4 岁的孩子有这么复杂吗？还是成年人把自己的复杂投射给孩子了？

当孩子表达爸爸做的饭真好吃的时候，家长可以继续去引导孩子继续表达自己的具体感受，比如到底如何好吃，不要进行空洞的表扬，要将表扬的内容具体化，可以对饭菜的色、香、味进行夸奖，还可以结合自己的切身感受来进行表达。采用这种引导方式可以让孩子的表达更具体，避免空洞。

如果家长总是用评判的方式来对待孩子的每个行为，孩子就容易被家长所误导。

看见才是爱，评判即伤害

一旦家长用评判的眼光去看待孩子，无论孩子有什么样的行为表现，家长就已经看不见真实的孩子，家长看到的只是自己头脑里的评判标准，然后用这个评判标准去衡量孩子。家长是在用死板的标准养育孩子，并不是用爱来养育。

让他人知道你的欣赏

当我们欣赏一个人时，最好通过直接正面的表达来让对方知道，我们的欣赏对他人也是一种鼓励和回应。鼓励能带来力量，而回应就是看见，看见就是爱，对方会因为我们的欣赏而拥有力量和爱，会更加有动力。

当孩子说他要当面告诉爸爸，爸爸做的菜真好吃，这个行为本身没有错，只是需要引导孩子不要空洞表扬，但是妈妈对孩子说："不一定非要当着爸爸的面说，你告诉了妈妈，妈妈就知道爸爸做饭好吃了。你喜欢或者不喜欢，都可以告诉妈妈。"

　　这位妈妈为什么会这样引导孩子呢？这位妈妈受到头脑里的评判标准的影响，觉得孩子在讨好爸爸，所以阻止孩子讨好的行为。

　　看见才是爱，评判即伤害。

育儿的理念和技巧

多数人在找具体的方法

有家长经常会问我一些关于应对抽动症的具体方法，比如：能不能吃羊肉？能不能看电视、玩电脑？当孩子出现动作时该怎么办？是不是不能给孩子压力……

表面看起来抽动症儿童的家长每天都在面对上述问题，但这些常见问题只代表表面现象，而并未涉及深层本质。对于这类问题，我的态度常常是漠然的，因为这些常见问题在抽动症里只是鸡毛蒜皮的小问题，虽然多却只是表面现象，不是本质原因。

抽动症儿童能不能吃羊肉？如果孩子正在上火，喉咙发炎，嘴里起泡，又正逢暑天，那当然最好不吃，否则就可以吃，这是生活小常识，和抽动症没有关系。

抽动症儿童能不能看电视、玩电脑？电视和电脑可以说是生活必需品，要完全杜绝孩子接触几乎不可能。但是看电视属于被动思维，看书属于主动思维，看电视属于休闲娱乐，看多了会变得脑无力，游戏玩多了会上瘾，即便这个孩子没有抽动症，做家长的也需要注意引导。所以抽动症儿童家长询问能不能看电视、玩电脑也属于没有抓住本质问题，属于病急乱找原因。

当孩子出现抽动动作时该怎么办？很简单，孩子一旦出现动作，就应先找原因。如果是因为劳累，那么让孩子多休息。如果是感冒发烧引起的，那么平时多加强体育锻炼，提高身体的抵抗力。如果是内心的焦虑紧张和压力所致，那么和孩子促膝谈心，帮助并且引导孩子从阴影中走出来。如果只出现轻微的动作，并不妨碍生活，那么大可不必烦心，努力让自己和孩子过得愉快就好，好好生活，不是要因为一点症状就吹毛求疵，整日焦虑担心。

我和许多家长聊过，从网上接触了处在各个年龄段的抽动症孩子，也了解他们的病症、起因、家庭背景以及他们所采取的方法和获得的效果。在这个圈子里待的时间越长，我越是明白一点，抽动症很简单，需要的只是面对，而不是整天钻牛角尖，总想得到一种灵丹妙药，或者找中药，或者找西药，或者做手术，或者找偏方……只想让孩子马上痊愈。

需要明白的是，随着社会的发展，各种非自然因素的干扰，抽动症的发生率在逐渐增高，自愈率在慢慢降低。如果抽动症孩子无法在自然情况下自愈，剩下的就只有一种选择——面对，并不是被动面对，而是积极主动勇敢地正面面对。

137

理念和技巧的关系

面对问题，通常会有多种解决方法，方法是死的，而孩子是活的。针对不同的孩子，所适用的方法也不同。每次看育儿书，我总是学习书中优秀育儿专家的理念，而非固定的方法。在我所有有关抽动症的文章中，我谈的最多的是对抽动症的理念和认识，文章中所涉及的面对抽动症的方法或技巧都是在这种理念的指导下的具体应用。

我喜欢孙瑞雪的《爱和自由》，因为这本书的理念很好。

在我看来，优质的理念要好过固定的方法，因为理念可以和智慧融会贯通，可以在实践中生发出许许多多克敌制胜的办法。

优质的理念可以决定一个人的方向和动力，理念和实践的完美结合才能发挥出最大的效能。

一旦理念和智慧完美结合，就可以在具体的实践中寻找出技巧，所有这一切都是相辅相成的，所谓世上无难事，只怕有心人。

在好的理念引导下，将智慧付诸实践，我们就能成为身怀绝技之人。

没有什么比一个好的理念更实用、更具有指导性了。理念在前，技巧在后。技巧是在深厚的理念作用下炉火纯青的展现。没有理念的指引，技巧便无法出现，即便有，也是笨拙死板的方法。

许多家长每天忙着搜集各种育儿书籍和育儿方法，去上培训课，但是忽视了最重要的一点，那就是一个人的思维方式决定了他的行为。在遇到问题的时候，指引家长行动的是家长的习惯思维，所以如果不从根本上扭转认识和看法，也就是家长的育儿理念，看再多的育儿书籍，学再多的方法，也只如同沙漠中的一杯水，因为很容易被打回原形。在培训课堂上，有的家长会觉得育儿专家讲的内容真好，真对，回到家一遇到具体的事情，还是以往那样，因为指挥家长的思想和思维方式没有改变。

方法固然很重要，但是如果没有把别人的方法融入家长自己的智慧中，没有完全内化，那么这个方法就很难起到切实的作用。所以育儿书籍不需要多看，但是每看一本一定要吸收这本书的精华内容，并将其内化，这样才有用，然后一本一本累积下来，才能拥有更多的育儿智慧。

改变和引导

经常有家长问我："海夫人，我该怎么改变孩子？"我一般会在第一时间告诉家长，家长应该多教育引导孩子，而不是改变孩子。

改变是自主行为，只有自己能改变自己，我们对别人做的只能是引导，通过引导来让对方觉醒，先觉醒而后改变。

家长的错误在于想改变孩子，把自己的意志强加在孩子身上，因为他们认为孩子应当改变，于是在家长们强制改变孩子的过程中问题纷纷出现。其实，家长要改变的对象只能是自己，一定不要弄错目标。

知行合一

有许多家长对孩子的问题很苦恼，有些问题简直让家长寝食不安。

当你必须面对孩子的问题时，一场爱的接力赛就开始了。当你带着心中的爱开始起跑时，你所在乎的是几乎占据你人生三分之一的和孩子的陪伴过程，还是那到达终点的瞬间？你是否会为了这个瞬间而忽略这长长的过程？在对孩子的爱中，我们关注的是过程还是结果呢？

所谓知行合一，光知道要怎么做还不行，还需要切实地去努力，去行动，去做。如果只是知道应该这样做，仍停留在理论水平上，没有实践的检验，没有实际的应用，那么这个理念对你就毫无意义。

有不少家长说："海夫人，你说的我们都知道、都懂，就是做不到。"一个好的道理、理念或者方法，虽然你懂了，但是不实际运用，那么懂了也等于不懂。

我们要知道该怎么做，最好还要知道为什么应该这样做，只有知道为什么应该这样做，才会在任何时候或任何情况下，自然做出这样的选择。

家和万事兴

"家和万事兴"是一句非常经典的老话，普通老百姓没有不知道的，意思也非常简单："家庭和睦必然兴旺发达。"这句话表达了一个非常浅显的道理，就是人和因素的重要性，天时、地利都不如人和珍贵！

家庭不和睦，每个人都闹心

我有一个好朋友，认识十多年了，她年轻的时候从黑龙江嫁到南方，刚嫁过去就和婆婆关系不好，婆婆丧偶，就只有一个儿子，大家自然住在一起。

在同一个屋檐下，两个人不同心同德，每天为一些鸡毛蒜皮的事闹矛盾，争吵。刚开始朋友一生气就带着孩子回娘家，一回去就住好几个月，矛盾既然已经存在，逃避不会让矛盾消除，只是暂时避开了。等孩子大了，上学以后，她不能任性地说带孩子走就走，于是别别扭扭地住着。

我曾经劝过她，既然彼此合不来，干脆分开住，干吗非得住在一起找罪受。朋友有一种捡到芝麻丢掉西瓜的习惯思维，看重小利，看不到大局。婆婆的房子是老公姐姐买的，三室两厅，老公的姐姐希望他们和婆婆一起住，方便照顾老人，她自己的房子还可以出租。她就这样自我折磨地过了下来，平时无日不吵，天天有矛盾。一开始只有她和婆婆两个人之间的矛盾，后来又出现她和老公、老公和儿子、她和儿子之间的矛盾。这十几年，她过得越来越不痛快。婆婆成了她最大的心理障碍，最头痛的天敌。

几天前她给我打电话，又开始诉说婆婆的不是，这是她多年的习惯，无论遇到谁，一说起话，必定痛批婆婆。作为她多年的老朋友，我对此早已习惯，本该安静地听完，然后再安慰安慰她就可以了，这次我没有，我直接打断她："好了，以后不要再说你婆婆的坏话，从今天开始，遇到人就说你婆婆的好处，人总有优点，无论是谁……"电话那头的她倒是愣住了。

在此之前，其实我已经跟她说过，她该努力改善同婆婆的关系，就是为了孩子，也该努力这样做。这么多年，她和婆婆之间明争暗斗，吵吵闹闹，家庭氛围怎么能好呢？

"你不知道婆婆这个人有多差。"她对婆婆的偏见根深蒂固，总是改不了自己错误的认识。我对她说："打住！打住！你不要老用自己的心思去猜测别人，你怎么知道你婆婆是这样想的？你总是这样，总认识不到自己的不对。你能不能改改？从今天开始对你婆婆好，她越不好，你越要对她好。再说了，她是80岁的老人，再对你不好能不好到哪里去，你再不对她好，将来就没机会了。"

"我知道你的话很有道理，我其实对别人很好，我人不坏，但就是讨厌她，看到她就烦，心里就堵得慌。"

"这是你自己造成的，十多年来你不断强化这种感受，不断给自己这样的心理暗示，我去过你家，还在你家吃过饭，我没觉得你婆婆有多讨厌，那都是你自己想出来的。"

我俩是朋友，所以我会给她这样的忠告，她比我大许多，我也了解她的生活状态，她每天都处在一种莫名的烦躁中，总有说不完的心事，因为她的内心无法平衡。好好的一个家，哪里经得起如此折腾。

沟通是双向的，抱怨是单向的

我认识一位关系比较好的网友，在网上接触了几年，她的孩子有抽动症。

143
▲

这位网友的性格比较火爆，脾气来了不容易控制，她是独生女，自身条件比较优越，受的教育程度比较高，工作也不错，按理说这样的生活已经很不错了。她经济独立，不依靠任何人都能生活得很好，不像有些家庭妇女那样始终缺一份安全感。

这位网友对老公特别不满意，已经形成一种定向思维模式，无论她老公干什么，说了什么，有什么举动，她都看不惯，觉得老公很傻很可笑。她自己并没有意识到，这种糟糕的思维模式在刚开始只是偶尔出现，在她多年反复强化的情况下已经变得很强大，现在反过来控制她。

我们聊天的时候她曾经这样说："我们家的不和谐已经不是一天两天的事情了。碰上这样不开窍的老公，再加上我的暴脾气，我实在太累了。我心里非常不平衡，觉得他很笨。比如，前天晚上，我开车送同学回家，在回来路上，我想变道，就让孩子帮我看后面有没有车。他说：'别看，你应该看后视镜。'到了小区，我开始倒车，让孩子下去帮我看着距离，他说：'别下，让你妈自己体会一下距离。'我当时十分生气，我刚刚学会开车，技术不好，又黑咕隆咚的，还让我自己体会距离，不考虑安全问题。没见过这样没有悟性的男人。就算是白天开车，他也应该下车看看啊！我不知道他坐别人的车，遇到复杂情况，是不是也像死猪一样坐着不动。像这样的小问题经常遇到，经常堵心。"

144

我这样回答她："我的理解是，你老公想让你提高车技，这样以后当你独自开车的时候他会更放心。试想一下，当你一个人在开车时，能有谁来帮你看后面有没有车？你老公提前替你想到了，他对你的细致关心却被你错误理解了，你说呢？"

她说："有可能，我没想到这一层，我当时觉得他很笨！"

那到底是谁笨呢？

万本之源总是源于我们自己的这颗心

我知道我没有资格去评价别人的生活，事物的存在总有其合理性，我们每个人其实都像一面镜子，接受阳光才能反射阳光，心中有爱也才能折射出爱，万本之源总是源于我们自己的这颗心。

现在社会五心烦躁的人越来越多，每个人心里都有一把火，一点就燃，甚至不点都燃，为什么呢？欲念太多了，多则乱，多则烦。

我的朋友为什么烦婆婆？在潜意识中她认为婆婆就该倒贴儿子，没想到婆婆不这么认为，于是火就来了！

我的网友为什么看不惯老公？她认为老公就该是完美的，体贴老婆，细心温柔，顾家持家。其实天底下的男人都不完美，完美的永远是别人的老公！

在物质生活方面，如果你只想要基本的水和食物，那你肯定可以清闲淡定。

如果你只想要一种积极的人生状态，那么尽管努力，不必在意得失，因为你看重的是过程，以及在这个过程中所收获的快乐，至于利益的得失，根本无须在意。

如果你始终心怀善念，对别人的一举一动都抱着善意，你就不会有怨言。

如果心里装的东西太多，想要的东西太多，负荷太大，才会觉得不舒服，容易烦躁，容易上火，因为心的本意是渴望清静，简简单单。

如果心静了，平和了，就做到了自己和自己握手言和，这也就是所谓的正心和修身。

正心，修身，齐家，治国，平天下。"心正而后身修，身修而后家齐，家齐而后国治，国治而后天下平。"

要想使美德彰明于天下，要先治理好他的国家；要想

治理好国家，要先整顿好自己的家；要想整顿好家，要先
进行自我修养；要想进行自我修养，要先端正他的思想。
思想变端正了，然后完善自我修养；将自我修养完善了，
然后将家庭整顿有序；将家庭整顿好了，然后将国家治理
得安定繁荣；国家安定繁荣了，然后天下就太平了。

　　社会由无数个小家庭组成，如果每个小家庭和睦安好，
社会自然井然有序，安定繁荣。

　　人和必定家和，家和自然万事兴，家和万事兴。

第五章　错爱的代价

▶ ▶

　　一名救死扶伤的医生，如果既不懂专业知识，又不负责，那很有可能产生很可怕的危害。

　　即便如此，一个不专业、不负责的医生所产生的危害还是远远比不上一个不肯自我反思反省和自我成长的父母的危害。不懂爱的父母，没有爱的能力的父母，用错误的方式对待孩子的父母，用仇恨的方式对待孩子的父母，带给孩子的有可能是毁灭性创伤，有的孩子会因此一辈子在痛苦的深渊里挣扎。

05

你知道孩子为什么强迫吗？

我之所以要把这个案例分享出来，是因为想让更多的家长看到。有很多家长不理解孩子出现的情况，甚至有些家长很恨孩子身上表现出的问题。面对孩子表现出来的问题，很多家长习惯对孩子进行纠错、管控和说教，而不是正面面对，没有在面对的过程中获得成长。要知道，孩子在任何时候表现出来的行为都属于结果，并非成因。孩子表现出的各种问题都是向父母发出的求救信号，说明孩子需要的是父母的帮助，而不是父母的管控和说教。

我初次见到孩子的情形

先说说我和这个家庭在青岛见面的情形。家长是暑假带着孩子来青岛的，当时是天气最热的时候，青岛的气温虽然不高，但是湿度大，让人感觉很闷热。家长和孩子下了飞机就直接来找我，男孩14周岁，但是看上去好像不到10岁，比较瘦弱，皮肤白皙，没有什么话，基本不出声。家长穿着夏天的衣服，可孩子穿着秋衣秋裤，外面还套着运动外套，而且外套是双层的。

我好像明白了什么，有点担心地问孩子："穿这么多，热不热？"孩子非常有礼貌地摇摇头。

家长解释说："他差不多一直这样，夏天也说冷，一定要穿长衣长裤。"

我们见面时，一直是家长在和我聊，孩子不怎么说话，即便专门问他什么问题，他都只是有礼貌地笑笑，或摇头，或点头。

家长并不知道孩子为什么在最热的天气里依旧穿这么多，也许是因为孩子的"心"很冷，孩子基本上没有被家长"看见"过，尤其是没有被妈妈"看见"过。

孩子的问题表现

孩子患有抽动症并发强迫，频繁吐口水，重复某个动作，总觉得冷，宅在家里拒绝出门，没法上学，处在休学状态。

孩子上厕所时，受强迫思维的干扰，很难走进厕所，努力很久也做不到，哭着向爸爸求助，需要爸爸背进厕所；上完厕所以后，受强迫思维的干扰，无法走出厕所，需要爸爸背出来。

孩子总觉得冷，在最热的季节也觉得冷，夏天也穿着长衣长裤，甚至穿着里外两层的外套或毛衣。

孩子宅在家里拒绝出门，甚至拒绝走出自己的房间，吃饭也在自己的房间，大白天拉着房间的窗帘，整日玩手机，玩游戏，不肯洗澡剪头发，生活作息颠倒无序。

孩子经常让爸爸反复做某个动作或某件事，如果爸爸不做，孩子就不同意。

孩子情绪很恶劣，情绪常常大起大落，爱发怒，爱骂人，爱哭，胃口也不好。

妈妈对孩子的描述

妈妈：孩子上厕所时，在厕所门口坐着，就是走不出来（纠结的表现），一直在看手机，孩子想站起来往卧室走，即使只有一步之遥，却怎么也走不进去。孩子使劲地吐口水，声音嘶哑地尖叫（压抑的表现），又着急又生气，用手砸墙，呼吸急促。看到孩子这么痛苦，我泪奔！海夫人，可以请您和孩子通个电话吗？还是我们带孩子去找您咨询？我们夫妻两个现在很难改变自己，又无法和孩子沟通，还时不时地给孩子压力，孩子现在纠结的时间越来越久，还拒绝去餐厅吃饭……

孩子的家庭情况

孩子的爸爸是一个比较粗心且随意的人，有点像没长大的孩子。妈妈比较有责任心，管控欲强，头脑中设定的规矩、条条框框比较多，爱操心，爱管事，也爱生气。

151
▲

妈妈的忏悔

妈妈一开始是在网上看到了我写的那几篇关于强迫的文章，然后找到了我。妈妈找到我的时候态度诚恳，而且非常后悔。

妈妈：我知道孩子这样和我有很大的关系，我以前总是强迫孩子，非要孩子按照我的要求来，比如放学后一定要写完作业才能玩，否则我就会发脾气，摔东西，甚至撕他的作业本。无论是什么事情，我都喜欢安排，而且要求孩子一定按照我的安排来完成，否则就不行。我对孩子管得比较多，限制也多。

152

我和我婆婆多年以来有很多矛盾，我每天下班时已经很累，我婆婆和我们住一起，但是从来不帮忙做饭，每次都要我下班回家做饭，我非常生气。我和我婆婆的冲突几乎从来没停止过，发生冲突时我从来不避开孩子。如果看见孩子和婆婆很亲，我就很生气，不允许孩子和婆婆这样亲。婆婆后来去世了，有一次，孩子哭得很伤心，说："奶奶走了，再也回不来了，我很想她怎么办？"我这才知道孩子对奶奶的感情挺深，但是一直被我压抑着。

这位妈妈找到我以后，在和她接触的过程中，我发现妈妈有着强烈的控制欲，总想对孩子进行管控，想要安排好孩子的一切。我一直在提醒和引导她，给她建议，当时她也许能有所醒悟，但是一转头面对孩子时，潜意识中那个可怕的"管控改造"的念头又牢牢地控制住了她。

我建议母子分开，孩子奇迹般好转

看到这里，大家肯定会有一个疑问: 既然孩子宅在家里，情况糟糕，又怎么能来青岛呢？

孩子已经 14 周岁了，已经等不及妈妈慢慢成长来帮助他，所以我给妈妈一个非常直接的建议，那就是母子分开，要么让孩子去住校，暂时离开妈妈一段时间，要么妈妈住到外面，暂时离开孩子一段时间。

当时孩子处于休学状态，所以妈妈搬到单位住，每周回来一次。

让人惊喜的是，妈妈离开家才半个月，孩子的情况就开始有了好转，孩子比以前开心些了，笑声多了，开始走出自己的房间在家里活动，偶尔到家里的餐厅，在餐桌上吃饭。

妈妈这样描述孩子的变化:

我这段时间不在家，孩子进步明显。孩子晚上休息，白天看手机，不再频繁吐口水了，也有胃口吃饭了。只是我周末回家时，孩子还会觉得我烦。以前孩子让爸爸反复开关卧室的门，以前让爸爸反复开关灯，反复插拔充电器，现在这样的情况都没有了。孩子的情绪时好时坏，但从孩子的表现来看，孩子心里的纠结在慢慢减少。

妈妈看到孩子这些变化后很惊讶，所以准备在暑假带孩子来见见我，顺便在青岛旅游。妈妈让爸爸和孩子商量，孩子很快便同意了，于是一家人来到了青岛。

关于孩子吃饭的问题

在青岛见面时，妈妈告诉我，孩子基本上没什么胃口吃饭，她很着急，每次做好饭时就叫孩子过来吃饭，孩子理都不理，即使偶尔愿意吃，也要在他自己的房间吃，不愿意出来吃。孩子吃得特别少，又特别瘦，妈妈常常为孩子的吃饭问题痛苦纠结。

我告诉这位妈妈，孩子是可以自主选择并面对的，一个人总不会把自己饿死。如果真是这样，那我们再怎么努力也没用。妈妈要尊重孩子，让孩子自己做出选择，他想吃就吃，不想吃就不吃，想在哪里吃就在哪里吃。

虽然我反复这样说，但是妈妈依旧把孩子的身体当成了自己的身体，妈妈一直在担心：

"孩子周六一天都没有出来吃饭，到了晚上 11 点，才泡了一碗方便面吃。"

"孩子拒绝到餐厅吃饭。"

"孩子要求在网上买零食吃。"

"孩子的身体不好。"

"孩子的体质差。"

这些念头像车辘轳一样，反反复复地在妈妈脑中转。妈妈总是觉得孩子应该吃饭，应该在餐厅吃饭，应该按时吃饭，按时睡觉，生活应该有规律。孩子已经 14 周岁了，孩子的 14 年都是在妈妈的安排和管控中度过的。

孩子现在处于一种糟糕的状态，各种症状全面爆发，这其实不是坏事，说明孩子的自我开始苏醒，孩子的叛逆开始冒头，孩子是在寻找自我拯救的出路，是在进行自我体验、自我感受、自我选择和自我证明，那是经历过冲突和挣扎的人采取的非正常的痛苦的休整方式。

关于孩子养狗的问题

妈妈曾经为养狗的事和孩子商量了两三次。

妈妈第一次问孩子："你想养狗吗？如果想养的话，你就要主动照顾它，你看你这几天没怎么遛狗，如果你不想养，我今天就把狗送走。"孩子不说话，还嫌妈妈烦。

妈妈第二次问孩子："孩子，你现在想养狗，我和你爸可以帮你照顾狗，你每天只需要负责给狗喂食，带狗出去遛遛就好，你看怎么样？"孩子一直埋头看手机，但没怎么烦。

妈妈第三次问孩子："昨晚让你遛狗，你到现在还不起床，你到底想不想养狗？如果你想不养的话，我今天下午就把狗送走。"孩子又开始觉得妈妈烦。

海夫人：妈妈的本意是好的，是希望通过养狗来让孩子走出家门，变得有活力，但是妈妈的表达方式和引导方式都不好。这种表达直接粗糙，没有表达出情感，没有提供让情感流动的空间。妈妈在引导时显得没有耐心，显得特别急切，就像在催促、暗示、强迫。妈妈迫切地希望引导有一个好结果，但是没有用心，也没有耐心，其实效果不佳。

如果希望孩子承担起养狗的责任，就需要先让孩子和狗建立起情感链接，彼此有了情感链接，建立了关系，孩子才会喜欢狗，才愿意照顾狗。

妈妈引导的目的性太强，希望通过让孩子外出遛狗，就能让孩子不再宅在家里，但是没有引导孩子和狗建立起关系。关系才是一切。

这和家长养育孩子是同一个道理。有的家长在养育孩子的过程中目的性太强，总是有条件地爱孩子，比如要求孩子必须考一百分，必须优秀，必须考上名校，等等。如果家长过于注重和强调这些目的或结果，就容易忽略和孩子之间的情感链接，容易忽略孩子成长过程中最重要的内容：陪伴和关系。

如果没有良性的、有活力的、健康的、优质的努力过程，那又如何能收获一个好的结果？结果取决于努力的过程。

知名育儿专家王人平老师曾说过，教育就是生命影响生命。影响力不是父母角色赋予的权利，而是基于你身体力行的榜样示范和与孩子建立的良好的亲子关系，孩子愿意主动追随你、学习你，和你要求不要求没有关系。没有情感的链接，就没有和谐稳固的关系；没有关系，就没有影响力；没有影响力，就没有教育。

关于妈妈过度催促孩子的问题

妈妈： 孩子出现抽动的动作时我很焦虑，孩子干什么都很慢，我们一直都在催，催起床，催吃早餐，催出门上学。有次孩子吼他爸爸："别再给我说已经几点了！"

海夫人：家长过度催促是没有界限感的表现，家长自身就无法区分清楚彼此的界限，不明白什么时候需要进行链接，什么时候又该保持独立，保持清晰的边界。

像孩子起床、吃饭、上学、写作业这些事，都是孩子自己的事情，应当让孩子自主完成，自己选择，自己面对，自己担当。

孩子经历了上学迟到，下次就会注意按时起床。

孩子这一次没吃饭，饿了肚子，下一次到吃饭的时候就不用人催着吃饭。

孩子越是被催促，越是被干扰，只会越来越慢。

157

关于家长极度焦虑的问题

妈妈：当我离开孩子，看不见孩子时，我的焦虑会少一些，但是一旦静下来，想起孩子的状态，又会变得很焦虑。我老公现在对孩子的包办比以前少了，但还是习惯包办。我们两个人都很焦虑，孩子不吃饭，不看医生，又怕冷，难道孩子爸爸也该和孩子分开吗？

海夫人：我建议你反复看我们之前的聊天记录，你每天问的都是相同的问题，我其实已经回答了，也给了你建议。你们一直抱着急功近利的心态，只想跳过这个需要面对的过程，巴不得孩子立刻就好，什么症状也没有。

一个人如果能懒到把自己饿死的程度，那这样的人活下来又能怎样？

你们整天盯着孩子的吃、喝、睡，能不能关注一下其他的事情？

我一直建议你们，多向孩子表达，同时倾听孩子的表达，在表达的时候，陈述事实，说出自己的感受和体会，不评判，不贴标签，不说是非对错。

回顾一下你们今天向孩子表达了什么，是怎么表达自己的感受的。

你们今天是否问了孩子的感受？孩子今天感觉如何？

158

面对孩子时，不要以孩子为中心，以孩子为中心容易演变成溺爱，容易出现没有界限的局面。要用无条件的爱来对待孩子，完全地接纳孩子。你们越不接纳就会越焦虑。说到底，在你们的潜意识里，你们是带着条件来爱孩子的，如若不然，你们为什么就不能接纳孩子当下的样子呢？

我给了你们建议，要求你们每天做练习，你们每天都要坚持去做，要主动地去觉察自己，看见自己。

通过仔细观察你就会发现，你头脑中所有的一切都被你自己的"小我"控制，你头脑中的标准引起了你的焦虑，你在用你自己的标准来衡量孩子的一切，如果孩子无法达到你内心的标准，而且你无法掌控局面，无法改变孩子，就会让你寝食难安。难道这是爱吗？你不是在爱他，你爱的是你的标准。

爱他便如他所是。

爱不是管控

看完这篇分享的文章，大家是否了解孩子为什么会强迫了？

如果想要帮助孩子走出困境，父母自身首先需要成长起来，如果父母爱的能力不够，给不了孩子需要的帮助，那么就给孩子自由和尊重。既然给不了爱，那就给孩子自由，好过继续伤害孩子。

爱和自由。

受虐、施虐和强迫的怪圈

对于本篇的这个个例，我前后接触了差不多四年，具体接触的次数并不是特别多，接触的时间跨度比较长。四年前，这个孩子还是个小学生，在四年的时间里，这位妈妈不是不想进步，但是曾经蒙受过受虐的阴影，如今又扮演着施虐者的角色，妈妈在施虐、受虐和强迫中反复徘徊。这个受虐、施虐和强迫的怪圈，深深地套住了妈妈和孩子。

第一次接触，妈妈打电话诉说孩子的强迫情况

这位妈妈第一次给我打电话时，刚开始讲述孩子的情况，情绪还比较平静正常。她说孩子的抽动症状并不严重，让她头疼的是孩子的强迫情况。她说孩子每天都要戴帽子，无论是春夏秋冬，无论在什么场合，就连在教室上课也一直戴着。这位妈妈特别想表达的是，她一直无法理解孩子的这一行为。

我告诉妈妈，抽动症并发强迫的情况一般是这样的：如果孩子的抽动表现不明显，强迫情况就有可能明显，反过来说，如果孩子的强迫情况不明显，抽动表现便有可能频繁。如果孩子出现强迫情况，往往与养育方式、环境因素、

家长自身因素有关，很少有孩子天生就有强迫情况。这位妈妈并没有接纳孩子的这种行为表现。

这位妈妈当时在电话中开始哭泣。正常人在哭泣后一般都能释放内心的压抑、伤感，会有一点轻松感，但是这位妈妈并不是这样。她一边哭泣，一边诉说孩子的强迫情况。随着妈妈的哭诉，妈妈内心的情感越来越强烈，情绪出现很大的波动。

我告诉这位妈妈，对于孩子的强迫情况，家长首先要做到无条件接纳，如果家长做不到接纳，孩子这股纠结的焦虑状态就会持续，甚至变得更加严重。

这位妈妈在电话里继续重复，音量变高，语速更加急促："大热天也戴帽子，让人无法理解；在教室也戴帽子，会让老师误解，多不尊重人。"

这位妈妈说了很多，语速越来越快，语气越发强烈，我在电话里很难插上话，偶尔接过话头表达一下自己的观点，就感觉我的表达立刻被弹了回来。我有一种非常不好的感受，感觉自己被人锁喉了。这股力量如此强烈，让我喘不过气来。她在强迫我认同她的观点，也在继续强调她自己的感受，这是一种无法让自己释怀，也无法让别人释怀的施虐与受虐交叉的心理。

我们的第一次交谈并不是很愉快，后来我被锁喉的感觉越来越强烈，我甚至希望早点结束谈话。虽然我已经告诉她该如何面对孩子的强迫，但是我不确定她听明白了多少，接收到了多少。

第二次接触，妈妈依然强调孩子整天戴帽子

第二次和这位妈妈在 QQ 上接触，已经是一年多以后的事了。妈妈依然非常焦虑，依然反复强调孩子整天都戴着帽子，而她则想尽一切办法希望孩子不戴帽子。

在第二次的交流中，我感觉到这位妈妈的焦虑一开始就爆发出来，带着一种强烈的压迫感向我袭来。我这次的感觉不像第一次接触时那种锁喉的感觉，而是好像头被按在水里，无法呼吸。她基本上不给我说话的机会，我几乎没法开口说话，即使说了也等于没说。这次谈话没有任何结果，我给她的建议等于放空炮。

162
△

她不同于别人的地方是，她的焦虑、纠结、拧巴不是软弱和无助的，而是带有强大的气场。这种强势的焦虑、纠结和拧巴如同无数个软性的刀片，相互倾轧纠缠。她依然拒绝接纳现状，她越拒绝接纳，就越焦虑，越疯狂。潜意识中施虐和受虐的影响围绕着她，纠缠着她，她根本不知道自己是谁，不知道自己在听命于谁。

我对她的感受是，只要是她的想法，就必须得到别人的认可，必须得到执行，否则她便用自己强大的气场来猛烈地干扰周围的一切。这有点类似巨婴的心理，要求周围的所有人必须按照她的意愿来，否则就不行，就必须纠正。

最可怕的是她带给我的窒息感和强迫感，痛苦而难受。在第二次 QQ 联系后，我直接拉黑了她。

第三次接触，妈妈带孩子来青岛找我咨询

从她第二次在 QQ 上和我联系，到她第三次带着孩子来青岛找我咨询，这中间间隔了几个月。

孩子上完五年级后，这位妈妈认为，抽动症影响了孩子的学习，孩子的学习成绩不够理想，她要求孩子重读五年级。孩子当然不愿意重读，孩子觉得不知道真相的人会认为他是因为成绩差才留级的，但他的成绩并没那么差，留级生多没面子啊！

在妈妈不断要求和逼迫下，孩子被迫重读。在开学不久，孩子便出现了一个新的强迫情况，每天早晨起床时必须进行一个仪式，叫"重新开始"，也就是一种强迫思维，这个仪式全部在头脑中进行，这个"重新开始"的仪式从早上 8 点开始，到下午 2 点才能结束。孩子没法上学了。

163

从孩子每天必须戴帽子，到现在这个"重新开始"的强迫仪式，都是孩子对妈妈施虐和受虐心理纠结拧巴的反应。这位妈妈觉得家长有权管控和指挥孩子，于是把自己内心的想法全部投射给孩子，妈妈认为这些投射就是对孩子的爱。

强迫是两股力量纠缠的结果，其中一股力量是孩子自己原有的，另外一股力量是外来的，这两股力量越纠缠纠结，孩子强迫的情况就越厉害。

在青岛见面后，我发现这位妈妈还存在着深层的问题，她自己的成长过程必定包含诸多问题。我建议她回去后在

当地找一个她信任的心理咨询师做心理咨询。我告诉她，
孩子没有问题，需要修复的是她，是她需要成长。

我在这里对比一下另一个强迫案例，当我告诉另一位
家长她其实是在强迫孩子时，那位妈妈吃惊不小，然后恍
然大悟："原来我一直在强迫孩子，归根结底，我还是不
接纳孩子现在的样子，不认可孩子，所以强迫孩子必须照
我的要求做。谢谢你，海夫人，要不是你这样告诉我，我
真的一点也没意识到我在强迫孩子，我还认为我是在爱孩
子，是为孩子好。其实我一直都是这样对待孩子的，以后
我知道该怎么做了。"那位妈妈在我的提醒后立刻做出了
改变。当我跟本文中的这位妈妈说她在强迫孩子时，这位
妈妈总是拿出很多理由来否认。

关于孩子想吃烧烤的问题

海夫人：孩子想吃烧烤，可以啊！孩子想吃就吃吧！
又不是经常吃。

妈妈：现在是夏天，吃烧烤多上火啊！再说他那么瘦，
如果现在吃了烧烤，到了吃饭的时候就吃不下饭了。

海夫人：你连这样的小事也要去干涉吗？

妈妈：这怎么是干涉呢？我是为他好，为他的健康着想。

海夫人：你要尊重孩子，如果孩子想吃，你就让孩子吃。

妈妈：难道不管吗？难道随他去吗？

海夫人：妈妈不清楚彼此的界限，没有边界意识。

关于孩子写作业的问题

妈妈：我要求孩子放学回来先写作业，写完作业再玩，但是孩子总是不听。

海夫人：像写作业这样的小事，你能让孩子自己安排吗？

妈妈：我怕孩子只顾着玩，不写作业，到了晚上也不愿意写，然后就不写了。

海夫人：你为什么不相信孩子呢？写作业是孩子自己的事情，让孩子自己安排，孩子会安排好的。

165 ▲

妈妈：以前有一次我没管孩子作业，结果那天孩子真的没写作业。我不管怎么行呢？孩子没那么自觉。

海夫人：你是在管孩子，还是在强迫孩子？爱不是强迫。

海夫人：妈妈不懂得和孩子保持界限，没有边界意识。

关于孩子早上起床的问题

妈妈：现在是暑假，孩子和我说好了，让我每天早上叫他起床跑步。孩子想锻炼身体，我很高兴，但是我每天早上叫他起床，怎么叫他都不起来，到最后孩子就和我闹，像疯了一样。

海夫人：你不必叫他起床，让孩子自己设闹钟，自己起床。

妈妈：这样能行吗？我叫他都不起来，闹钟能让他起来吗？

海夫人：你为什么没有边界感呢？起床锻炼是孩子自己的事情，最好是让孩子自己决定，自己面对。孩子如果计划早上6点起床，自然就会设6点的闹钟，如果早上6点孩子起不来，他自然就会重新调整，比如改为7点起床。这是孩子自己的事情，让孩子自己选择，自己面对，自己担当。

妈妈：可是如果孩子起晚了，哪还有时间跑步？

海夫人：妈妈不清楚彼此的界限，没有边界意识。

关于孩子上学的问题

妈妈：在我的坚持下，孩子经过自己的努力，克服了极大的心理障碍，勇敢地迈进了学校的大门，迈进了教室的大门。

海夫人：对于强迫的孩子，千万不要让他们努力克服，为别人努力克服会成为一种动力，这对强迫的孩子是一种灾难。

妈妈：我每次崩溃的原因是我一直在努力，可孩子总不能如我所愿。我的心已经能够守住安宁，做到包容，我比以前柔和多了。我尽最大努力去尊重孩子，让他来主导自己的生活，可是孩子仍不能如我所愿，连学习都不愿意。

海夫人：你有没有发现你的这段话前后矛盾？你为什么希望孩子如你所愿？是因为你在付出，而且你的付出是有条件的，你要求的回报是孩子能如你所愿。如果是这样，那你不要再付出了。与其强迫孩子，让孩子痛苦，不如给孩子自由。你的努力其实没有给你带来多少进步，即使有，那也只是表面的进步，在骨子里，你依旧在掠夺孩子的空间，你自己的房间空着，没有人，却住在孩子的房间里，霸占着孩子的空间。

妈妈：每次我带领孩子学习，孩子起初都会很抵触，但是一旦开始学了，他也不是很痛苦。在我的鼓励和引导下，他学得很好，不过还是抗拒学习，直到现在也是如此。

海夫人：孩子学习需要你带领吗？与其说是你带领学习，不如说是你在监视孩子学习，或者在监督孩子学习。我遇到的最执着、最不肯放手的妈妈就是你。你把孩子的生命当成了你自己的生命，孩子的前途是你的一切，孩子的成绩是你的命根子。孩子的抗拒和抵触对你而言意味着什么？你根本感受不到孩子的感受，因为你自己就是一个"空心人"，你活在你的头脑里。

妈妈：让我头疼的还有孩子上学的问题，因为孩子的症状，我们不能说他一句不是。如果我惹他不高兴，他的情绪就会变得很不好，第二天就变得没法调节，穿不了衣服，上不了学。如果孩子半天不上学，我还能接受，一天不上学，我也能撑得住，可是一连两天都不上学，我就受不了了。我认为孩子在作弄我，我会崩溃，会指责他，会抱怨他……我被孩子无法正常上学的问题折磨着，为他的症状苦恼，不知所措。

海夫人：如果你继续这样下去，孩子就没有将来可言，孩子的自我会完全被你扼杀。说到底，你纠结的只是孩子的学习成绩，并由此联想到孩子的将来。你要活在当下，不要活在对将来的担忧和焦虑中。你简直就是超级"独裁妈妈"，你总是在掌控孩子的一切，你如此辛苦地掌控，孩子非但没有如你所愿，还出现了强迫。醒醒好吗？拜托了！

海夫人：妈妈不懂得和孩子保持界限，没有边界意识。

妈妈：我时常会因孩子的现状而焦虑，我的情绪很不稳定，没有完全接纳孩子的症状和情绪，时不时地对孩子发脾气，指责、抱怨他不努力，我的这些行为都是在干扰、伤害孩子。其实孩子的症状不仅困扰着他，也在困扰着我。

海夫人：你并没有看见自己，这句话我对你重复了很多遍，但对你没起什么作用，因为你听不进去或者听不见。如果你始终看不到自己，对自己没有觉察，就永远不知道自己错在哪里。如果你认为自己没有错，当然不会修正自己的行为。我不知道你现在能否明白，一直都是你在干扰孩子，然后通过孩子又作用到你自己身上，所以你才是一切的根源，和孩子没关系。

妈妈：我对孩子上学的问题关注太多了，无法解决孩子起床上学的问题，孩子目前厌烦学习，对学习抗拒。孩子没有内在动力。

海夫人：从你的字里行间，我看到的依旧是那个骨子里强迫孩子的人。你到现在还没明白孩子为什么厌学，原因就是你对学习的渴望太强烈，超过了孩子自己的意愿，孩子就会排斥。因为任何人都不希望别人侵犯自我，侵犯自己的独立意愿。你借着学习之名，无数次逼迫孩子，而且堂而皇之，执迷不悟。孩子属于他自己，孩子的生命也属于他自己，不是属于你的。你如此干扰下去，孩子怎么能有内在动力？一个人只有在成为自己，做自己喜欢做的事情时，才会充满激情，才会累并快乐着。

169

妈妈：海姐姐，今天我时刻提醒自己不要去管控孩子，要处理好和孩子的界限，孩子今天的状况还不错。今天早上，孩子自己醒了，自己起床、洗漱、吃早饭，整个过程估计一个多小时，我连一句话也没过问，也没有催促他吃早饭。为了避免越过界限，我尽量不主动找他说话，除非他找我帮忙，所以孩子今天面对我时情绪波动不大。

海夫人：妈妈不清楚彼此的界限，没有边界意识。

海夫人：今天早上你和孩子的情况，是否让你能意识到，以前孩子之所以对你有比较多的情绪，其实大多是因为你越界干涉孩子的事情，比如起床，你会不厌其烦地叫孩子起床，只要你认为孩子该起床了，你就会一直去叫，于是孩子起床这件事就变成了你的事情，而不是孩子的事情。实际上，如何起床，什么时候起床，是否起床，这都是孩子自己的事情，他应该自己选择，自己决定，自己面对。

你真应该好好回忆一下，生活中有多少事情，你都在事无巨细地安排，你都在越界，你管控和改造他人的欲望太过强烈，一切都必须按着你的标准来，以你的意志为中心，否则就会感到焦虑、着急、恐惧，甚至坐立不安。你可以仔细回忆一下，在孩子成长的这十多年中，你是否都是如此。只有当孩子完全按着你的安排行事时，你才舒服安心。

妈妈：孩子会跟我说："妈妈，我一定要学好，我必须学好。"但是孩子在行动上并不是很积极，即使做数学题不熟练，也不愿多做题，仅仅是完成作业而已。

海夫人：孩子没有学习兴趣，也没有积极性，面对家长的强烈意愿，只好不断强化学习这个概念，孩子的强迫就是这样形成的。孩子的内心没有动力，根本不想学习，但是他强迫自己去学，孩子努力把家长的意愿内化为自己的意愿。孩子从小就开始重复这样的模式，因为强迫的形成是长时间累积的结果。

强迫一旦形成，就无法短时间修复。简单打个比方，假如家长从现在开始能够从内心真正认识到问题，并做出本质的改变，允许孩子自主选择，尊重孩子，不把焦虑转嫁给孩子，孩子在这样良好的环境中修复，同等时间的伤害基本上需要同等时间的修复，也就是五年换五年，十年换十年。

通常家长很难觉知转嫁焦虑这一行为，因为这属于潜意识的行为。当我们感到焦虑时，本能的反应就是把焦虑转嫁给别人。在家庭中，家长转嫁焦虑的对象通常就是孩子，因为孩子最弱，孩子没有能力拒绝，或者没有能力再转嫁回去。孩子接收到焦虑，又不懂得如何将焦虑转嫁出去，就需要转化或释放，于是焦虑就容易转变为强迫或抑郁。

如果家长一直持续焦虑，那就意味着家长一直在给孩子的强迫助力。

我建议妈妈去做心理咨询

在第三次见面时，我给了妈妈建议，让她在当地找一个她信任的心理咨询师做心理咨询，她回去后在当地参加了一个国学经典平台的学习。

妈妈：海姐姐，从去年到现在，我一直在一个国学经典平台学习，这个平台的育儿理念和您的观念是基本一致的。这个平台的老师也教我把心神放在自己身上，关注自己，活好自己才能养好孩子，所以我一直在努力成长，可是眼看着孩子每天这样痛苦，我做不到对孩子完全放下，孩子的痛苦始终也是我的痛苦。

海夫人：我只能说这样的学习对你没有多少实质的帮助，这些理念并没有深入你的内心，你可能在表面上有所改变，行为有点收敛，但在你的内心深处并没有发生本质的变化。

171
▲

如果没有把学习的内容内化为自己的认知，那么这种学习的作用不大。后来，这位妈妈在当地找了一个心理咨询师。

妈妈：海姐姐，我今天去了心理咨询师那里，在咨询师的引导下，我谈了我的童年，我哭得很厉害，我宣泄了一点，但是感觉没有全部释放出来，内心还是难受……

我带着孩子跑了两个地方看心理医生，医生说的和你说的内容差不多，说我介入孩子的生活太多，干扰孩子太厉害。孩子爆发抽动和强迫，说自己很难受，很糟糕，我就让孩子在康复中心住院了。

海夫人：我给你的建议看来没多少用，因为你无法执行。上次我建议你让孩子住校，既然你无法做到放手，那就离孩子远点。

如果家长不改变，看再多心理医生也没用。所有的症结点都在心，家长燃烧的心干扰着孩子的心。其实最大的问题并不是孩子目前出现的各种症状，而是家长太急功近利，家长希望一天之内孩子所有的问题都消失。

养育孩子靠的是家长的心境和潜意识的影响

妈妈：在很多问题上，我做不到大彻大悟，我的心境并没有彻底改变，总是出问题，我自己一直在总结，一直在忏悔。虽然我也明白海夫人的理念，但是自己的心境总会受到工作因素、社会因素的干扰，所以我对孩子的态度并不稳定，孩子的状态也是时好时坏。

海夫人：在养育孩子的过程中，影响孩子的是家长的潜意识。

在弗洛伊德所讲的精神分析中，对人的意识过程进行了划分。能被我们知道并察觉的部分是意识，相对于整个意识过程，意识就像冰山浮出水面的部分，能被我们看见。意识在意识过程的汪洋大海里只占非常小的一部分，大部分处于海面以下，无法被看见、被觉察的部分是潜意识。潜意识随时指挥着你，你却没有觉知，所以你会一而再，再而三，总是用同样的方式伤害孩子，伤害的同时没有觉察和觉知。

无知者无罪，以前当你在无意识中这样做时，我会这样安慰你。当你来找我咨询时，在咨询的过程中，我和你共同觉察你的潜意识，我来帮助你看到自己的问题，看见问题是改变的第一步。

在意识过程的汪洋大海中，处在海面以下黑暗中的潜意识只有被看见，被意识的阳光照亮，才会发生转换。潜意识一旦被觉察，被觉知，就上升为前意识，再进入意识。

一旦潜意识进入意识，被你看见，你就可以通过自己的努力去改变或修复，让错误和创伤得以弥补和修复，如果错误一直在潜意识中不被看见，那么你根本无法改变，无能为力。

其实目前最需要做咨询、最需要修复的是你，不是孩子。你的潜意识没有被觉察，这才是问题的根本所在。

如果你始终无法进步和转变，最好的办法就是离孩子远点，离孩子再远点。因为你带着诸多的问题，只要和孩子一起，你的潜意识就会发挥无比的威力，你会被潜意识操控指挥，而且毫无觉知。

强迫是如何出现和形成的？

我告诉这位妈妈，孩子强迫的起因，一般都是孩子自己的意愿和家长的意愿相冲突，但是孩子比较弱小，胳膊拧不过大腿，只能违背自己的意愿，照着家长的意愿去做，但是在执行的时候，孩子的内心是矛盾的，孩子的本我是不愿意的，为了掩饰这样的矛盾，孩子只好用强迫的行为化解。

强迫最初的根源就是纠结和矛盾，如果家长持续让孩子纠结和矛盾下去，那么强迫只会越来越厉害。

正确的做法是，无论孩子做什么，家长的意识和潜意识都应该告诉孩子，他是对的，他没有错。

即使孩子洗手洗一百次才停下来，你也要发自内心地接纳孩子，轻松地告诉孩子："没关系，妈妈原来还洗两百次手呢！"

可以让孩子每天运动，什么运动都行，跑步、打球、游泳、登山、骑车、跳绳、玩滑板等等，最重要的是持之以恒，要长期坚持下去。强迫最初的根源是焦虑，运动可以缓解焦虑，运动越投入，释放的焦虑就越多。

百说不如一做，空闲时不要胡思乱想，更不要忧虑。昨天已经过去，无须去想；明天尚未来到，更不用想；最重要的是今天，是当下，当下才是最有力量的。

你要接纳当下，把握当下，无论当下有多么糟糕。你的心态为什么如此糟糕？是因为你拒绝接纳当下。

你的内心有一种沉重感，这种沉重感存在于你的潜意识中，你目前尚未看见，甚至不能察觉，因为这种沉重感不在意识里，而在潜意识里。这种在潜意识里的沉重感会随时随地地影响你。

要想看到潜意识里的影响，就要反复地进行自我觉察，看见再觉察。我给你布置观察日记的目的就是提高你的自我觉知能力，你要用心地去做，坚持做。

175

康复的过程是循序渐进的，不会一蹴而就。

这个循序渐进的康复过程有可能是这样的：你一直特别努力，刚开始感觉特别好，自我感觉进步也很快，慢慢地，你会发现康复的情况好像又退步了，这个时候你肯定很沮丧，但是不要灰心，继续努力。因为康复的过程就是这样，往前进三步，然后会往后退两步，但是从整体看还是前进了一步。

整个康复过程都是这样，坚持努力最重要，有的人坚持到一半就放弃了，最后可能终其一生，都在这样的状态中纠结和徘徊。如果你越执着，越不肯放手，那么你执着的东西便越纠缠你，你执着的东西便越固化，挥之不去。

施虐、受虐、强迫的怪圈

这位妈妈在小时候曾经是一个受虐者，在她的内心深处，她渴望爱，渴望被看见，希望自己是完美的，因为她从小得到的爱是有条件的——你好我才爱你。

在她的成长过程中形成的模式又在她的孩子身上重复，她曾经受虐的经历又演变成了如今施虐的行为。

她强烈地执着于这个过程，在曾经的受虐和如今的施虐中获得存在感和认同感。她除了和孩子共生，随时管控孩子，还苛求完美，并且会在这种模式中自我陶醉，自我麻痹。糟糕的是孩子在家长的潜移默化中学会了"自虐"和"他虐"。

面对每一个痛哭流涕的母亲，我都相信她们会痛改前非。但是当我真的和她们长时间接触时，我会发现，她们根本无法控制自己，她们被自身成长过程中所形成的模式控制，有些东西进入了潜意识，在无形中随时控制和左右着她们。

当我认真地给了她们建议，告诉她们需要用自己的力量走出来，需要去努力付诸行动时，真正能够行动和踏踏实实努力的人寥寥无几。

在咨询中，我无法替你解决问题，清除障碍，任何属于你自己的问题都需要你自己面对，任何旁人都无法代替你消除障碍。

咨询的作用是帮你看到问题，给你建议，让你更有信心地面对问题。

在我不懈的提醒和努力下，这位妈妈也有清醒的时候，只要她停止管控、干涉、共生，孩子立刻就有所不同。

目前孩子的整体状况比过去好很多

妈妈：孩子目前的整体状况比过去好了很多，长大了，现在即使我想干涉他，也干涉不了了，他的自主意识特别强。一路走来，事实证明海夫人的理念都是对的，只是当初我真的无法面对孩子的状况，接纳不了孩子的问题，对孩子的学习放不下，因为放不下，这几年确实让孩子太遭罪了。

海夫人：那就好，你别再干涉孩子了，我听到这个好消息也很高兴，你终于不折磨孩子了。

荣格曾说过，你连想改变别人的念头都不要有。每个人接收阳光的反应各有不同，有人觉得刺眼，有人觉得温暖，有人甚至躲开阳光。种子破土发芽前没有任何的迹象，那是因为没到那个时间点。永远相信每个人都是自己的拯救者。

反复撕书、重复说话、强迫思维

这是我很早以前就开始接触的一个案例，属于抽动症并发强迫的情况。家长找到我的时候，孩子已经休学在家，当时上初二，14岁。孩子的主要症状表现除了发声还有强迫情况，一看见书和纸就要撕，不撕不行；一看见笔就要摔、砸或者折断；重复说话，还要求家长回应。

抽动症最常见的并发症有两种：一种是抽动症并发多动，一种是抽动症并发强迫。在我的一篇文章《如何应对强迫倾向》（收录于《爱是最好的良方》一书中），我着重介绍了儿童出现强迫倾向的几种情况以及应对方法。我特别提醒家长，对于小孩子出现的强迫倾向，不要将其定义为强迫症，这仅仅是一种强迫倾向，这种强迫倾向能够通过家长无条件的接纳和无条件的爱得以缓解、康复。

家长曾经进入治疗误区

孩子在小学二三年级表现出抽动症症状，这位家长在治疗上曾经进入误区，一直在为了消灭症状而努力，并且锲而不舍。

家长曾带着孩子到一线城市的大医院，找一流的专家看病。正规的医院里的大夫不会一味地帮孩子"止"抽，如果一味为了止抽而吃药，孩子会吃出问题的。家长刚开始在正规医院治疗是有效果的，但是后来症状出现反复，家长发现无法控制症状，就去了几家号称宣传疗效很好的私立医院，结果无任何治疗效果，孩子如同小白鼠一样遭了不少罪。

后来，家长对什么旁门左道、偏方都要试一下，依旧毫无作用和效果。最后没办法，孩子只能休学在家了。这么多年以来，家长都在积极地治疗孩子的身体，从来没有真正地思考过孩子动作背后的心理因素。

孩子求助的第一个问题是发声

孩子：我在公共场合，尤其在人多的时候就会忍不住发声。

海夫人：14岁的孩子很要面子，也很注重形象，这种想法我很理解。发声不是病，发声只是暂时的一种表现。我教给你一个方法，在公共场合想发声的时候就频繁说话，或者咳嗽，或者唱歌，总之，主动让自己的喉咙发出声音，主动让那股气跑出来。如果在家就不用顾忌了，想怎样就怎样。任何时候都不要控制或压抑症状，想做什么就做出来。

孩子很聪明，听我讲完自己就领悟了。当他想要发声的时候，就快速地说话，就能够把发声掩盖过去，或者带过去。

孩子求助的第二个问题是害怕出门

孩子：我害怕出门，一出门就紧张，甚至是恐惧，所以总是尽量宅在家里。

海夫人：你的紧张和害怕很正常，很多人都经历过这样的过程。我教给你一个方法，当你感到紧张的时候就说出来，大声说或小声说都可以，比如说："我很紧张，我很紧张，我就是很紧张。"一次说上 10 遍，如果说 10 遍还紧张就说 20 遍。说的时候不要有压力，要轻松投入地表达。最好把自己真正紧张的原因说出来，比如："我很紧张，因为我害怕别人知道我有抽动症。"

如果你照这样试上几次，你就会发现说着说着就不那么紧张了。不要否定自己的感觉，要接纳自己真实的感觉，把自己的感觉说出来，让自己看到这些感觉，如果你照这样做，这些卡住你的障碍慢慢就会得到疏通和化解。

孩子求助的第三个问题是强迫思维

孩子：我的脑子里经常有一些古怪的念头和想法，不知道为什么就出现了。我越是不想让这些念头出现，这些念头就会出现得越频繁。

海夫人：你的这些念头和想法没有对错，出现了也没关系，不要去评价判断，不要说是非对错，比如不要觉得这个念头真不好、下流，那个想法挺好，等等。

我教给你一个方法：当你脑子里的念头出现的时候，你可以对一个信任的人说出来，比如妈妈，如果妈妈的自我成长不够，无法理解你，那就不要告诉妈妈，你可以把念头写下来。你准备一个日记本，随时写，无论有多少念头和想法都没有关系，如实地写下来，就像写观察日记一样。

很多荒诞的念头和想法往往来自潜意识，当你看不到他们的时候，他们就在潜意识中影响着你，我们只能调整和控制我们的意识，对于潜意识是无能为力的。

我建议你写观察日记，每当那些念头和想法出现时，你就把这些念头和想法写出来，写出来的过程就是练习觉察的过程，就是练习看见他们的过程。当你能够看见这些念头和想法的时候，这些念头和想法便慢慢地从潜意识层面进入意识层面。凡是能够被我们看见、被我们明确觉察到的念头和想法，就不再属于潜意识的层面，而进入意识层面，在这个时候转变已经开始。如果这些荒诞的念头和想法一直在潜意识中，你一直没有察觉或看到，那么他们会在潜意识中继续影响你。

这个方法对年龄较小的孩子不适用，适合进入青春期，能够准确地表达自己念头和想法的孩子。

181

孩子的强迫行为是看见书和纸就想撕

这个孩子在小学一年级时学习成绩特别好，一直都是班上的第一名，第一名给孩子带来了巨大的心理压力，也让家长给孩子下了定义："我的孩子必须学习好，必须是尖子生。"

孩子进入初中后，真正的灾难开始了。孩子上的是重点中学的重点班，想要成绩拔尖，可不那么容易。这就跟各地的文理科状元考进清华北大一样，在原来的中学算是尖子生，一旦进了清华北大，就不一定了。山外有山，楼外有楼，强中自有强中手。

压力过大造成的紧张让这个孩子的抽动症状频繁表现，症状的频繁表现又让孩子产生更多的压力，后来又出现发声。孩子从单纯的紧张发展到自卑，结果不仅成绩下降，而且发展到一看见书和纸就无法克制地去撕。孩子撕书的行为，在潜意识中是对学习的恐惧。再后来，一见到笔就要折断，不折断就不行，心里过不去。

到了这个时候，孩子已经出现心理障碍。比较幸运的是，家长没有继续逼孩子学习，家长选择了休学。家长清空了家里所有的书和纸，在家里看不到一本书和一张纸。家长说："没有书和纸安全了吧？眼不见为净，都看不见了，哪里会有毁灭的欲望呢？"

家长的想法也对，都看不见了，哪里会有毁灭的欲望呢？但是家长的做法属于回避问题，不是直面问题。

我建议家长和孩子一起撕

强迫的这股力量和抽动症这股力量有点类似，都是一股内部意志的驱使力。强迫这股力量出现后，只能被转化、化解，无法被消灭，更不会凭空消失。

我建议家长将家里原有的书和纸回归原地，再多准备些报纸。刚开始孩子受不了，看见就要撕。以前孩子每次撕的时候家长总说他这样做不对，太浪费，所以孩子每次都很纠结，纠结痛苦过后再继续。

如今家里回归原样后，我建议家长坦然地和孩子一起撕，而且要求家长在撕的过程中一点也不要纠结。我教给家长的做法很简单，把报纸拿起来看看，好像没什么用，然后就撕了。孩子刚开始并不相信家长，边撕边看家长的反应。整个过程家长无须解释或说明什么，投入地撕，整个人轻松自然。同时家长告诉孩子，如果他不想上学，就可以不去上学，家长再也不会勉强他了。

我告诉家长，其实真的没有那么恐怖，家长要让孩子完全放松地投入到一件事情中，让孩子自己去体会投入其中的感觉。孩子只是对过重的学习压力有不满的情绪，而这种情绪没有被家长看到和接纳，孩子自己也没有能力排解，于是孩子把这种愤怒和不满的情感投射到书、纸和笔上。只要将孩子的心结打开，将淤堵消散，孩子自然就没有了撕书和纸的欲望。情绪和情感只要能正常流动、表达，障碍便不会出现。

183

其实，当孩子想做一件事情时，本来没什么大不了的，但是总是被家长的意志和意愿所干扰，往往会被家长贴上很多标签，被家长按照是非对错来评判，比如，你这样不对，你不要这样。当孩子自己的意愿和家长的强制意愿出现矛盾时，孩子的心中便产生了纠结和困惑，而家长并没有给孩子机会来表达这种纠结和困惑。慢慢地，孩子就采用错误的方式来自我平衡，强迫就属于错误的自我平衡方式（也是错误的自我防御机制）。孩子的强迫就是这样形成的。

孩子重复说话，还要求家长每次都回应

家长说孩子还存在一种情况，就是孩子重复说话，还要求家长每次都回应。这首先说明，在孩子成长的过程中，家长基本看不到孩子内心的意愿，看到的只是家长自己的意志和意愿，并且把自己的意志和意愿当成了孩子的。

孩子需要表达自己的意愿，并且反复表达。以前孩子肯定也经常反复表达自己的意愿，但是家长看不见，也听不见，熟视无睹。家长没有看见和回应孩子的需求，对孩子而言就是不爱孩子。在这个时候，家长的眼睛和内心都应该看见孩子，感受到孩子的需求，并积极地做出真诚的回应，而不应该敷衍地回应。孩子的表达和家长的回应一旦链接上，孩子内心的障碍便会慢慢消散，一旦链接真正有用且有效，孩子这份曾经淤堵的能量会再次健康地流动起来。

我建议孩子多运动，孩子如今成为专业羽毛球运动员

我建议孩子多运动，巧得很，这个孩子居然爱上了羽毛球。他刚开始每天打一个小时羽毛球，后来每天打两个小时，再后来每天打三个小时。孩子反正休学了，有的是时间，家长最后完全放开了，整天陪着孩子泡在羽毛球馆。

长期坚持运动，除了可以强身健体，还能培养和锻炼人的意志力。这个孩子就从打羽毛球开始，打出了自己的一片新天地。他刚开始只是随意玩，后来报了羽毛球训练班，然后进了羽毛球训练队，又进了体校，专攻羽毛球。

185
▲

孩子的强迫情况已经消失

孩子目前还有轻微的抽动症状表现，强迫情况已经消失，孩子的转变让父母非常欣慰，这转变不仅仅在抽动症方面，更多的是孩子真正的成长。孩子的成长和父母的转变和努力，以及对孩子的陪伴和鼓励分不开。

妈妈：海老师，儿子在省体校上学，学的是羽毛球专业，孩子各方面的进步很大。现在他的承受能力很强，在省级比赛里都可以反败为胜，输了也能正确面对，这是我最欣慰的。

我想着重说一下这个家庭因为孩子的问题而发生的变化。爸爸原来应酬很多，后来应酬变少，到最后，爸爸成

了孩子的陪练，每天陪孩子泡在羽毛球馆里。

爸爸原来属于强硬派，和孩子说话的态度高高在上，后来和孩子的关系慢慢变成了彼此平等的关系，孩子以前怕爸爸，现在敢于大声和爸爸辩论。

在这个家里，妈妈是最大的功臣，孩子表现出问题后，妈妈虽然曾迷失过，曾经持续用错误的方法对待孩子，但后来，本能的母爱唤醒了她，她开始学习，思考，反省。妈妈原来不知道应该尊重孩子，后来慢慢学会了尊重孩子。这位妈妈付出的不是一般的努力。她每天学习，读很多心灵成长方面的书籍，写读书笔记，写自己的体会；每天观心，静心，打坐；在最困难的时候向海夫人求助；她一直陪伴孩子共同成长，静待花开。最重要的是，妈妈一直在努力，把想法付诸行动。

有很多家长明白这些道理却不去做，这就等于不明白，他们说他们都知道，什么都知道，但他们就是不行动。

强迫行为本身没有对错

对于孩子的强迫行为，家长和周围的人最好不要用所谓的是非对错的概念去定义和评判。比如孩子反复洗手，家长会说："你这样不对，你这是强迫症，你不应该这样洗手，不应该洗这么多次。"家长的这种做法不是在帮助孩子缓解强迫，清除强迫障碍，而是在糟糕地帮倒忙。

每当家长这样强调一次，就是进行一次心理暗示，就会让孩子原本已经纠结的内心更加纠结，就是对孩子内心纠缠的两股力量起到推波助澜的作用。是洗手，还是不洗手？到底洗不洗？家长越是这样做，孩子的强迫情况就越严重，反复洗手的次数就会增多。

强迫行为源自两股纠结的力量，面对孩子的强迫行为，对抗的方法是无效的，尤其不适合成长中的孩子。

"在抽动症中，强迫症是抽动症的另一种表现形式。抽动症和强迫症之间共享遗传的影响，但目前还不清楚抽动症和多动症之间的遗传关联。"（摘自《欧洲青少年精神医学杂志》2011期第20期《欧洲抽动秽语综合征与抽动障碍临床评估准则》）

"妥瑞症伴发的强迫症状包括强迫观念或强迫动作，或者两者皆有，可表现为反复检查核对、仪式动作、嗅舔、反复洗擦、重复无目的动作，其他强迫观念和强迫行为可以表现为强迫排序、反复洗涤、反复检查等。"（摘自《儿童心理障碍诊疗学》，杜亚松主编）

吐口水，觉得空气都有毒

"在抽动症中，强迫症是抽动症的另一种表现形式。"抽动症并发强迫症的情况比较常见，尤其在青少年抽动症患者当中。要想全面了解抽动症，就需要了解抽动症并发强迫症的情况。

本篇所讲的个例非常有代表性。案例中的男孩 15 岁，上初三，目前休学在家。刚开始孩子的抽动症并不严重，只有轻微的症状表现，如扭头、耸肩等。孩子还表现出强迫情况，比如吐口水，刚开始吐口水并不频繁，但家长用了错误的方式来应对，导致孩子吐口水的情况越来越严重，后来发展到两三节课的时间就能吐湿一件衣服。

孩子还出现强迫思维，比如，有一次骑车从夹竹桃树下经过，于是有了糟糕的感受，感觉自己中毒了，一定要去医院看病，否则觉得自己会死掉。孩子的家长又用了错误的方式对待孩子的表现，于是孩子的强迫情况越来越严重，严重到觉得灰尘也有毒，灰尘进入嘴巴里，自己就会被毒死。

让我们来看看具体详细的过程。

确诊抽动症后家长很焦虑

家长发现孩子有奇怪的身体动作后便去了医院，医生确诊孩子患有抽动症。医生确诊后，家长开始茶不思，饭不想，开始失眠，整夜整夜睡不着觉，特别焦虑，家长的精神世界几乎崩塌，每天在网上查资料，后来找到了我。

孩子从小体质就不好，从小到大都是被精细化养育，精细化养育并不能让孩子的体质好起来，反而会让孩子进入一种更脆弱的模式。家长本身也属于敏感型人格，特别焦虑。心小，世界也小。家长特别好面子，特别害怕别人知道孩子患有抽动症，特别恐惧这个秘密被人知道。

家长特别担心孩子的身体动作是否会变得更严重，每天都在小心翼翼地观察着孩子，每天都在盯着孩子的一言一行。

189

孩子开始吐口水

如家长所愿，孩子的身体动作并没有变得更严重，可是某一天孩子突然开始吐口水。刚开始并不严重，只是偶尔吐，但每天都会吐。家长有点纳闷，内心那个时时绷着的弦再度紧绷起来。家长在网上查资料，发现孩子吐口水的情况好像属于强迫症。家长更痛苦了，心想："抽动症还没解决，强迫症又出现了，这让人可怎么活！"

其实，抽动症并发强迫症的时候，抽动症和强迫症本身都是属于同一个内部意志的驱使力，如果这股力量更多地用抽动障碍的方式表达和表现出去，那么用强迫方式表达和表现的就少；如果这股力量没有用抽动障碍的方式表达和表现，就有可能用强迫障碍的方式表达和表现。

家长心念的力量是强大的，不知道孩子是否有了感应。家长的心念阻止了孩子用抽动障碍的方式表达和表现这股力量，孩子就用强迫障碍的方式来表达和表现这股力量。家长刚开始阻止孩子抽动障碍的表达，如今继续用同样的方式阻止孩子强迫障碍的表达。

如果抽动障碍被短时间干扰和阻止，一般不会有什么太严重的后果，但是换成强迫障碍，如果抗拒强迫障碍，把属于你自己的强迫当成敌人，和强迫对着干，那么强迫这股力量不仅不会减弱，反而会逆生长。你越是反强迫，越是和强迫意识对着干，越是去对抗，强迫这股力量在反复纠结的情况下只会更加强大。

可是家长的确是这样做的，家长的心念和执着有多重，就给孩子的强迫增加了多少力量。

家长反复强化孩子吐口水的行为

家长不再关注抽动症了，反复对孩子说："孩子，别吐口水了，别吐了，看看，多脏啊！"即使嘴上不说，心里也在念叨。家长的想法很简单，不就是吐口水吗？不吐不就行了，不吐了就什么事也没有了。

可怜的孩子哪里知道如何应对父母的反对？好像父母的话也没有错，的确是自己错了，怎么总吐口水呢？一旦孩子认为自己吐口水这个行为是错的，并且在父母反复的说教下，孩子会对吐口水产生罪恶感。于是这个原本没什么大不了的简单行为被强化，然后慢慢固定下来。

强迫和抽动相比，抽动就不算什么。

强迫的康复不仅是欲速则不达，而且是欲速则毁。家长越不接纳孩子表现出的强迫情况，越是急于让孩子的强迫表现消失，反而会让孩子的强迫表现长时间持续，甚至变得更严重。

我小时候也经历过吐口水的情况，是小学二三年级的时候，无缘无故地突然开始吐口水，嘴巴里总是有多余的口水，非要吐出去，不吐就难受。

我妈妈也因为这件事训过我，但是那时候父母是双职工，每天工作很忙，家里有好几个子女，家长没有时间盯着孩子。妈妈训过我两次，我还是那样，她就没再继续管。我爸爸更不在意，他几乎对这件事没有印象，在他看来，孩子只要有饭吃，能吃饱，就没事。

我当时一直吐口水，有时候发现别的家长会讨厌地看看我，但是总的来说没有引起多少尴尬。我吐了多长时间，我自己也不知道，怎么好的也不知道，某一天突然就不吐了，嘴巴里再也没有多余的口水，就不需要吐了。

家长的阻止并不能让孩子吐口水的情况减少，家长更加郁闷和焦虑，而且非常担心，总是这样想："口水多脏啊！

千万别乱吐。这孩子到底怎么了？"

刚开始孩子并没有乱吐口水，也挺正常，也挺合理，后来发展到得吐到干净的地方，像马桶、垃圾桶、地上这样的地方不干净，不能吐口水。那吐在哪里呢？一定要吐在床上、沙发上、衣服上。

孩子的症状表现一步一步发展，这并没能让家长醒悟，家长继续在错误的路上狂奔。

家长应对孩子吐口水的正确方法

当孩子吐口水时，家长正确的做法是让孩子吐。吐口水只是一个外在的行为表现，任何外在的行为都会有一个隐秘的内在原因。如果家长没有能力找到那个隐秘的内在原因，就不要阻止孩子用外在行为去表达，去自我释放和平衡。

家长既没有能力看到隐秘的内在原因，帮助孩子对症解决，又强力阻止孩子出自本能的防御行为（虽然这样的防御行为是一种不当的防御行为），这样其实严重地伤害了孩子。很多时候，家长都是以"爱"的名义在伤害孩子。

孩子开始担心自己中毒

一天，孩子骑车外出，经过了一株大大的夹竹桃树，夹竹桃树长得非常茂盛，但并不高大，孩子骑在车上，得略微弯着腰才能顺利骑过去，经过的时候，孩子触碰到了夹竹桃的枝叶和花。

经过夹竹桃树后，孩子浑身便不自在起来，感觉夹竹桃的毒素在他触碰到夹竹桃的枝叶和花的过程中已经侵入到他的身体里，他觉得自己肯定中毒了。

回到家，孩子便急切地向父母讲述了这个过程，并表达了自己的担心，他认为自己很有可能中毒了，要求去医院检查。

如果这个孩子只有 5 岁，当他向你表达这一切的时候，你可以很轻松地用你的知识和幽默风趣的态度帮孩子化解他内心的疑惑。但是当一个 15 岁的孩子向你表达这件事的时候，你在接纳孩子状态的时候需要尊重并理解他。

193
▲

如果你看不见孩子的真实感受，只关注自己的感受，你觉得孩子很可笑或不可理喻，那么我要说，是你不懂得如何爱孩子，或者爱的能力不够。看见才是爱，如果看不见孩子的感受，又如何能够理解孩子，又如何能够真正地帮助孩子。

家长的不接纳导致孩子进入更纠结拧巴的状态

男孩告诉了家长自己的经历和感受。家长是怎样做的呢？

家长并没有带孩子去医院请教专业的医生来打消孩子的顾虑，也没有和孩子一起从网上或图书馆了解相关知识，没有一起讨论从夹竹桃树下经过中毒的概率有多少，他们甚至没有认真地倾听孩子的表达，更没有接纳孩子的感受。

家长带着孩子回到夹竹桃树下，家长反复从树下经过，告诉孩子："看，没毒，对吧？"家长甚至用嘴去触碰夹竹桃树，然后说："看，我用嘴碰了夹竹桃树，没毒，对吧？你从夹竹桃树下经过是不会中毒的！"家长反复验证并告诉孩子夹竹桃树没毒。

无知者无罪，然而无知给人带来的伤害有时候是可怕的。无知的父母用了错误的方式面对孩子的表现，结果孩子的状况越来越严重，严重到觉得灰尘都有毒，吸入灰尘，自己就会被毒死。

194

家长来找我咨询的时候，我很奇怪，对家长说："夹竹桃树是有毒的，你不必做无毒的证明。"虽然夹竹桃的树叶和汁液都有毒，但是轻微触碰夹竹桃树确实不大可能造成中毒。不过孩子有了担心中毒的感觉，其实家长应该做的不是去验证夹竹桃树是否有毒，而是应该充分理解和接纳孩子的感觉，要看到孩子的情绪，要看到孩子的担心，这才是最重要的。

家长拼命地给孩子证明夹竹桃树没毒，其实就是在否定孩子觉得中毒的感觉，是在拒绝接纳孩子的担心。

从吐口水到担心中夹竹桃的毒，15岁的孩子就这样在家长的错误应对下，一步步走进了思维的牢笼。不久，孩子外出又不小心踩着了海芒果，于是对中毒的担忧变得更严重了。孩子觉得海芒果有毒，不仅觉得踩到海芒果会中毒，而且觉得踩过海芒果的鞋底触碰到了灰尘，当灰尘扬起进入嘴里就会再次中毒。

孩子就这样每天处在担心中毒的焦虑状态，身体也出现了不舒适感，比如恶心、头痛、想呕吐等。

来看看我和孩子的沟通

男孩：最近两天特别难受，头痛，胸闷，心发慌。

海夫人：你觉得头痛，胸闷，心发慌，你对自己的身体感受描述得非常到位。是什么样的头痛？是像感冒发烧的头痛，还是头痛欲裂，还是头昏脑涨？

男孩：头不是特别痛。

海夫人：嗯，头痛，胸闷，心发慌，现在头不那么痛了吗？

男孩：嗯！

海夫人：头不那么痛了，但还是有点胸闷，心发慌，是这样吗？

男孩：是。

海夫人：胸闷是什么样？是喘不动气，还是感觉缺氧，还是觉得压抑？你感受一下自己的胸闷是什么样，然后告诉我，好吗？

男孩：我这两天心慌与上个星期天发生的事有关。

海夫人：你现在说到了心慌，好，那你现在描述一下心慌的情况。是心跳不稳定，心在乱跳，还是觉得紧张而慌张？你好好感受一下你的心慌。不急，你慢慢感受一下。

195
▲

体会你自己，我们要相信自己的身体。

男孩：我没有心跳紊乱，就是特别紧张，压抑，发慌，比较担心中毒。

海夫人：你的心跳是正常的，对吗？

男孩：是的。

海夫人：我通过你的描述明白了，你虽然头痛，但并不是特别痛，胸闷也不是特别厉害，心跳正常，只是感觉紧张和压抑。是这样吗？你特别担心自己中毒了，是这样吗？

男孩：嗯，有时候头比较痛。

海夫人：头偶尔比较痛，大部分时候不那么痛，是这样吗？

我在和男孩沟通时，充分接纳孩子的感受，并且帮助孩子延伸他的感受，引导他自己去觉察这些感受。我没有像家长那样否定孩子的感受，没有拼命告诉孩子："你没事，你没有中毒。"我建议孩子充分地感受自己，我认同孩子的说法，一点也没有觉得孩子的表现有什么荒诞的地方。

男孩：有种植物叫海芒果，您知道吗？

海夫人：我没听说过海芒果。我知道有一种植物有毒，夹竹桃树的树叶和树汁都有毒。我们老家就有这种植物。

男孩：海芒果比夹竹桃更有毒。

海夫人：在我很小的时候，我爸爸就告诉我，夹竹桃树能在非常恶劣的有毒环境中生存，因为夹竹桃能以毒攻毒，我小时候生活的厂矿周围就种了很多夹竹桃树。

男孩：海芒果和夹竹桃都含有有毒的夹竹桃苷和强心苷。

海夫人：你这方面懂得比我多，我只知道大概。

男孩：是的，夹竹桃的抗吸灰尘能力很强。

海夫人：对，夹竹桃能净化周围的空气。你真不错，让我了解到这方面的知识。你对植物很感兴趣吧？你刚才说海芒果有毒，有什么特别原因吗？

男孩：海芒果会造成心律不齐，可以导致心衰或死亡。

海夫人：你说的是吃了海芒果的后果吧？

男孩：是的。吃了海芒果3～6小时后会导致死亡。

海夫人：对于海芒果的毒素，应该怎样防范？

男孩：不吃就行。

海夫人：需要保持距离吗？是否需要保持30米或15米的距离？需要戴口罩或手套吗？需要穿密封的衣服和鞋吗？还是不吃就行？如果不吃就可以，那说明毒素都在海芒果的果实和汁液里，对吗？

男孩：是的，因为海芒果是园林树木，被用于庭院美化，所以被广泛栽培，成活率高，是海滨抗风防灾的优良树种。

海夫人：我还没见过海芒果呢！你赞成多种海芒果吗？万一中毒怎么办？会不会中毒呢？

男孩：我不是特别赞成多种海芒果，因为海芒果的果实有剧毒，长得和芒果差不多，容易造成误食。

海夫人：那还是夹竹桃好，夹竹桃只开花，一般人不会去吃夹竹桃花。

男孩：多数人不知道。

海夫人：是啊，我就不知道海芒果有毒，我只知道夹竹桃有毒。

男孩：海芒果全株都有毒，汁液和果核有剧毒，被称为自杀树。

海夫人：我觉得你可以做一个小小的海报，把有毒的植物全部罗列出来，哪些部分有毒，有什么毒性，然后在网络上发布，这样大家一看就明白了，这样可以教会大家很多常识，会给人不少帮助。我觉得你可以做一个海报，挺有意思的。

男孩：这个主意好。

我和孩子交流完他的身体感受后，开始谈论有毒的植物。我表现出极大的兴趣，同时没有恐惧和害怕的心理。我向男孩请教，对于海芒果的毒素，需要怎样防范。我问男孩是否需要和海芒果保持安全距离，是否需要进行各种防护，还是不吃就可以。我们聊的话题始终是有毒的植物。孩子对植物感兴趣，同时担心自己已经中毒。

男孩：星期天回来时，我踩到了海芒果的核。

海夫人：哦，你踩到了海芒果的核，当时有什么感觉？没事吧？你的鞋子是否破了？

男孩：我当时非常紧张，鞋没破。

海夫人：袜子有没有破？

男孩：没有。

海夫人：皮肤有没有破？

男孩：没有。

海夫人：哦，鞋子没破，袜子没破，皮肤也没破。真好，那就没事了，对吗？因为只有吃了海芒果才会中毒。

男孩：我对灰尘比较敏感。

海夫人：嗯，理解。我也不喜欢灰尘。我喜欢把家里的地拖干净，这样灰尘能少点。

男孩：鞋底上的灰尘进了我的嘴里。

海夫人：那就把鞋底洗一下，你用刷子在水龙头下清洗，这样鞋底就没有灰尘了。

男孩：我还没来得及洗。

海夫人：那就用水漱口，然后把水吐掉，这样就没事了。

男孩：鞋底上的灰尘已经进了我的嘴里，没事吧？

海夫人：没事啊！

男孩：是啊！

海夫人：你喝点水就把灰尘化掉了。

男孩：水解不了毒。

海夫人：那中毒会有什么症状？这个我还不大了解呢！你可以查查相关资料，了解一下。

男孩：中毒了就应该去医院。

海夫人：中毒了当然应该去医院，你只是踩到了海芒果的核，鞋子没破，袜子没破，皮肤也没破，没关系，如果想去医院检查是否中毒也是对的，医生确诊没有中毒，也就放心了。换作是我，我也想问问医生踩到海芒果或吸入灰尘要不要紧。如果医生说没事，那肯定就没有关系。

男孩：我的鞋子踩到了海芒果，鞋子又踩了家里的地板，我再捡起掉在地板上的东西，吸入了东西上的灰尘，会不会引起中毒？

孩子讲起了自己的经历，不小心踩到了海芒果，担心自己中毒了，最后说出了他最担心的事，踩过海芒果的鞋子又踩了家里的地板，他捡起掉在地板上的东西，吸入了东西上的灰尘，会不会引起中毒？

我倾听孩子的诉说，接纳孩子的感受，认同孩子的想法，也给了孩子建议，比如用水清洗鞋底，然后清洁口腔，去医院问医生会不会中毒。孩子的家长当初并不接纳孩子的想法，也不同意带孩子去医院做相关咨询。我倾听并接纳了孩子所有的感受，理解孩子的担忧，赞成孩子去医院检查。

孩子和我聊完后，家长也做出了改变，带孩子去医院找专业医生做咨询和检查，满足了孩子的要求，专业医生认真地回答了孩子的提问，解除了孩子内心的困惑。第二天，孩子的焦虑情绪有所缓解，中毒的感受也不那么强烈了。

来看看我对家长的建议

孩子出了这么多的状况，你们需要醒悟。你们顾虑什么？是面子，是你们的面子让你们把孩子一步一步带入今天的局面。

刚开始，孩子只有轻微的抽动症状，但是因为你们要面子，害怕别人知道，所以每天盯着孩子，进行着各种心理暗示。"心想事成"是一个有魔力的词。孩子的症状越来越厉害，然而这并没有让你们悟出些什么。你们继续焦虑，继续担心，其实担心就是"诅咒"。

孩子虽然因你们而来，但是孩子不属于你们，孩子属于他自己，他有自己的人生，他有权利选择自己的生活。他有权利通过医生去了解自己是否中毒，他有权利让大家知道他的实际情况，而你们没有权利让孩子按着你们的意愿去生活，你们没有权利为了自己的面子牺牲孩子。

201

家长没有完整的自我，所以通过掠夺孩子来实现自我，结果孩子的自我变得不完整，家长的自我依然没有建立起来。家长不在自己的"房间"待着，非要占据孩子的"房间"，还反客为主。

你们真的爱孩子吗？不，你们爱的是你们自己的将来，因为孩子代表了你们的将来。你们不能容忍孩子不好，无法容忍孩子不完美，因为孩子代表了你们的将来。

其实孩子属于他自己，要让孩子属于他自己，要让孩子走属于他自己的路，而不是你们设定好的路。

　　虽然孩子的抽动症并发强迫表现在短时间内比较严重，然而强迫表现并没有根深蒂固，并且孩子正好刚进入青春期，青春期是最佳的成长机会，家长在孩子的青春期好好面对，孩子是可以康复的，只是康复需要付出诸多的努力。

　　抽动障碍和强迫障碍都是孩子表达身心不平衡感的方式，抽动症并发强迫症是在抽动障碍的基础上，多了一种强迫障碍的表达方式。

　　任何外在形式的障碍都有深层的内在原因，家长的自我成长很明显没能赶上孩子的成长，这个 15 岁的男孩更需要依靠自己的成长来面对自身的情况。

　　成长是自己的事情，没有人可以代替。

　　成长比分数重要，重要一万倍。

　　身心健康是成长的根本。

暴力和愤怒源自一直没有被看见

雪姣：海夫人，最近我的 4 岁女儿大爆发，身体抽动、声音抽动、情绪抽动一起出现，心理阴影都出现了。最近开始打我，像疯了一样，就因为我没给她买一盒口香糖，当时我也没控制住自己，我把女儿拉上车，打了她，制止她继续发疯，可是我觉得自己也像疯了一样，我知道我这样做不对，可是实在控制不住。

无论我怎样劝说女儿都不听，疯狂地强迫我给她买糖，她还在感冒，嗓子发炎，我不想让她吃糖，但她没完没了地要求，我真的不知道该怎么办。事后我向女儿道歉，我俩一起哭，她好像也知道自己患抽动症了，她还说她打我时控制不住自己，她自己也很难受。

海夫人：一个人的暴力倾向通常源自心中的愤怒，而且这种愤怒由来已久，是没有被家长看见的情绪的累积。如果要了解这个 4 岁女孩内心的愤怒，就需要详细了解她这 4 年来的成长过程。

4 岁的女孩为什么打妈妈？

一个 4 岁的女孩因为妈妈没给自己买口香糖而像失去

203

理智一样打妈妈，孩子为什么会这样？当时妈妈并没有明白孩子要表达什么，孩子其实是用愤怒的表达方式来祈求家长的接纳和爱。在一个4岁孩子的心中，她只是在单纯地表达愤怒，而并非我们成年人理解的"打人"的概念。

在这个时候，妈妈如果能够接纳孩子的情绪，看见孩子的情绪，明白孩子的行为背后要表达的诉求，那么妈妈才能有相应的爱的行为。

这个4岁的女孩家长当时并没有读懂孩子暴力行为背后的诉求，也不知道孩子的愤怒从何而来，更不知道孩子需要的是爱的帮助，家长只是简单地把孩子揍一顿。

孩子此时表现出的愤怒和暴力行为，其实已经说明孩子出现了情绪障碍，而这和家长平时的养育方式息息相关，家长很可能不懂得如何正面地面对情绪。

孩子无法承受家长的一个小小的拒绝，这其实是孩子内心脆弱和对爱饥渴的表现，她的身边很可能有一个爱的能力不够的家长，孩子要么被规矩约束过多，要么内心获得的情感回应很少，也就是大家经常说的，家长的陪伴没有质量，家长的眼中没有孩子，没有看见孩子。

当孩子表达心中的愤怒时，家长首先要做到接纳

当4岁的孩子因为妈妈没给自己买口香糖而愤怒地打妈妈时，妈妈可以直接正面地告诉孩子为什么没有给她买口香糖，告诉孩子事实，表达妈妈当下真实的想法、体会

和感受，而不是反复讲道理，同时温和地看着孩子说："妈妈没有给你买口香糖，你很愤怒，很生气，妈妈知道你生气了，妈妈看到你的愤怒了。有情绪就要表达，你在表达自己的情绪，这没关系，我们每个人都可以在需要的时候表达自己。"

如果妈妈这样做，就说明妈妈看到了孩子的情绪，并且从内心接纳了孩子的行为，孩子的疯狂行为就不会持续太久，甚至孩子还会在释放表达后搂着妈妈哭，告诉妈妈自己难受，控制不了。

妈妈接纳了孩子的疯狂行为后，可以如实地告诉孩子妈妈的感受："你这样打妈妈，妈妈很痛的。妈妈也知道你在愤怒的时候，需要把你的情绪表达出来。"

需要注意的是，妈妈只需要向孩子表达自己的感受，不必评判或批评孩子，也不必暗示或责备孩子，不要对孩子说："你这样不对，你这样不好。"

205
▲

等孩子宣泄完后，家长平静地陪伴孩子，和孩子沟通

接纳孩子的情绪，然后温柔平静地陪伴孩子，妈妈通过自己的行动来告诉孩子："妈妈理解你了，妈妈看到了你疯狂行为背后的愤怒情绪，妈妈知道你是在表达自己的情绪，不管怎样妈妈都爱你。"

当妈妈接纳了孩子的情绪表达，读懂了孩子的行为，

并且告诉孩子自己的体会和感受，同时聆听孩子的体会和感受，在这个时候，妈妈和孩子之间真正的沟通就开始了，这样的沟通过程才是真正的教育和引导。

妈妈可以告诉孩子："人如果有情绪，就需要表达出来，如果压抑会更难受。我们是不是可以用更好的方式来表达自己的情绪？比如是不是可以大声说出来，让妈妈听到自己的主张和想法？是不是可以和妈妈大声辩论？是不是可以通过拍打东西、大喊大叫或大哭一场来表达自己的愤怒？在愤怒的时候是不是可以运动一下？"

道理少一点，沟通多一点。

道理是单向的，沟通是双向的。

假如妈妈每次都能如此耐心地疏导孩子，孩子心中的愤怒就会越来越少，情绪障碍就能够得以化解，因情绪障碍产生的暴力行为自然就会消失。

读不懂孩子是因为没有真正看见孩子

当4岁的孩子因为愤怒而打妈妈的时候，家长常常会认为："这个孩子太疯狂了，真是一个不讲道理的孩子，不可理喻，孩子这样做很错误，很不对，很不应该。"

其实，家长不必用成年人的习惯思维和是非对错标准来评判一个4岁的孩子。

当抽动症爆发时，孩子的身心都非常难受，幼小的孩子不懂得如何转嫁自己的痛苦，也不知道如何用言语来表达, 孩子的疯狂行为只是一种本能的自我保护和防御反应, 如同我们的身体触碰到尖锐的东西感受到痛时会反射性地弹跳躲避一样。孩子的自我防御系统比成年人强, 孩子的自我修复能力也比成年人强。

为什么家长常常读不懂孩子的表达？因为家长的心一直被外在的物质世界所蒙蔽, 受了太多的影响。如果我们总是活在相互攀比、追求名利中, 活在所谓的是非对错的标准中, 我们离真正的自己就越来越远。真爱永远是和真我在一起的。成年人头脑中的诸多是非对错的标准是从这个社会收获的有色眼镜。成年人戴的有色眼镜越多, 就越看不到孩子。

愤怒和暴力源自一直没有被看见。

当一个人在疯狂地表达愤怒时, 他内心渴望和呼唤的都是爱, 不是别的。

207

说说海夫人自己的经历

其实, 我自己也曾有过曲折的成长经历。当进入青春期后, 我突然发生很大的变化, 我最大的变化就是情绪障碍变得严重, 很容易发脾气, 情绪化严重, 像个疯子, 而且开始出现暴力倾向。比较幸运的是, 当时我离开了家, 到外地上学。假如我当时没有离开家, 就肯定没有今天的我, 因为我的家庭没有能力面对我这个特殊的孩子, 而我从小到大累积的愤怒就是源自家长没有看到我, 源自家长对我的忽视和压抑，源自我母亲传递给我的焦虑和愤怒。

爱和恨就如同硬币的正反两面，我们常常会在爱自己和自己所爱的人面前表达这两种强烈的情感。

结婚以后，我的愤怒好像地心之火一样卷土重来，我情绪化，吹毛求疵，易怒，像个强盗。

我在青春期的情绪表达并没能得到父母的理解，我在婚后的表达同样没有得到老公的理解，老公读不懂我，他很痛苦，我更痛苦，我的情绪始终没有被接纳，情绪淤堵的情况一直存在。

面对心中的愤怒、曾经被压抑的情绪和内心的创伤，我找不到可以排解的出口，结果我唯一的孩子就成了我转嫁愤怒和释放暴力的牺牲品，我的小天使，我可爱的小天使，刚开始通过自我封闭来表达他内心的恐惧，后来用抽动障碍来释放他所受到的压抑。

命运总是在善待我，幸运的是我没有继续错下去，当我看见真实的自己后，当心中的爱突破重重障碍开始流动时，我开始更为清醒地觉知，一切不过都是后天"小我"的鬼把戏。

障碍源自被惊扰了的天性

网友：海夫人，我家男孩 2 岁 7 个月，以前很喜欢无故打人，经过多次制止和讲道理后，现在不乱打人了，但是又开始扔东西，什么东西都要扔，就连他最喜欢的被子也会扔，我知道他这样做是在发泄情绪，请问海夫人，我应该随他去，还是和以前一样制止和讲道理呢？

宝宝自去年 4 月份开始出现抽动症状，症状并不是很严重，我在网上经常读海夫人的文章，一年以来，平时如果不碰到什么事，他就不会出现什么症状，一旦感到紧张或者被管束，就会出现症状。有一次，他走在马路上，总是乱跑，我好几次告诉他不要乱跑，一起牵着手走，他就是不愿意，因为情况真的很危险，当时我的音量有点大，他便出现眨眼的症状。他知道要眨眼，就一直闭着眼，我当时抱了他一会儿，他就睁开眼睛了，接下来几天孩子的情绪也不好，还有症状。

海夫人：一个人所表现出来的行为是内心世界的真实反应，成年人如此，孩子更是如此。

孩子 2 岁 7 个月，还不到上幼儿园的年龄，两岁多的孩子就像人见人爱的小天使，但是这个孩子已经出现无故打人的情况。孩子为什么会无故打人，喜欢扔东西呢？

障碍源自被惊扰了的天性

孩子身上出现各种障碍和不对劲，如果排除身体器质性因素的影响，大多是源自被惊扰了的天性。

网友说自己的孩子2岁7个月，喜欢打人，喜欢扔东西，如果不是出于身体器质性原因，那就和家庭、带养人的情绪和带养方式有很大关系。

孩子打人属于攻击性行为，这种攻击性行为很可能是在表达内心的愤怒，两岁多的孩子还不会用言语完整表达自己的情感，表达愤怒最直接、最简单的方式就是打人、发脾气、摔东西等。

面对两岁多的孩子打人，家长对孩子讲道理有没有用呢？效果好不好呢？对两岁多的孩子简单讲道理的效果并不好，因为这个年龄的孩子还理解不了大人的说教，所以家长在反复说教和强烈制止孩子打人的行为后，孩子转而开始扔东西。成年人不让孩子用打人的方式表达愤怒，孩子就用扔东西的方式来表达，只要内心的愤怒和焦虑没有化解，孩子就一直需要释放和表达。

来看看家长的表达

"孩子以前很喜欢无故打人，经过多次制止和讲道理后，现在不乱打人了，但又开始扔东西，什么东西都扔，就连他最喜欢的被子也扔，我知道他这样做是在发泄情绪，请问海夫人，我应该随他去，还是和以前一样制止和讲道理呢？"

海夫人：家长没有理解孩子的表达方式，更看不清孩子行为背后所存在的问题，如果家长继续用以前的方式"制止和讲道理"，那么孩子就会换一种方式来表达内心的感受，比如从打人转向扔东西，再从扔东西转向发脾气。如果家长继续给孩子施加压力，而不是帮助孩子疏导，孩子的这些表现就会变得更严重。

家长需要学习，需要自我成长并提高。家长需要了解孩子的天性，比如两岁多的孩子的天性就是喜欢到处跑，尤其是男孩，因为对这个世界充满好奇，又想试试自己的勇气，他们总是想去探索，并不知道还存在危险，此刻即使让这么大的孩子和老虎在一起，他也会愉快地向老虎靠近。

家长并不理解孩子的天性，家长看到的只有危险，于是大声阻止或者对孩子发脾气，这些行为能对孩子起到什么作用呢？这样做只能让孩子受到惊吓，而不是在教育孩子。对两岁多的孩子的教育存在"说"和"教"的问题，什么时候需要说，什么时候需要教，家长需要把握这个度。

我曾专门写一篇文章《家庭教育中的"说"和"教"》，这篇文章收录在海夫人的第一本书《爱是最好的良方》中。

孩子不肯让家长牵手的原因

家长说："我好几次告诉他不要乱跑，一起牵着手走，他就是不愿意。"

海夫人：孩子不肯让家长牵着手的原因可能有以下几个：

（1）孩子不喜欢让家长牵着手，家长的唠叨、说教、规矩和限制太多。

（2）孩子天生就喜欢冒险、探险，对世界充满好奇，并且喜欢主动探索。

（3）孩子平时出门上街的机会不多，突然出门自然感到新鲜兴奋。

（4）孩子的头脑中没有"乱跑"的概念。

我儿子在3岁时，有一次和我一起上街，街道上车水马龙，车和人都特别多，儿子突然兴奋起来，于是撒开脚丫跑起来，我慌了，这样跑太危险，我开始追他，边追边说："大马路上别乱跑，危险！"儿子一回头发现妈妈居然在追自己，变得更加兴奋了，他以为开始玩人追人的游戏了，跑得更欢了，简直乐不可支，小手挥舞着，笑得上气不接下气。

顽皮是孩子的天性

很多家长喜欢对孩子说这样一句话："你乖，我就喜欢你。"这句话首先表达的就是有条件的爱，只有孩子乖，爸爸妈妈才爱孩子，才喜欢孩子。其实顽皮是孩子的天性，如果在本该顽皮的年龄，孩子却表现得非常乖，这其实是一种压抑的表现。

我曾经读过一篇文章，一位作家来到一个山村参加扶贫活动，所有参加活动的资助人都带了礼物，准备送给自己的资助对象,作家也不例外,她买了非常时尚的米奇书包、米奇文具盒和书本。

因为作家最后一个报名,其他资助人早已选好资助的对象,唯独作家没有选好,她在现场等了一会儿,老师领来一个皮肤黑黑、衣衫不整的小男孩,他低着头跟在老师身后。

老师领着男孩来到作家的面前,非常抱歉地对作家说:"那些优秀的孩子都已经有了资助人,只有这个孩子,因为顽皮,学习不好,一直没有被选上,您看……"作家对老师的话非常诧异,不等老师说完,作家快速蹲了下来,摸摸小男孩的头,给他一个温暖甜蜜的微笑,接着就拿出漂亮时尚的米奇书包,让男孩背上。男孩背上书包的那一刻,他的眼睛里闪着惊喜的光亮,作家能看出孩子非常高兴,孩子的自卑在那一刻被淡化了,因为他的书包是所有礼物中最好、最显眼的。

213

作家后来写了一篇文章,在文章的结尾,她这样表达,她很想对那个顽皮的小男孩说:"孩子,你可以顽皮点,没关系。"

顽皮并非与优秀无缘,学习不好也不一定与优秀无缘。

说说我们家两个孩子的成长故事

我姐姐的女儿比我的儿子大 8 个月,两个孩子小时候一起长大。

姐姐的女儿在 6 个月开始长牙齿时便喜欢咬人,方式特别,她先非常亲密地靠近,先亲上一口,亲着亲着就狠狠地咬下去。这个小可爱出自本能地咬人，而且咬住便不松口，因为她长牙齿不舒服，她的天性中就带有攻击性。

姐姐对待女儿的态度比我还要激烈，她在疼爱女儿的同时，粗暴的态度同样也在影响着女儿。姐姐的女儿天性刚烈，当她的天性受到干扰时，会出自本能地表现出激烈的反应，主动强烈地表达出来。姐姐的女儿从小就很难安静，在成年人看来性格好动活泼，其实内心烦躁焦虑，这种烦躁焦虑主要源自孩子的妈妈，我的姐姐。

我儿子从七八个月开始长牙，喜欢咬手中能拿到的物品，比如玩具、奶嘴等，他不喜欢咬人，即便把手给他，他也只会放嘴里摩擦一下然后拿出来，从未咬过人，他只是频繁地把手中的东西放进嘴里咬。儿子的天性不强悍，也不凶猛，很柔和。

我和姐姐出自同样的原生家庭，我们带着类似的伤痕和问题，比如情绪化、内心带着许多愤怒和压抑的情感。我的情绪化同样影响并伤害着我的孩子。我的儿子天性并不主动，他被动地接受了这一切，也没有表现出激烈的反应，但用自我封闭的方式表达自己的感受，后来用抽动障碍的形式表达他受到的伤害。

家长要理解孩子的天性，学着读懂孩子行为背后的真实愿望。如果孩子的行为总是被家长打上负面的标签，套上是非对错的评判标准，孩子就会被局限在家长狭隘的格局中；如果孩子的天性行为总是被家长制止、训斥或打骂，那么被干扰了的天性就会用扭曲或障碍的方式呈现。

抽动障碍和失去生命

有一天和朋友小聚，她表情淡淡的，似有心事，我以为她工作压力大，太劳累，所以并未在意。我们一边喝着茶，一边闲聊着。聊着聊着，她叹了口气说："我一个朋友的女儿才9岁，自己在家里上吊自杀了。"

我心头一惊，因为前几天才听她说起另一个朋友的10岁儿子跳楼的悲剧。我看着她，整天忙忙碌碌，磨砺得非常职业化的一个人，眼里居然带着暗淡和忧伤。

215

"真的假的？"我问得非常多余。朋友默默地点点头。

家长的高标准和严要求压垮了孩子

朋友开始讲述那个女孩的故事。那个女孩每天的功课很多，需要读书、写作业、练钢琴、练舞蹈、练游泳、练字、写小说、独立做饭……女孩的爸爸妈妈在单位都是优秀忙碌的中层骨干，女孩每天需要独立完成所有的任务。

爸爸妈妈认为优秀的人需要勤奋；爸爸妈妈认为优秀的人不会偷懒；爸爸妈妈认为"宝剑锋从磨砺出，梅花香自苦寒来"；爸爸妈妈认为……

孩子的爸爸妈妈在工作上非常努力，并且非常敬业，对自己也高标准严要求，无论在什么部门，他们都表现得出类拔萃，也得到很多锻炼和升迁的机会，频繁外出培训、考察、调研等等。

平日里，今天爸爸刚出差回来，明天妈妈就可能出差培训，或者后天爸爸妈妈同时飞往外地。

抽动障碍与失去生命

听着朋友的诉说，我若有所思地说："如果这个孩子有抽动症，也许这一切就不会发生！"

朋友很不理解地看着我，她知道我每天面对的都是抽动孩子的家长。

我看着她很认真地说："你想想，如果这个孩子用了抽动障碍的方式来提醒家长，如果这个漂亮的女孩突然开始挤眉弄眼，做怪样子，那么她的父母会不会停下手头忙碌紧张的工作，去思考孩子怎么了，然后进行反思？会不会因此接触到了海夫人，阅读了海夫人的那本书《爱是最好的良方》，然后开始改变？"

朋友看着我不说话，但是她的表情告诉我，人生没有如果，因为孩子已经不在了。

"如果这个孩子用抽动障碍的肢体语言来进行表达，那么孩子就不会压抑自己，最后达到无法承受的地步，走入绝望的死地。孩子只要有释放情绪的出口，有表达的机会，就不会发展到无路可走的地步。"我继续假设。

　　"即便孩子没有用身体动作来表达，用情绪来表达也行，比如发脾气、乱骂人、摔东西等等，只要这些行为让父母看到，父母必然会有所触动，孩子在表达的过程中也能释放和缓解内心的压力，那么孩子就不至于一直独自承受着压力，一直压抑着自己，直到没有退路。"

　　"唉，她才9岁，她能怎么办？"我的话还没说完就被朋友温柔地打断了，我知道朋友的意思，一个弱小的孩子怎么能敌得过从出生开始就对她高标准、严要求、超完美的父母呢？这个从出生开始就被套上的爱的枷锁太过沉重。

身体知道答案

　　"你知道吗？很多抽动症孩子从出现症状表现的那一刻开始，自己完全不知道，因为这些肢体语言没有经过大脑，是他们的身体在外界环境中感应到刺激后的直接反应，抽动症的症状是抽动症孩子身心的晴雨表，比心理学家武志红在他的书《身体知道答案》中描述得还要灵敏和准确。

　　部分抽动症孩子家长在爱的指引下读懂了孩子通过抽动症状的表达，他们会因为孩子的抽动障碍而真正成长起来，摈弃了很多条条框框和是非对错的标准，让爱变得简单，让爱就只是爱，最后爱不仅仅拯救了孩子，也拯救了家长自己。"

　　"嗯，有道理。"朋友回答。

当我表达得越来越投入，我看到朋友的眼睛重新亮了起来。

社会压力渗透到家庭教育中

朋友后来继续聊着："我另一个朋友要求6岁的儿子努力学习，平时上着好几个学习辅导班，课余还要学棋、背棋谱、参加棋类比赛、练跆拳道，对儿子说社会竞争激烈，生存艰难，如果不好好学习，长大就会饿死，社会对男孩的要求更高，一个男人如果将来没本事，如何在社会上生存？男孩又不能像女孩那样靠嫁人改变命运，又不能靠父母，父母只是普通的老百姓，所以只能靠自己。我觉得朋友比我还焦虑，我也不懂得如何说服朋友，只能沉默。"

家长这样逼迫孩子，孩子是否真的会如家长所愿，长大了就有本事，成就事业？带着对这个问题的思考，喝完茶，我们就匆匆散了。

不完美的释放出口可以拯救生命

在回家的路上，我反复思考，如果这个年仅9岁的漂亮女孩早早用了抽动障碍的方式来表达她内心的压力和不舒适感，那么也许她现在正愉快地奔跑在操场上，她的父母会如同众多的抽动症孩子家长一样，在经历了最初的惶恐和无助后，会重新审视自己的生活，审视自己的爱，然后会好好地爱孩子。

爱她便如她所是，而非我所愿。

我从来没有像现在这样强烈地渴望一个孩子有抽动障碍，在失去生命和抽动障碍面前，我宁愿选择抽动障碍，有抽动障碍的孩子在爱的帮助下可以康复，而如果失去生命，爱也无能为力。

一个人如果身心不健康，即便是名牌大学毕业又能怎样？

如果失去生命，爱也无能为力。

我们是否还要继续纠结孩子的抽动障碍？如果抽动障碍在无形中提醒了父母，保护了孩子，我们是否应该感谢孩子的抽动障碍？

创伤后的"回补"和"退行"

心理专家武志红曾这样讲过：有的成年人已经可以创造属于自己的生活了，可他们还是更愿找"妈妈"去要，如果要不到就会产生恨和怨。有几位向我咨询的成年人，通过深谈，我发现，他们凭直觉和明确的意识（这一点比较少），战胜了各种艰难困苦，创造了自己想要的生活，但却对伴侣充满怨恨。他们有一个潜在的意识：伴侣本来可以提供我想要的生活，但为什么伴侣不给我？所以我恨伴侣。这个时候，这些人并非处于成人状态，而是处于孩童状态，并把对方放在"妈妈"的位置上。这里之所以加引号，是因为这是一种象征。

不仅是这几位向我咨询的成年人，可以说是大多数人，当生命最初没有遇到一个"好妈妈"时，都会无意识地寻找"好妈妈"，并索求"好妈妈"母爱的行为，并可能为此付出各种不菲的代价。

必须强调的是，这是一种无意识的行为，一旦意识到这种行为，那些已经掌握了自己人生的强者，就可以承认童年的现实——我没有得到很好的母爱，并为此悲伤，然后看到自己的力量，并且高度认可自己，然后就可以更有意识地去创造更好的人生。

婴儿找妈妈"要"的确是一种索求，这是因为婴儿是无能为力的，是真的虚弱，所以只能由妈妈"给"。如果一个人在婴儿期太缺乏照顾，就会导致这对矛盾留存下来，会让他觉得自己一直都是无力的，但这已不是现实。

海夫人：以上所讲的这种影响最初源于婴儿的正常共生期，也有可能源于婴儿期、幼儿期或儿童期。在婴儿的正常共生期，如果婴儿没有得到及时的回应和好的照顾，在后期的成长中，这种欠缺也没得到回补，或者只得到了部分的回补，于是留下了"后遗症"。其中一种"后遗症"的表现就是潜意识里会出现对伴侣的怨恨，如同武志红老师上面这段话所表达的一样，这种怨恨说明有继续回补的需要，但这种需要并没有被满足。

221

如果一个人小时候受过比较严重的创伤，就会出现退行，一种情况是完全退行到婴儿正常共生期的状态，像一个婴儿一样只会吃和睡，需要"妈妈"完全的回应和照顾，另一种情况是退行到曾经受到严重创伤的那个阶段，比如幼儿期或者儿童期，退行到幼儿或儿童的状态，对外部世界产生无力感和挫败感，希望得到保护，而且不需要承担什么责任。

退行既是生本能的力量不够、内在动力不足的表现，也是一种无法自我担当的表现。有的严重的退行表现就如同媒体所报道的那样，十几年、几十年宅在家里，甚至老死于屋内，还有的不仅仅退行到婴儿期，甚至要退行到母亲的子宫里。导致严重退行的创伤有可能来自早期，比如儿童期、幼儿期、婴儿期，甚至更早。

有一位家长向我咨询，她非常深刻地向我表达，多年以来她一直在盼望老公能看见她，照顾她的感受和需要，以至于她完全忽视了自己的独立性和自己的能力，其实她完全可以自我满足，但是她没有把关注的焦点放在自己身上，而是全部寄托在老公那里。这个时候，她其实有一种回补的需要，把对方当作"妈妈"，把自己当作一直向对方索求的还没长大的孩子。

其实很多人都有这样的经历和体会，结婚后，把自己的伴侣当成"妈妈"，向"妈妈"索求，满足创伤后回补的需要。很多时候，我们遇到的都是有同样需求的人，对方也把我们当"妈妈"，向我们索求，满足他们创伤后回补的需要。

这种相互的索求全部存在于潜意识里，很多人对此并没有清醒的认识和觉察。当我们有能力自我觉察和认识时，往往就会停止这种向外的索求，而是向内进行自我回补和自我修复。

这位向我咨询的家长真正清醒以后，方才觉察到，其实老公对她有着很深的厌恶和排斥心理，老公基本不回应她，不仅不回应，还对她的索求非常反感。而她多年以来向老公索求不成，便生出怨恨，在对自己和婚姻极端失望的情况下，就把这一切都转嫁给了孩子。

她的孩子有抽动症并发强迫，非常容易焦虑，极度没有安全感，当孩子严重到了不得不休学的程度时，这位家

长好像猛然间清醒了，她和老公非常和平地离了婚，然后
独自一人带着孩子重新开始生活。

她告诉我，她的改变好像给孩子注入了新生命一样，
强迫的情况在不知不觉中消失，孩子越来越开心，越来越
依赖她。

她发现孩子开始非常频繁地要求她看见自己，无论孩
子做什么事情，都要叫她看，都要得到她的认同，事无巨细，
所有的事都是如此。有时候她很困惑，她不知道孩子怎么了，
因为从早晨醒来开始，孩子就时时刻刻地希望妈妈看见自
己，要她共情，这样让她很累，也担心这样做是否属于宠
溺孩子。

我告诉她，这是孩子回补的需要，在前期的成长过程
中孩子受到了创伤和亏欠，孩子如今都会加倍地要回来，
索求回来。

这个时候，孩子是一个高需求的宝宝，家长一定要发
自内心地看见孩子，并及时回应。当家长无法满足孩子某
些离奇的高需求时，也需要坦诚地正面告诉孩子为什么妈
妈无法满足，虽然妈妈无法满足孩子的这个需求，但是妈
妈看见了。

我还告诉妈妈，在孩子成长的过程中，这些回补的要
求再怎么过分、怎么多都没关系，都是好事。因为成年之
前是回补的理想时期，等到成年之后，这些没有得到回补（修
复）的创伤就会作为"后遗症"留下来，随时在生活中出
现隐形的索求，如果索求不成便生怨恨，严重的还有可能

发展成退行。一旦出现退行，那就比回补更加严重，需要更多的自我觉察、自我看见、自我担当和自我努力，才能走出来。

幼年期创伤留下的"后遗症"在成年以后有回补的需要，严重的创伤还会导致退行。这个时候，作为成年人的我们，即使再想去寻找一个"妈妈"索要，但在我们的生命机遇中遇到一个这样全能好"妈妈"的概率几乎为零。为了不让那深藏于潜意识中的回补的索求随时让我们对身边的人心生不满和怨恨，我们需要进行深刻的自我觉察和清晰的自我看见，然后自我接纳，相信自己，人的自身自有大药。

退行的状况需要更为深刻的自我觉察、更为清晰的自我看见、高度的觉知能力和全然的接纳，然后方能一点一点地唤醒真正的自己，让力量重新回到自己身上。

第六章　障碍的出现是一种提醒

▶ ▶ ▶

06

多动症简介

来看看专业书籍的介绍

注意缺陷与多动障碍（ADHD），又称儿童多动症，以与其年龄不相适应的注意力不集中和注意持续时间短、活动过多和冲动行为为主要特征，并伴有各种共患病，是儿童时期最常见的神经行为障碍之一，严重影响患儿的学业、自尊心以及与父母、同学、老师之间的关系，并导致各种社会问题。

随着国际上有关 ADHD 诊断标准的逐渐统一，目前国内外报道的 ADHD 患病率也较为接近。我国报道患病率为4.31%~5.34%。ADHD 患者中男孩的比例远高于女孩，性别比例为（4~9）∶1。

追踪研究发现至少有50% 的 ADHD 患者症状可一直持续至成年，从财政投入、家庭负担、不良结局来讲，ADHD 对个体和社会的影响是巨大的，是儿童青少年临床和公共卫生的重要问题之一。

本病的病因及发病机制仍不清楚，目前认为是多种因素相互作用所致。（摘自由杜亚松主编的《儿童心理障碍诊疗学》，人民卫生出版社出版）

多动症的临床表现

儿童多动症的核心症状包括注意缺陷、活动过度、冲动性等三种。研究发现大约超过 50% 的 ADHD 患者会出现共病的情况，一项研究表明 79% 的 ADHD 患者患有至少一种共患病。随着年龄的增长，ADHD 患者共病情况更为常见，而且共病种类也在发生变化。ADHD 较为常见的共病包括对立违抗障碍、品行障碍、抑郁障碍、焦虑障碍、抽动障碍、学习障碍、双相障碍以及物质使用和滥用等。（摘自由杜亚松主编的《儿童心理障碍诊疗学》，人民卫生出版社出版）

多动症的诊断

诊断注意力缺陷多动障碍时须符合以下三条：

（1）起病于学龄前期，病程至少维持 6 个月。

（2）至少具备以下 4 种症状：①需要静坐的场合下难以静坐，常常不停地活动；②容易兴奋和冲动；③常干扰其他儿童的活动；④做事常有始无终；⑤注意难以保持集中，常易转移；⑥要求必须立即得到满足，否则就要产生情绪反应；⑦经常多动，好插话或喧闹；⑧难以遵守集体活动的秩序和纪律；⑨学习成绩差，但不是由于智力低下所引起；⑩动作笨拙，精细动作较差。

（3）如有以下情况，则不能诊断为注意力缺陷多动障

碍：智力障碍、儿童期精神病、焦虑状态、品行障碍或其
他神经系统疾病。（摘自由刘智胜编著的《儿童抽动障碍》，
人民卫生出版社出版）

多动症和抽动症并发的情况较为常见

多动症、抽动症出现共病（并发症）的情况都比较常见，
而多动症和抽动症出现并发（多动症并发抽动症或抽动症
并发多动症）的情况更常见。多动症属于神经行为障碍，
抽动症属于神经精神障碍。多动症孩子和抽动症孩子一般
都比较敏感，神经类型特点都是强而不平衡型。多动症孩
子容易出现更多的心理问题。

229

抽动症在青春期的好转率高于多动症

从国外相关的研究数据来看，抽动症在青春期（18 周
岁）的好转率约为 80%，多动症的好转率约为 50%，抽动
症在青春期的好转率高于多动症。

多动症的好转率远没有抽动症高，但是为什么在生活
中，我们并没有发现多少成年多动症呢？因为多动症孩子
在成年后，身体行为表现会大为缓解，但是其他方面的表
现依旧存在诸多问题，比如情绪冲动、与人交往缺乏耐心
和技巧、自我管理不足等等。

海夫人孩子多动的情况

海夫人的孩子是属于抽动症并发多动症的情况。我已经不记得孩子什么时候开始出现多动情况，就像我早期对孩子出现频繁眨眼、耸肩、吸鼻子等抽动症状不在意一样，我对孩子多动没有特别留意，更没有焦虑，只是确实感受到孩子特别好动。

孩子小时候动个不停，没法在清醒时剪指甲

小时候，我几乎没法给孩子剪指甲，因为他只要醒着就动个不停，我无法让孩子保持安静不动，让我有时间给他剪完指甲。这一度曾经让我非常烦恼，因为孩子的指甲越来越长，而且他频繁好动，这样的长指甲既容易伤着自己，也容易伤着别人。

有一次，姐姐来我家，我就表达了自己的烦恼和不知所措。后来中午孩子午休的时候，姐姐慢慢地、温柔地把小家伙的长指甲全剪了。从那以后，我得到了启发，每次都在孩子睡觉的时候给他剪指甲。

冲动性

我记得儿子在很小就表现出这种冲动性，我一直不大理解，他最典型的表现就是不知道害怕，也不知道危险，经常爬高，经常爬到危险处，或者爬到高处往下跳，所以儿子的身上总是伤痕累累，额头上曾缝过几针，脸上、身上、腿上都有受伤后留下的疤痕。

儿子在婴儿期就会从沙发爬到茶几，然后爬上窗户，再进入窗户外的防盗网。3 岁前家里的电视柜、电视、冰箱他都会去攀爬。

他第一次坐上儿童自行车时就不知道害怕，会像玩杂技一样，扶着门窗站在车头上。我偶尔撞见他的"壮举"，总是惊讶得不敢出声，怕让他受惊掉下来。

231

上幼儿园的时候，儿子曾经从上铺摔了下来，老师没敢告诉我，后来上小学的某一天，他自己说："妈妈，我上幼儿园的时候，好像曾经从上铺摔下来过。"

上幼儿园的时候，有一次我送孩子比较早，他第一个到，他班里的老师没好气地对我说："你的孩子太皮了，太好动了，以后不要早送来，我们看不过来，他老是爬高，还爬窗户，吓死人了，说也没用。"

上幼儿园的时候，有一次老师给我打电话，很紧张地告诉我孩子受伤了。我急忙跑到幼儿园，儿子的一个眼睛肿得比核桃还大。

老师说，是因为他顽皮不听话，在幼儿园小操场游戏场蹦蹦跳跳，撞在一个突出来的螺丝上（这其实属于幼儿园的安全隐患，这个突出的螺丝本该包起来），当时就出血了。

老师们吓坏了，把孩子送到校医那里上药，一直不给我打电话，可能当时的情景有点可怕，后来校医说："你们要赶紧通知孩子妈妈，带孩子到医院看，伤在眼睛，这不是闹着玩的，如果眼睛保不住，谁也担不起这个责任。"

老师这才给我打了电话，我立刻带着孩子去了医院，医生告诉我，幸好是眼眶撞在了螺丝上，如果伤口再往下一点儿，眼睛当时就瞎了（眼睛如果损伤了，是很难修复的）。

小时候有一次去姥姥家，他上楼的时候飞快奔跑，撞在了放在楼道里的自行车扶手上，当时额头出血，并且有了一个大口子，医生建议缝针，那是第一次全身麻醉做手术，缝合伤口。

小时候每次去商场坐电梯（像楼梯或者传送带那样的电梯），他从来没有老老实实、安安静静地站在电梯上，每次都是用手把着电梯扶手传送带的上面，脚放在电梯扶手传送带的下边，弓着身子，随着扶手传送带一起上去或者下来。

上小学的时候，有一次他回到家，吓我一跳，嘴肿得老高，裤子也不规则地破损了，两个膝盖红肿有淤血，两边胯骨沟有擦伤。

当时他是被他的一个小伙伴爸爸送回来的，这个小伙伴的爸爸带着愧疚，带了礼物，也有点不高兴，他说："以后少让你的孩子到外面淘，太吓人了，我已经带他去上了药，以后我再也不敢带你的孩子去玩了。"说完他摇着头走了。

我一头雾水，然后开始问孩子。儿子告诉我，他和小伙伴一起坐着小伙伴爸爸开的后三轮摩托车，他突然想起曾经在电视里看到的那些飞车的人，于是他跑到后面，双手抓着后三轮边沿，身子弓着，然后把脚放下来，本来他是准备学着电视上那些牛人的样子，跟着车子飞跑起来，然后再跳上车，结果……

儿子说："妈妈，没想到，车子实在太快了，我跟不上，我很快就被车拖着跑，然后车一拐弯，我就被甩了下来。"

我当时傻了，不知道要说些什么，这小子的这类事情在我这里真是见怪不怪了。

我问："你被车拖着跑多危险，你那个小伙伴呢？他没有赶快告诉他爸爸？"

儿子说："他当时被吓傻了！我被甩下来后，他才喊他爸爸。"

后来我告诉儿子："你知道这种情况有多危险吗？后三轮摩托跑得那么快，你被拖着在地上，如果路面有玻璃、碎石头或者其他任何锋利一点的东西，你就会被伤得很厉害，小鸡鸡也有可能没有了（被磨掉或者被割掉）。"

有一次老公单位组织海上出游，在船上，儿子（当时8岁）像个猴子一样攀爬，又蹦又跳，结果跳起来的时候，一个突出的类似铁柄的东西伤了他的头，血流了出来，当时我哭着抱着他像疯了一样在船上跑（潜意识指挥我，孩子需要送到医院），全船的人都跟着我。

233

后来单位派了单独的小快艇送我们上岸，去了医院。

那是我第一次在儿子面前伤心失控，我的样子吓着他了（以前无论他多么顽皮、出格，我总是接纳并且包容，表现得淡定从容）。

在医院，儿子说："妈妈，你今天吓着我了，你哭得那么伤心，我以为我要残废了。"

我当时告诉儿子："儿子，你以后在外面一定要注意安全，如果你有什么事情，妈妈会哭死的。"这是我第一次在儿子面前如此表达，用我紧张的感受去影响他。

儿子这种不知道害怕、冲动性的表现非常多，可以说是数不胜数，我每次都尽量保证他的安全，那个时候我特别累，体力、精力、心思都耗费巨大。我在他身边的时候会尽力保护他，但是他单独行动或者和小伙伴一起的时候，那就要靠天护佑了。

情绪表现

情绪表现情况就很难一一列举了，儿子从小到大一直有情绪障碍：他问话时，我要立刻回答或者答应，要不然他就会有情绪反应；每天都有起床气，早上起来有起床气，中午午休起来也有起床气；在和小伙伴玩的时候，他很难遵守别人制订的规则，与人的沟通协调不是很好（属于那种既不能发令，也比较难听令的情况），容易出现碰撞，然后有情绪。

活动性

我不知道是否应该把儿子这种醒着就不停活动的情况称为活动过度，我感觉儿子并未达到活动过度的情况。

儿子在家里只要是醒着的时候，就不停地在活动，什么都能玩，什么都去动，并且反复如此，连一双手都能玩很久。

儿子在学校上课的时候，都是在自己座位范围内进行小活动，比如会不停地这摸摸，那看看，一会儿打开文具盒玩一玩，一会儿翻看抽屉，一会儿抠嘴，一会儿玩手，一会儿动动自己的腿，一会儿扭转身体，侧对着班里的同学，总之一节课都在动。孩子上二年级时我去学校听过一次公开课，这是我观察到的儿子的情况。

儿子这种行为活动性（活动过度）的情况是在 10 岁的时候好了，10 岁后，他就和普通孩子一样，平日里没事的时候是安静的。

235

注意力

我的孩子没有注意力缺陷，虽然他上课好动，东张西望，一刻也不能安静，但我不认为这就是注意力不集中或者有注意力缺陷，而且我从来没有破坏过孩子的这种特性。（这部分内容在海夫人的第一本书《爱是最好的良方》中有专门介绍，书中《抽动症孩子伴有多动症怎么办？》《训

练和培养孩子的注意力》《浅谈注意缺陷》等文章讲述了我孩子的注意力表现情况）

因为我从来没有强硬地去破坏过孩子的这种特性，而是顺应孩子自身的特点，慢慢引导，慢慢调整，所以孩子自身天然体的情况得到保留，得以修复，健康自然地成长。

来看看其他家长的分享

网友：我的儿子有多动症，几个月时不停地动胳膊踢腿，会爬时比人走得还快，满屋子爬，会走路时就开始直接跑，出门就跑，根本追不上，喊他也不听，特别容易兴奋，嘎嘎地笑个不停。整天蹦啊跳啊，真是爬窗户爬门，上房揭瓦，一刻也不消停。我带孩子去省儿童医院看病，吃了半年的药也不见好，后来停药，冷处理，我在极度的焦虑与无奈中病倒了。我在孩子3岁时辞职了，换了一份清闲的工作，开始梳理这个小娃娃的各种问题……

孩子现在6岁了，多动症缓解了很多很多，现在能安静下来写作业，没事时就练奥特曼（看动画片学奥特曼练武），自己能画画一个小时，睡觉前能自己看书半个小时。我给他生了个小弟弟，儿子特别亲弟弟，每天都要跟弟弟玩会儿。尽管还有许许多多的小问题，但我认为那都不是什么事儿了，一个个慢慢都会克服的！天下无难事，只怕有心人。带娃更是这样，只要你有决心，娃娃是一定可以带好的。这句话送给那些跟我一样为娃的问题踌躇的父母们！

多动症孩子的注意缺陷

专业书籍对多动症儿童注意缺陷的相关介绍

注意缺陷是儿童多动症的最主要症状，表现为 ADHD 患者注意的稳定性较差，注意力保持的时间达不到与其年龄相适应的水平，无论做什么事情都很难集中注意力，即使集中注意力也是时间非常短暂。因不能有效地滤过外界无关刺激，故很容易被周围的视听刺激分散注意力，上课时心不在焉、东张西望、走神、开小差和发呆。（摘自由杜亚松主编的《儿童心理障碍诊疗学》，人民卫生出版社出版）

关于注意力缺陷，我写过相关的文章《浅谈注意缺陷》，这篇文章收录于海夫人的第一本书《爱是最好的良方》中。

注意缺陷是多动症的一个表现症状

多动症孩子的注意缺陷确实存在，在这种情况下，家长如何正面正确地帮助引导孩子，比关注这个所谓的注意缺陷本身更重要。

如果家长只是一味地盯着孩子的注意缺陷，对这个表现出来的结果纠结、纠缠，盯着这个多动症的症状想办法（单方面管控、说教、打压），那么这个本来只是属于多动症的核心症状之一的情况就会得到延续，预后会比较糟糕，孩子的注意缺陷有可能持续发展，直到成年，甚至在成年后继续存在。

多动症的症状和抽动症的症状一样，不是孩子故意而为，对于症状，首先要无条件接纳，然后积极正面引导（疏导为主），积极帮助孩子缓解改善。

注意缺陷本身就是多动症这种神经行为障碍的表现结果之一，多动症孩子的注意缺陷、活动过度、冲动性这三个核心症状是相互影响、相互作用的。

如果一个孩子多动、活动过度，他的神经系统就会接收大量信息，必然会干扰和影响注意力。比如一个人是在车水马龙、嘈杂的街上看书，容易集中注意力看进去，还是在安静的地方看书，容易集中注意力看进去呢？

238

早发现，早帮助

部分多动症孩子在婴儿期就会表现出好动（少部分甚至在胎儿期母体内就会有频繁过动的表现），也会表现出特别难带难养的气质特点，比如易哭闹、好动、喜欢攀爬、夜惊、夜闹等等，我的孩子在婴儿期、幼儿期就是这样。

婴幼儿期，我只有在孩子睡着的时候才能帮他剪指甲，醒着的时候没法剪，因为只要醒着就动个不停。

幼儿期，我第一次给孩子讲解看图识字，孩子根本待不住，听一会儿就玩去了，整个讲解过程都在孩子的玩耍中完成，我投入地讲，孩子投入地玩耍，我没有批评或训斥孩子。

如果家长对多动症孩子在婴幼儿期表现出的多动特性，能做到自然接纳，那么到了孩子上小学的时候，这种情况会慢慢好转，不会变本加厉，比如我的孩子，多动情况并没有随着上学越来越严重，而是逐步缓解，最严重的时候在 7 岁前。

如果家长在孩子的婴幼儿期无法接纳孩子的这种表现，管控、限制、说教、打骂比较严重，那么孩子到了上学的时候，多动症的表现往往就会更严重。

239
▲

我的孩子在婴幼儿期就表现出手指不灵活、精细动作完成得不够好的情况，所以在孩子的幼儿期，我经常教孩子剪纸，剪儿童图画书上的卡通人物，比如孙悟空、哪吒、海尔兄弟等等。儿童图画书上的画比较简单，容易剪，孩子能够做到，会产生自信。让孩子剪纸，是为了锻炼他手指的灵活度和协调能力，另外，剪纸的过程也可以训练注意力。

我的孩子是比较幸运的，当问题表现出来时，被我及时看到（看见才是爱），正因为我看见了，所以我懂得孩子，因为懂得，所以慈悲，故而会自然接纳，接纳后及时回应，想办法引导帮助孩子。

我基本上没有出现那种拼命针对这个结果去纠正结果的情况，比如发现孩子注意力不集中，开始焦虑，拼命教育孩子上课要集中注意力认真听讲，要不就到处找药，满世界治疗孩子的问题。

多动症孩子的注意缺陷、注意力不集中并不是孩子故意而为，所以讲道理没有任何意义，不起任何作用。

学龄前期多动症孩子注意力的培养和训练

1. 剪纸

这里所说的剪纸，并不是专业的剪纸，那个难度大，孩子也不容易产生兴趣。找儿童图画书上的小动物、花花草草或卡通人物，让孩子剪，剪完后贴在墙上和孩子一起欣赏。

我的孩子从 3 岁左右开始剪纸。每天晚上，我陪着他一起剪纸，孩子特别喜欢，每次剪完我就帮忙贴在墙上和他一起欣赏，然后还会对比，看今天这个比前天那个进步了一点儿，或者告诉他，今天这个孙悟空剪得真好，细节处也没有剪坏，金箍棒剪得那么好。

2. 弹子跳棋

弹子跳棋的棋盘上有六种颜色的玻璃球，我的孩子刚开始玩的时候就特别有兴趣，我会把所有的玻璃球弄乱，然后我和孩子一起挑出相同颜色的玻璃球放在棋盘上，放好以后，我们就开始玩。

玩弹子跳棋时间不到几个月的时候，儿子玩得特别开心，从一开始笨拙地捡玻璃球，到后来能够迅速准确地找到并拿出指定颜色的玻璃球，儿子当时 4 岁左右。

3. 搭积木

我的孩子以前玩的是传统老式的积木，可以用积木搭房子、做院子。我那个时候经常教孩子玩的就是垒高，是一种简单粗笨的玩法，就是两个人都把积木往上垒，一块积木叠加一块积木，最后看谁垒得高，持续的时间长，谁就赢。这个玩法虽然简单，但是可以训练注意力和整个人手眼身心动作的协调平衡能力。我的孩子玩积木的时间在 3~6 岁。

现在有很多从积木延伸出的玩具，比如乐高，都可以锻炼孩子的注意力和手指的灵活协调能力。

241
▲

4. 运动

孩子在游戏和运动中，会本能地集中注意力，尤其在玩自己喜欢玩的游戏或做特别喜欢的运动时。

我的孩子从两三岁开始就疯玩、攀爬、运动轮番来；4 岁学会骑儿童自行车（不是儿童车，而是把儿童车后面的两个平衡轮去掉，变成真正的儿童自行车）；5 岁开始学轮滑；6 岁学游泳。

浮生匆匆：我孩子这几个月学轮滑，我感觉孩子的专注力有了很大的提升，练的时候如果不集中精神就会摔跤。

学龄期多动症孩子的注意力培养和训练

培养和训练孩子注意力的宗旨是不破坏、不干扰孩子自身的天然体情况，无论这个天然体处于什么情况、什么状态，比如孩子就是不爱老老实实地坐着听你讲话，甚至在你讲故事的时候动来动去，这个时候不要去批评和管控孩子，而要放低自己的姿态，用平等的态度去面对孩子，尽量让自己的话有真实具体的内容，而不是空洞的道理。如果讲故事，就尽量让故事生动吸引人。

在不破坏、不干扰孩子自身天然体的情况下，培养引导孩子积极正面的兴趣爱好。因为我们在做自己喜欢并且感兴趣的事情时，注意力能够得到充分的调动。

多运动，运动本身有助于身心协调，对集中注意力有帮助。

对于多动症孩子注意缺陷的问题，最忌讳的就是周围的成年人整天盯着，说教、管控、打骂，拼命要求孩子注意力集中、上课认真听讲等等，这种做法不仅没用，通常还起反作用。

多动症最需要的是调"常"

中医师李辛老师讲到，一个人，心越静，身体越柔软，能够感知和捕捉到的东西就越多。

中医眼中的病包括以下几个阶段：

242

第一个阶段是"神"病。神散，神不定，注意力不集中，这是第一种。

敏感，容易被外界扰动，动心、动情、动欲，自控力差，这是第二种。

在平常的生活中，睡不好，易惊醒，怕吵、怕黑、怕鬼，这是神弱。

如果"神"病严重了，就会形神分离，心口不一，表里冲突，你跟自己不在一起了，言不由衷，甚至喜怒哀乐发不出来，或者发之太过。

多动症孩子的多动、注意缺陷，首先是烦躁、焦虑、心不静的表现，也就是神散，神不定，注意力不集中。

此前海夫人写过一篇关于神安的文章《关于抽动症孩子的"神"安》，这篇文章收录于海夫人的第一本书《爱是最好的良方》中。

中医有句话叫"心主神安"，确切地说，神不安和心有很大关系。孩子内心的焦虑、烦躁、无法安静最初的源头来自哪里？来自养育者，来自家庭环境。

中医所说的心主神安和西医所说的心身关系其实探讨和研究的是同一个问题，只是研究方向、表达方式不同。

心主神安，人就健康。这是中医的理论。

心身和谐，身心必定愉快、健康！这是西医的理论。（摘自海夫人的书《爱是最好的良方》）

如果一个孩子有多动症，并且有明显的注意缺陷表现，家长这个时候不应拼命地逼着孩子改正，因为注意缺陷只

243

是多动症的一个外化表现，是多动症的一种核心症状。

家长应该在全盘接纳孩子的同时，反思反省自己，如果家长自己整天焦躁不宁，家庭环境紧张压抑，缺乏爱和关心，缺乏沟通和交流，那么孩子如何能在这样的环境中调"常"、自我修复、健康成长呢？

家长只有做到反思反省，积极努力地进行自我成长，才有力量帮助和引导孩子健康向上。多动症的康复也应是以内为主，以外为辅。

以内为主指的是多动症孩子自己应积极主动地努力多运动。运动可以缓解焦虑，多动症孩子烦躁不安的情绪，可以通过大量运动得到释放缓解。如果多动症孩子能够选择自己喜欢的运动项目，投入地运动，在运动的过程中，注意力就能够得到改善。

多动症的康复最忌讳的就是家长不做任何努力，只要求孩子注意力集中，要求孩子听话，要求孩子不要动。

关于药物

关于很多家长关心的某些药物对注意力的作用和效果的问题，比如择思达，这样的问题不需要问别人，家长自己可以在实践中观察，要进行具体的对比，比较孩子在吃药前和吃药后注意力改善的情况，以及学习成绩变化的情况，当然还有孩子自己的身体感受，等等。

多动症孩子的攻击行为

先来看看一位家长的留言

网友：先要谢谢海夫人，感谢您写的书和发布的微博，因为与您的相遇，我才放下对孩子动作的焦虑。

孩子与抽动症相遇五年，前两年我差点没有了活下去的勇气，直到遇见您。我放弃自己心爱的工作，开始了陪读生涯。五年来，多少次彻夜无眠，多少次低声下气的赔礼道歉，我早已记不清楚了。

儿子因为有抽动症，脾气急，好动，常常伤及同学。特别是别人家的孩子经常被我家孩子弄伤，换了谁，谁心里都会难受，所以我被别的家长说几句重话是应该的。

但大多数家长对我家孩子的行为无法理解，我出于对孩子的保护，未跟家长道出孩子患有抽动症的实情，这件事情的后果就远远不是我和孩子向对方赔礼道歉、支付医药费那样简单。那些家长对我和孩子这样吼："有一，有二，没有三，你再不收拾你家孩子，那我替你们收拾。"甚至还有家长叫嚷："行，那哪天我开车从背后轧死你家的娃，是不是我说句不是故意的就行。"

孩子害怕地说："叔叔，我也让你弄伤我吧！"

那一刻，我恨我无能，面对对方咄咄逼人的态度，我不知该如何解释，但我深信孩子并不是故意伤害对方的，他真的是控制不了自己的行为。

我每次和孩子讲道理，他什么道理都懂，他也知道自己对同学造成了伤害。

再次迷路的我恳请海老师为我支招。我该怎样和这些家长沟通？我对家长隐瞒孩子患抽动症的事对吗？孩子11岁了，我是否可以跟孩子说说他与抽动症的故事？我又该从哪些方面去引导孩子提高心力，从而战胜心中那股抽动的力量呢？

多动症孩子的攻击行为

这个孩子对其他孩子的攻击行为是多动症的攻击行为，这个孩子的情况很可能属于多动症、抽动症并发。

多动症属于神经行为障碍，也就是说，多动症孩子特别敏感，神经感受信息的内容多且范围广，神经传递信息的速度快，神经系统承载和负荷的信息量过大，所以影响了孩子的调节系统反应，信息接收和信息输出的行为指令不能很好地协调，突出反映在孩子的行为上，孩子因此会出现活动过度的情况。

活动过度和信息承载量过大，自然会影响孩子的注意力，会表现出冲动性和攻击行为，不能很好地遵守课堂纪律和游戏规则。这些行为就是多动症的症状表现，多动症的症状表现和抽动症症状一样，是不可控的，也不是孩子故意做出来的。

多动症孩子的家长最头痛的就是孩子的这种攻击性行为，因为不可控，很多时候无法预料，也不是通过简单的讲道理就能阻止的。

如果多动症孩子的攻击性行为特别明显并且强烈，那么这个孩子的情况很可能属于多动症并发对立性违抗障碍（ODD）。

对立性违抗障碍的外化性行为突出表现为攻击性行为，内化性行为突出表现为怨恨和嫉妒等。

多动症孩子在家庭以外（公共场所、学校）的攻击性行为会招致其他家长的强烈不满，有的家长甚至不让自己的孩子和这类有攻击行为的多动症孩子玩。

多动症孩子知道自己的攻击行为吗？知道，只是当时控制不了。多动症的神经行为障碍就体现在这里，那股多动的劲儿一来，行为马上就表现出来了。

多动症孩子攻击性的发生原因

多动症孩子的攻击性除了多动症这种神经行为障碍的影响外，有没有其他的原因呢？来看一个具体的例子。

有一个多动症案例，孩子 3 岁，突出表现是会突然打其他的孩子（明显的攻击行为），一言不合或者对方没有理解他的意思，或者没有按着他的想法和要求来，他就会马上动手，出现攻击行为。

因为孩子的这个特点，整个小区的家长都不愿意让自己的孩子和这个孩子玩，或者因为刚开始不了解情况在一起玩了，最后总是以不愉快收场，这个孩子打了别的孩子，别的家长领着自己孩子愤然离去。

更有甚者，有一次在小区中心广场儿童游戏区，这个孩子动了手，暴力地对待另一个孩子，那个孩子的家长没有客气，直接把这个孩子甩开，摔在了地上。双方家长发生了激烈的争吵。

这个家长非常烦恼，孩子渴望和其他的小朋友一起玩，但是玩着玩着，一不留神就会动手。

孩子为什么会这样呢？多动症孩子的确有这样的特点：活动过度、冲动性、攻击性，不能很好地理解和遵守规则，但是如果你详细了解这个孩子早期面对的环境和接受的养育方式，你就一点儿也不会责怪这个孩子了。

孩子的妈妈和爸爸一起在一个陌生的城市打拼，为了买房子，他们很努力，等攒够了钱准备付首付买房的时候，爷爷奶奶开口要求他们支援自己在老家买房，孩子爸爸是个孝子，二话没说同意了。

小夫妻俩辛苦准备了很久，房子依然没买成，后来她怀孕了，为了早点拥有自己的房子，他们降低了标准，借钱付了首付，买了一个阁楼。

孩子出生后，她希望公公婆婆能来一个帮忙照顾孩子，她好继续上班，谁知道婆婆来了两个月，说住阁楼憋气不舒服，就丢下她和才两个月大的孩子走了。

婆婆来的这两个月，不仅没能好好照顾她和孩子，而且每天挑刺、闹矛盾。她产后的情况不大好，性情大变，每天不是哭，就是异常烦躁。

最倒霉可怜的当然是这个无辜的孩子，孩子在婴儿期感受到的就是冷暴力、压抑、焦虑、烦躁，在这样的氛围中，孩子自然无法安静，从会爬开始就闹腾不已（心神不安的表现，多动）。

妈妈什么时候开始揍孩子，估计她自己也不记得了。

只要孩子不听话或者不乖，她就揍孩子。孩子越顽皮，她就揍得越厉害。

她说，那个时候她好像拧着一股劲儿，觉得孩子早晚会被打老实，变得乖乖的。

妈妈不揍孩子的时候，经常发脾气，训孩子，发火，甚至歇斯底里，因为孩子只要醒着就很闹腾，让人受不了。

谁知道，孩子不仅没有被管老实，好动、过动的情况还变本加厉，后来妈妈发现孩子越来越不对劲，在外面无法和其他孩子一起玩，经常发生冲突，每次都是孩子先动手，攻击别的孩子。妈妈带孩子到医院看，医生说孩子有多动症。

孩子被确诊多动症后不久，她发现孩子开始做鬼脸、眨眼睛、挤眉毛，刚开始她以为孩子在闹着玩，后来孩子开始扭头、耸肩、清嗓子，她开始害怕了，自己上网了解到孩子的这些表现是抽动症症状。

那一刻，妈妈的表现和我当年发现孩子出问题后的表现一样，她一个人号啕大哭。

如何面对多动症孩子的攻击行为

多动症孩子的攻击行为除了受多动症本身的影响外，还和早期的养育方式、家庭环境有直接关系，孩子的攻击性被压抑、阻碍，于是这种攻击性的表达在瘀堵后产生障碍。

对于上面所讲的那个 3 岁的多动症孩子，我给妈妈直接的建议就是，孩子在外面玩的时候，家长尽量跟在旁边，防止他动手打别的孩子，就是在孩子刚要动手的时候阻止孩子，或者立刻带孩子离开。

处于学龄前期的多动症孩子，如果有这种明显的攻击行为，最好的办法就是尽量防范和避免这种攻击行为，然后采用其他的方式让孩子表达出这种攻击性，比如疯玩、运动、拳击练习等。

多动症孩子的攻击行为无法通过家长单方面的说教（讲大道理）、管控（批评、打压）改善，反而有可能因为家长的过度打压否定，而让多动症孩子的攻击行为变得更严重。

如果多动症孩子的攻击性行为（对立性违抗障碍）明显且强烈，家长就需要带孩子做专门的诊断检查，同时去看心理门诊（心理治疗），需要个体治疗、家庭干预、社会心理干预联合治疗。

家长应带多动症孩子到正规医院就医，某些私立医院的广告天花乱坠，实际上却是把孩子当成小白鼠，为了利益无所不能。

多动症的康复同样没有捷径，欲速则不达。

以接纳、疏导为主

我的孩子首先表现出多动症症状，然后表现出抽动症症状，属于多动症、抽动症并发，10 岁的时候，多动症的活动过度、冲动性的情况好了，不再有活动过度和冲动性的表现，抽动症大概在 15 岁好了。

我的孩子在前期多动症（7 岁前）和抽动症（8 岁前）的表现都非常厉害，但是在后期好转，也就是预后都比较好，而且越来越好，然后彻底康复。

251

我做过对比，发现家长对待孩子多动症、抽动症的方式方法和心态起到了非常关键的作用。

我的孩子当时的多动症冲动性和活动过度，带给我的烦恼并不少，因为只要和孩子在一起，我就不敢大意，一点儿都不轻松。但是，我较少因为孩子的这些行为而说教、批评、打骂孩子，虽然有时候因为太累，心太急，很担心他，而会发脾气，但是这种发脾气是我在表达自己的情绪，并不是在评判孩子的行为。

我的孩子多动症的突出表现是冲动性，不知道害怕，不知道危险，经常爬高，做一些危险的动作。

我基本上不会这样说："你这样做不对啊！多危险！""你那样不好啊！怎么能那样呢？"

我仅有的一次严重表达是在他磕破头以后，当时我哭得稀里哗啦，然后告诉他："在外面要注意安全，因为如果你出了什么事，妈妈会哭死的。"

儿子的多动症、抽动症曾经在儿童期、少年期严重地影响了他的生活，但是在他的心理上并未留下什么痕迹，并没有给他造成困扰和心理阴影。

原因很简单，我从内心完全接纳他的种种情况，我的做法是以接纳和疏导为主。多动和抽动在我看来只是孩子自身状态真实自然的呈现，这种表达和呈现本身没有任何错。

我的这种心态和心境起到了接纳、包容孩子的作用，当妈妈觉得一切都没问题，一切都很好时，孩子自然没有任何心理包袱。

关于心理疏导的内容，我在两本书《爱是最好的良方》《看见才是爱》里都有详细叙述。

来看看一个家长的反馈

称心如意：我对海夫人的文章感同身受，我家孩子也有同样的经历（多动症的攻击行为），面对别的孩子家长直接找上门来谩骂声讨，我原来一味地批评、打骂孩子，现在已经明白了孩子的行为是不受控制的，我转变了态度和方式，孩子的攻击行为就越来越少了。

多动症孩子的家长需要有更多的耐心、爱心、恒心来帮助孩子，多动症孩子往往有更多的心理问题。因为我亲身带大了一个这样的孩子，所以知道照看这样一个孩子有多么不容易，一个多动症孩子能顶上三五个普通孩子。

多动症并发对立性违抗障碍（ODD）的突出表现是攻击性行为，这个时候家长除了接纳、疏导、引导孩子多运动以外，还需要带孩子去看儿童心理门诊，寻求专业的帮助。

多动症孩子的家长自身也需要反思反省，年幼的孩子在情绪和心理方面的障碍有时候会以躯体化症状的方式呈现。

多动症孩子会有更多的心理阴影，需要更多的关心、理解和接纳

多动症孩子经常因为活动过度、冲动性、攻击行为经常而招致家长的批评、打骂，甚至恐吓，因为无法很好地遵守课堂纪律而不被老师待见，周围人的频繁告状、投诉也常常令家长烦恼。

多动症孩子的心理阴影一般从幼儿期（甚至更早）开始出现，周围人（包括家长）不断投射、暗示、否定、指责，比如"你这样不好，你这样不对，你怎么能这样呢？""太坏了，太皮了，太不应该了！"等等，经过日积月累，这些负面的信息和影响逐渐成为多动症孩子负面的心理暗示，久而久之，多动症孩子就会越来越"破罐子破摔"。

我接触过一部分多动症孩子，他们频繁做出格的事，频繁被投诉，被其他家长找上门来告状，他们的家长每次都只是批评孩子，极少有家长会认真了解情况，倾听孩子，

253

久而久之，多动症孩子的心门就会关上，依旧事情不断，但是从不解释、辩白，做出一副随便你们怎么想、怎么说的样子。

多动症孩子内心渴望的依旧是爱，障碍的出现是一种提醒，表现问题的孩子只是渴望被看见。家长需要接纳、看见和正确地疏导孩子。

多动症孩子为什么出现打人的行为？

来看看一位家长的提问

家长：早上好，老师，孩子如今在学校里经常打人，我给他讲道理，他答应得很好，但上学后又打人，老师也埋怨我，我该怎么做？打不得，骂不得，我实在不知道该怎么办了，您能指导一下吗？谢谢了！

海夫人：孩子在学校里经常打人，这种行为很可能属于多动症孩子的攻击行为，多动症属于神经行为障碍。

孩子为什么会出现这样的行为？首先和小时候家长的养育方式有直接关系。孩子在刚开始可能只是比普通的孩子稍微好动一些，顽皮一些，家长可能因为忙，耐心不够，或者管控孩子的要求较多，所以对于孩子初期所表现出的好动和顽皮，从一开始就没有做到接纳，而是选择了限制、打压和管控的方式，并且这种限制、打压和管控比较严重，而且常常越界。

家长自身没有界限意识，导致孩子也没有界限意识，如果家长经常越界，那么孩子就会经常越界干扰他人。

这个时候家长讲道理没有用。最好的办法是家长改变以往共生的养育方式，和孩子之间分清界限。

什么是界限？所谓界限就是要分清哪些事情是属于孩子的，如果这件事情是属于孩子的，那么自主权、面对权、选择权、完成权都属于孩子，这个时候家长绝对不要包办代替，更不要管控和强迫，只需要陪伴、鼓励、欣赏、告知、教育和引导。

家长不要继续频繁越界管控孩子，另外，在学校鼓励其他的同学学会反抗，孩子怎么打人，让其他的孩子怎么还回来，反抗本身就体现了守住边界的意识。

家长在孩子成长的初期，面对孩子表现出来的好动甚至好斗的本性，并没有做到接纳，而是在打压孩子。其实孩子的好动、好斗是一种天然的、生本能的攻击性，如果这个孩子天生的、生本能的攻击性比较强，这种攻击性又被家长打压，那么孩子很可能把这种攻击性转向自己，就会出现频繁啃咬手指的情况，孩子也有可能把这种攻击性转向同伴，或者两种行为都有，既喜欢啃咬手指，又喜欢攻击别的孩子。

家长需要完全接纳孩子对生本能攻击性的表达，只有接纳和积极回应孩子，孩子的这股力量才能经由父母的接纳、包容和引导正向流动起来，孩子才能逐渐学会用正确、合理、正向的方式表达。

目前这种随意打人的情况是生本能的攻击性出现瘀堵的结果，孩子缺乏边界意识，用了混乱的方式来表达。

家长可以引导孩子通过运动的方式主动地表达好动和攻击性，比如选择耗费很多体力的高强度运动，比如游泳、跑步、登山、跳绳、骑车、滑板、攀岩等等。

孩子表现出的任何行为只有一个目的，希望养育者能够看见，看见之后及时回应，因为只有这样，孩子才能感受并接收到爱的信息。

孩子如果从养育者这里得不到看见和回应，那么很可能会反复用这种方式向周围的人索取。我打扰你、干扰你、打你，其实只是希望你能看见，然后及时回应我。而同龄的孩子没有能力回应这种索取，所以多动症孩子的这种行为会遭到同龄孩子的反感和排斥。

来看看其他类似的情况

257

蝈蝈：家长的问题和海夫人的回答完全符合我家孩子现在的情况，这样的问题一直在困扰着我们。平常我管控太多，因为孩子调皮，他爸爸经常打他，所以他在幼儿园频繁打人，回到家又接受惩罚，形成恶性循环。孩子告诉我，他做不到不打人，自己控制不住。

孩子在幼儿园总动来动去，还经常吃手，我们没在意，直到孩子出现眨眼歪嘴时，我们才知道孩子患了抽动症。孩子四岁半，现在情绪很糟糕，但凡我一句话没说好，他都会哭。孩子在家吃饭时一刻也坐不下来。

海夫人：孩子可能患有多动症并发抽动症，家长的养育方式需要改变，孩子才四岁半，就用多动障碍和抽动障碍的方式来提醒家长，家长快醒悟吧！

阳光总在风雨后：海夫人，我孩子的情况也是这样。他喜欢跟同学玩，方式比较过激，比如抱别人，还用手捂别人的嘴，拉别人，可别人不接受他的这种方式。有的孩子比较听话，就告诉老师，有的孩子就直接反抗，这样就打起来了。老师通过调查发现是他先惹事，同学先动手打人，两个人都受伤了。孩子对我说别人打他更多，而且对方家长和同学都道歉了，他就觉得自己没有错，说老师不处理对方，这不公平。我问他想怎么处理，他说要开除对方。我说打架是两个人的事，如果要开除，两个人都应该开除。他说开除就开除，我说如果把他开除了，那他去哪里读书，他说去原来的学校。孩子从小由爷爷奶奶带大，被宠得没有规矩意识，不懂得什么是错，什么是对，这两年多才回到我身边。我想了很多办法。以前孩子也会跟同学玩闹弄伤，以前的学校老师了解他的情况，同学们都不会跟他计较。只要他不影响同学听课，老师就基本上不管他。现在的学校是封闭式的，学生少，老师的要求比较严格，一般周五才回家，周日返校。

海夫人：这个孩子的行为是养育方式造成的，孩子没有界限感，只有情感，没有界限。"孩子从小由爷爷奶奶带大，被宠得没有规矩意识，不懂得什么是错，什么是对"，老人是用共生的方式养育孩子。现在家长要做的就是明确界限，不要继续用共生的方式养育孩子，支持别的孩子为保护自己的界限而进行反抗。如果其他的孩子不想和他玩，他继续干扰、越界，那么其他的孩子拒绝，甚至动手反抗，都没有错。

如何面对早产、剖宫产、体弱的抽动障碍、多动障碍儿童

网友：海夫人，您好！我家孩子早产了21天，剖宫产，出生指标非常好，但是刚出生就因为吸入性肺炎在暖箱里住了8天。当时我非常担心，孩子会不会有强烈的不安全感，一出生就住在暖箱里，母乳没有吃到一口，每天头上被扎上针头输液，出生后经历的一切都是痛苦。

孩子出院后，我发现孩子有小腿抽动的情况，当时没有多想，以为是早产导致的神经发育不完全。出生以后到4岁，孩子的身体不算很好，但是也不算很差，每年季节转换时都会出现过敏咳嗽，每次发烧都是由细菌感染引起的，一年生病4~5次，期间得过一次轻度肺炎，输液5天痊愈。

海夫人：刚出生的经历对这个小婴儿来说是一种刺激和惊恐，虽然这个小人儿没法表达，但是这一切会深深地印入孩子的记忆深处，进入孩子的潜意识。出生时的经历会导致孩子天然的敏感，如果住在温箱期间没有家人的陪伴，得不到亲切耐心的爱抚，孩子在生命的最初便没有安全感。

"一出生就住在暖箱里，母乳没有吃到一口，每天头上被扎上针头输液，"这种刺激和惊扰等负面影响就会使孩子没有安全感，将来有可能变得胆小，会极其敏感，同时会比较聪慧。

259

如何面对早产、剖宫产、体弱、没有安全感的小妥妥？这些小妥妥需要慢慢成长，需要在一种相对缓慢温和且充满爱的心境中自我修复。

很庆幸，孩子一天天长大，表现得很聪明，8个月大时就会叫"爸爸、妈妈"，11个月大时已经会说很多的叠词，上幼儿园了，我给他读一遍小班的课本，他就能全部背出来，也很外向活泼。

我们很高兴早产在他身上基本上没有留下什么影响，我对他的成长做了规划，倾注了大量的心血。亲子早教课一直持续到幼儿园，上幼儿园以后，我给他报了愉快的迪士尼英语和雅马哈音乐。每天晚上我陪他亲子阅读或编故事2~3小时，每个周末我安排丰富的活动，假期出去旅游，开阔眼界，一切好像都按照我的规划发展得很好。

海夫人：我们周围有很多这样满心爱着孩子的家长，孩子一出生，便规划好了孩子今后的成长之路。这种密不透风的爱是好还是不好？这种密不透风的爱、精打细算的规划会带给孩子什么？

韩国曾经进行过一个对那些受到过度早教的孩子的详细调查，调查结果让人震惊，这些受到过详细周密早教的孩子在人生之初，尤其在上学初期阶段的表现优于同龄人很多，但是随着年龄的增长，这些曾经受到过度早教的孩子，让父母骄傲的优秀孩子，越来越多地表现出各类问题。

专家认为，一个人的成长是从无知到有知、从少知到多知、从简单到复杂、从形象到抽象的过程。如果父母过早、过度地进行智能开发和能力训练，那么不仅剥夺了孩子童年应有的快乐，增加了他们学习的负担和压力，更严重的是让他们一次又一次地尝到了失败和挫折的负面情绪体验。这种"早期教育"不仅达不到父母们预想的效果，孩子还可能因为过多地感受到失败的沮丧，限制了潜能的发挥，出现了厌学心理，还易造成儿童期、青少年期，乃至成人期在体力、心智、能力、性格和气质等方面发展迟缓和压抑的状态。

韩国一所著名大学医学院小儿精神科教授每天接诊数十名因过度早教而患病的孩子，写了一本书《明智的父母使孩子慢慢成长》，主张等到孩子想学的时候再让他开始学习，先在一旁观察孩子所做的一切，发现孩子对某些事情感到好奇时，在后面轻轻推他一把即可。此外，要多让孩子接触大自然。

261

上面这位妈妈付出大量心血，针对的是早教，是学习，而不是孩子的童年，这种早教学习的方式或许能让孩子提早表现出智力方面的优势，然而孩子失去的却是整个童年的轻松快乐和自由。

童年对一个人的一生非常重要，童年的影响或阴影有可能一直存在，也许伴随孩子的大半生，甚至一生。

童年存在的真实意义就在于童年本身。童年不是为成年做准备的，童年就是童年。

童年最需要的是什么？是玩，愉快地玩、自由地玩、疯狂地玩、尽情地玩，人的一生除了童年可以如此没心没

肺地快乐玩耍以外，其他任何一个年龄段都无法拥有这样
的快乐。

父母无条件的爱、关心、包容和呵护，是孩子童年时
光独有的厚重礼物，人的一生也唯有在这个阶段能够拥有
如此完全且完整的爱。

童年的学习应当在游戏中进行，学而无痕，学而无压，
以大自然为背景。

这位妈妈说："一切好像都按照我的规划发展得很好。"
这些都是妈妈的规划，妈妈喜欢这样规划，这些规划的背
后是妈妈对孩子未来的憧憬，将来能上名校，会有一个好的
前程，会有美好的未来，会有前途，体现着妈妈对孩子的爱。

对于一个才四岁的孩子，他当然无法懂得和理解这些
事。从幼小的时候他就开始学习，幼儿园小班的书读一遍
就已经会背了，亲子早教课从上幼儿园前就开始了，上幼
儿园后就开始了兴趣班和培训班的学习，每天晚上亲子阅
读或者编故事 2~3 小时。孩子的时间和空间全部被妈妈的
规划排得满满的。

我很想了解，孩子有时间做自己想做或者喜欢做的事
情吗？孩子自己想做或者喜欢做的事情很简单，比如，雨
天淋雨，或者穿着雨鞋打着伞去踩水，专门挑水坑踩，因
为那样踩起来的水花能让孩子特别开心；再比如发呆，什
么都不做。孩子有吗？

孩子出生时的经历已经给孩子设置了一个小关卡和不
易察觉的小障碍，这个时候，孩子特别需要在父母充满爱

的帮助下去慢慢修复这些曾经的小伤痕。这些小伤痕在过度的早教中是没有时间，也没有机会得到修复的，因为早教只是在学习，学习知识，进行重复记忆，早教没有父母与孩子内心联结互动的课程。只有在父母与孩子一次次内心的链接互动中，父母爱的力量才能更多地传递给孩子，孩子才能因此获得力量，进行自我修复。

这个孩子并不需要早教，因为他已经很聪慧。他需要的只是更多的玩耍，以及和父母更多情感和精神的交流。他需要频繁地奔跑于大自然中，强健体质。他需要被父母看见那个真实的他，以及他真实的需要。

我们读书学习是为了什么？难道仅仅就是为了上名校，然后有一份不错的工作？每个人都愿意成为更好的自己，但是并不是妈妈规划的那个自己，妈妈的规划是妈妈自己内心世界的投射，妈妈的内心是属于妈妈自己的，不应该成为孩子的一切。

一个年幼的孩子，一个两岁或者四岁的孩子，确实没有多少力量反抗妈妈的安排，甚至无法表达什么，所以他的身体来帮助他表达，孩子抽动了，抽动障碍的出现，是身体对内心无力无奈的表达。

身体知道答案，身体抽动，遇到障碍的不仅仅是身体，还有心。

四岁那年的春节，孩子又开始咳嗽了，我们让他待在有空调的房间里保暖，他待不住，光着脚跑到了其他寒冷的房间。我很生气，把他抱回来，第一次也是唯一一次打

263

了他一下屁股。那天，我发现他看书的时候，偶尔会翻一下眼白，第二天就没有再出现这种情况了，我当时没有在意。

海夫人：这是抽动症症状的初次表现。孩子出生时受到了刺激，然后从幼儿时期就早早开始接受了早教，妈妈一板一眼地规划好完美的学习生活，还好，孩子仅仅是抽动了，抽动障碍其实是一种比较轻的障碍表达方式。

我老公在孩子出生那年辞去了报酬丰厚的工作，开始创业，每个月有半个月的时间在出差，家里的事情都是我来负责，他只需要专心工作，他虽然很爱孩子，但是对孩子投入不多，耐心不够。

老公在创业期间，起起伏伏，到了孩子四岁那年，第一次创业失败了。老公待在家里，每天把自己关在房间里，沉迷于打游戏，对人很冷漠。我觉得这样下去，家就要毁了。反复考虑及讨论后，我让孩子的外公外婆回他们自己家，让老公全职带孩子，希望老公通过带孩子可以接触外面，迈过这个坎。

海夫人：这是一个大胆却充满风险的选择。

有这样一句话，婚姻并不能改变一个人，一个人婚前状态不好，婚后的状态也是一样。

让爸爸带孩子，并不能改变爸爸的状态，爸爸此刻的状态是极其糟糕的，妈妈希望让孩子唤醒爸爸心中的爱，带爸爸走出创业失败后的低谷，孩子只有四岁，这会给一个四岁的孩子产生多大的压力，并且这是一件多么不可能的事情。

孩子是那么敏感、聪慧、脆弱，爸爸颓废的负面情绪会准确地传递给孩子，孩子能加倍感受到，却无力应对。

孩子首先面对一个全方位、精细地规划好一切的妈妈，然后面对创业失败后带着颓废情绪的爸爸，孩子一直被外界强大的力量所左右和影响，孩子自身如同在夹缝中生长。

不知道那段时间他们是怎么相处度过的，在那个暑假里，孩子开始翻白眼了。我们带孩子去看了眼科门诊，医生配了眼药水，但是没有用。孩子又逐渐出现了皱鼻子、发声等抽动症状。这个时候，我很焦虑，查阅了大量的网上信息，发现孩子的情况和抽动症的现象非常相似，同时拜读了海夫人的文章，了解了抽动症的起因和正确的处理方式。

我们去了儿科医院，给孩子做了全面检查，还去了网上推荐的医院，两位中西医专家都确诊是抽动症，不让吃药，减压治疗，增加运动，减少使用电子产品，和海夫人说的一致。

海夫人：抽动症目前成因不明，科学界和医学界都在继续努力，目前提出可能的原因包括遗传、多巴胺功能异常、免疫因素与感染、围产期因素（孩子出生前后的因素，母亲怀孕时受到的刺激和影响）等等。

我和爸爸做了一次很深切的恳谈，决定全面改变：停止英语和音乐课，增加大量户外运动，晚上在家里陪他做各种游戏，禁用一切电子产品。

虽然我们做了那么多的改变，可是这次的抽动症好像开了闸的洪水，根本无法断根，反复发作，最严重的时候出现了全身抽动，孩子的手和脚会缩回一下。孩子察觉到了自己的异样，为了掩饰自己的异样，他每次抽一下，就会单脚跳几下，他笑着对我们说："我喜欢单脚跳的游戏。"我也笑着对他说："好的，你真棒。"他转过身，我看着他的背影，泪水止不住地流下来。

最后，我们给他停课了，送他回到乡下的外公外婆家，希望广阔的天地可以让他变得放松下来。孩子在乡下待了两个月，确实有了明显的改善。

海夫人：爸爸妈妈做出了及时的调整和改变，"停止英语和音乐课，增加大量户外运动，晚上在家里陪他做各种游戏"。

266

如果孩子有抽动症，那么症状的表现只是时间早晚的问题，为什么有的孩子表现早，有的孩子表现晚？这和孩子的个人因素以及环境因素有关。

专业书籍上是这样介绍的："如遇到不利的环境条件，并超出神经系统的耐受力或内环境平衡遭到破坏时，可促使发病。"（摘自由杜亚松主编的《儿童心理障碍诊疗学》，人民卫生出版社出版）

如果孩子在环境中所受到的压力超过孩子的应对能力和承受力，就会促使症状表现。这也是我反复强调孩子自身身心力量重要性的原因，也就是说，抽动症康复的关键是孩子自身应对环境的内平衡能力。

"孩子在乡下待了两个月，确实有了明显的改善。"当孩子出现症状，甚至出现爆发的状态时，应急的减压是非常必要的，但是等孩子症状缓解后，就需要在心理疏导的前提下，培养并提高孩子的心力，也就是提高孩子自主平衡和应对事情的能力，学会自我疏导，提高抗挫折能力。

不少家长容易走极端，看见症状便如同看见洪水猛兽，然后一味减压，恨不能把孩子放在真空中，如果没有任何风吹草动，没有任何压力，那么症状确实不会表现出来，但是孩子得不到成长，这样做得到的恶果就是，随着孩子年龄的增长，家长无力继续创造温室环境，孩子的抽动动作会一发不可收拾，此时孩子和家长都无力应对。

回到幼儿园后，我们和老师说了孩子的情况，老师表示愿意特殊照顾一下，可能环境在慢慢地发生变化，孩子再也没有出现过全身抽动的现象，但是翻白眼、皱鼻子、发声抽动的症状不断轮换着出现，哪怕有一段时间好了，生一次病或者疲劳就会引起新一轮的抽动，这种情况持续到了幼儿园毕业。

267

海夫人：爸爸妈妈已经对孩子做出了调整，孩子有了更多的自由活动时间，只是不知道家长是否意识到，"生一次病或者疲劳就会引起新一轮的抽动"正好表明体质的锻炼对孩子尤其重要。正是因为孩子的体弱，身体的平衡能力不够，才会"一次生病或者疲劳就会引起新一轮的抽动"。

此刻妈妈是否还对自己原来的规划念念不忘呢？

身体如果无法负担精神的负荷，就会因精神负荷过大而出现症状。如果精神不足以滋养身体，人就会流于空虚。只有身心协调发展，人才健康阳光。

孩子需要持续坚持体育运动，加强体质锻炼。

我们特意挑了一所著名的崇尚快乐教育的公立小学，可惜孩子被分到了重点班，班主任非常严厉，学习要求和学校的要求完全不一样，孩子和我们的压力都很大，孩子甚至会焦虑失眠。不知道是否因为孩子长大了，在这么大的压力下，孩子的抽动情况虽然仍然存在，但是并不明显，而且恢复得很快，一两天就能恢复，所以我们坚持到了现在，孩子已经三年级了。

现在回想4~9岁的那六年时间，我还是忍不住热泪盈眶，那段时间我甚至曾经在公司放声痛哭，内心非常焦灼和痛苦，相信有同样经历的爸爸妈妈们都能体会到。我觉得我家孩子能恢复到目前的状态，应该算很不错了，所以分享一下我们的康复方法：

1. 增加运动

孩子的大脑发育是通过反复运动得到促进的，大量的运动可以消耗多巴胺，可以安抚情绪。孩子刚开始运动的时候，可能因为害怕而增加抽动症状，但是对于这种抽动，大家不要担心，它会随着孩子的运动掌握自动减轻。

我们通过查阅资料得知，锻炼平衡感对抽动症有治疗作用，就让孩子练轮滑和骑自行车，刚开始练轮滑时，孩子抽动得眼睛都睁不开，我和爸爸一人站在一边，拉着他的手，鼓励他，夸奖他，过了两三天，抽动就不严重了。

海夫人：爸爸妈妈从各方面都做出了努力，运动对早产、剖宫产、体弱、容易焦虑的小妥妥是一剂妙方，只要家长能鼓励孩子坚持运动，就能取得可喜的收获。

为爸爸妈妈点赞，我们的小妥妥就是要多运动，少宅在家里。运动可以增强体质，缓解焦虑，释放压力，平衡情绪。

来说说孩子所读的重点班。重点班也许造就了诸多出类拔萃的孩子，但无形中加重了攀比心和虚荣心。孩子的童年时代和少年时代是否必须在早教和题海中度过？难道这样的孩子才有希望，才是优秀的好孩子吗？

小学阶段最重要的是良好学习习惯的养成和学习兴趣的培养。

对于一个上小学的孩子，如果家长天天要求他考一百分，那么这样的家长不仅方向错了，而且满脑子都是虚荣心。小学生即使次次都考一百分，也并不代表将来就一定出类拔萃，一定上名校。

那些用分数埋没了孩子的小学生家长，需要好好思考一下，小学阶段最需要做的是什么？海夫人就这个问题专门写过文章《小学阶段最重要的是什么？》，这篇文章也收录在《爱是最好的良方》这本书中。

269 ▲

2. 症状出现，及时疏导

就像海夫人曾经说过的，抽动症其实是一件好事，它是一个信号，告诉我们孩子有压力，但无法排解。

3. 减少电子产品

电视等电子产品中大量的画面快速闪过，对孩子的大脑刺激太多，容易让孩子疲劳，从而引发抽动。这个道理已经被我家孩子无数次验证过了，不过孩子的问题不严重，我还是会让他看一会儿电视的，不能让他太压抑，不能和别人太不一样。

海夫人：关于电子产品，在我的书《爱是最好的良方》中已经专门讲过了，想要了解的家长可以认真看书。

生于如今这个时代，完全杜绝电子产品是不可能的，完全杜绝本身也是一种焦虑的表现。如果能好好引导孩子，让孩子拥有丰富的业余生活和精神生活，孩子就不会只专情于电子产品的，空虚、宅才容易让孩子迷恋电子产品。

"为什么孩子只会打游戏？因为家长替他做了几乎所有的事情，唯独不会替他打游戏。"（摘自网络）

4. 家庭支持

全家要营造一种宽松的气氛，减少争吵，给孩子创造一个平静的小天地,父母的爱就会转化成孩子内心的坚强。

5. 正面引导

孩子慢慢长大，自己会发现自己的问题，刚开始我们假装看不到问题，但是到了一定的时候，他自己也会提问。我家孩子问我们："为什么我是这个样子？"我们告诉他："这是因为你在快速长大，你的手脚长得太快了，大脑来不及控制它们，好好运动，多睡觉，长大以后，大脑发育成熟就好了，这是发育的正常现象，爸爸妈妈小时候也是这样的。"孩子听了以后，就没有负担了，他自己也会说，他长大了就好了。

海夫人：孩子的抽动障碍对家长来说是一种提醒："妈妈，请让我慢慢长大！"家长的急切和急功近利伴随的通常是焦虑，大量的焦虑、烦躁、不安会带给孩子什么？

量有多大，心有多静。心有多静，福有多深。让孩子慢慢长大，教育不必争朝夕。

非常感谢海夫人，当初我在最焦虑的时候，是您的文章让我有了明确的方向，让我有信心一路陪伴孩子慢慢成长。希望更多的父母通过海夫人的平台，可以获得坚持下去的力量。

271

海夫人：早产、剖宫产、体弱的抽动儿需要慢慢成长，他们需要更多的时间强健身体，需要更多的时间修复因早产、剖宫产所带来的刺激和影响，需要更多的时间逐渐增强心力。

面对这样的小妥妥，家长一定要有耐心、爱心，记住，你陪伴的小妥妥就像一个小蜗牛。

早产、早教、早熟、重点班、高分、名校……我们的小妥妥不要急，我们不争早，不争第一。

我们要稳稳地成长。

强迫症（强迫障碍）简介

强迫症的病因与临床表现

强迫症（OCD）属于焦虑障碍的一种类型，是一组以强迫思维和强迫行为为主要临床表现的神经精神疾病，其特点为有意识的强迫和反强迫并存，一些毫无意义，甚至违背自己意愿的想法或冲动反反复复地侵入患者的日常生活。患者虽体验到这些想法或冲动是来源于自身，极力抵抗，但始终无法控制，二者强烈的冲突使其感到巨大的焦虑和痛苦，影响学习、工作、人际交往，甚至生活起居。

强迫症的病因复杂，尚无定论，目前认为主要与心理、社会、个性、遗传、神经、内分泌等因素有关。

强迫症的症状主要分为强迫思维和强迫行为等两种。

强迫思维又分为强迫观念、强迫情绪及强迫意向等三种。强迫的内容多种多样，如反复怀疑门窗是否关紧，担心碰到脏的东西会不会得病，反复思考太阳为什么从东边升起西边落下，站在阳台上就有往下跳的冲动等。

强迫行为往往是患者为了减轻强迫思维所产生的焦虑而不得不采取的行动，患者明知这种行为是不合理的，但不得不做，比如患者有怀疑门窗是否关紧的想法，就会反

复检查门窗，以确保安全；碰到脏东西怕得病的患者就会反复洗手，以保持干净卫生。（以上内容摘自网络）

大家可以先了解一下强迫症的基本介绍，不必紧张，也不需要对号入座，更不要错误地理解，误导自己。

单纯的强迫症和抽动症并发强迫症的区别

抽动症（妥瑞症）并发强迫症（强迫障碍）比较常见，在青少年患者中尤为明显。

抽动相关的强迫障碍与无抽动症状的强迫障碍是有区别的，主要包括临床表现、神经生物学特征以及治疗反应。另外，与抽动相关的强迫障碍中的强迫行为和观念可能更多是受所谓"恰到好处"的驱使，而非焦虑的结果。（摘自由杜亚松主编的《儿童心理障碍诊疗学》，人民卫生出版社出版）

273
▲

1. 抽动障碍的复杂抽动带有强迫性质

在强迫行为、强迫观念和复杂抽动之间呈现有意义的交错，抽动障碍的许多复杂抽动带有强迫性质，如重复摩擦、拍击或触摸行为界于抽动和强迫行为之间，可能既代表复杂抽动也代表强迫行为。George 等应用 Yale-Brown 强迫症状量表及 Leyton 强迫症状量表作为评定工具，对 10 名强迫障碍患者及 15 名强迫障碍伴有抽动障碍患者的临床表现进行观察比较，发现前者具有较多的怕脏或怕细菌污染等强迫思维和强迫洗涤动作；而后者具有担心说出秽语词句或做出令人发窘之事等强迫思维，以及自伤、眨眼、触摸自己身体或物品、计数等强迫动作。研究结果认为，强迫动作为有目的、复杂的运动行为；抽动为无意义的、快速、重复运动行为。利用药物的反应也可以帮助区别复杂抽动和或强迫症状，多数精神抑制药物如氟哌啶醇对抽动有治疗作用，而对强迫观念和强迫行为通常没有作用。（摘自由刘智胜编著的《儿童抽动障碍》，人民卫生出版社出版）

我来解释一下，单纯的强迫症和抽动症并发强迫症的情况在表现上略有不同，强迫症属于焦虑障碍，源头就是焦虑，通过强迫思维、强迫行为转化焦虑。

抽动症并发强迫症的源头是一种力量的驱使，是"受所谓'恰到好处'的驱使"（海夫人的表达是抽动症这股力量的驱使），其实这股力量的初始源头也是焦虑，只是这种焦虑经过了分化和转化，形成了"痒""酸""胀"等感觉，然后在抽动症并发强迫症的情况中通过抽动症并发强迫症的方式表现，在单纯抽动症的情况中通过抽动方式表现。

治疗抽动症的精神抑制类西药氟哌啶醇对抽动有治疗作用，但是对抽动症并发强迫症中的强迫情况无治疗作用。

单纯的强迫症初始源头的焦虑只是通过强迫的方式来转化、呈现；抽动症并发强迫症初始源头的焦虑通过抽动和强迫这两种方式来转化、呈现，所以在抽动症并发强迫症中，如果强迫症状表现明显，抽动症状就会相应减少；

如果抽动症状明显，强迫症状就会相应减少。

在抽动症并发强迫症的情况中，强迫是抽动的另一种表现形式。

海夫人这样一解释，大家是否清楚了？

2. 强迫障碍的出现是人的自我防御机制启动的结果

自我防御机制这一概念由精神分析心理学家弗洛伊德提出，指人们在面对挫折和焦虑时会启动自我保护机制，主要通过对现实的歪曲来维持心理平衡。（摘自网络）

3. 强迫症的源头是一股纠结的力量

275

强迫症的初始源头、最初的症结点，通常是患者在现实生活中受到的环境的压力、养育者的压力、自身错误意念的压力（想做一件违背常伦的事或者想做一件无法做的事），患者无法实现自己的意愿，不得不违心行动，而对于这种违心的行动，患者非常不愿意，恐惧且排斥，于是违心和本意这两股力量发生纠缠，这两股力量纠缠纠结得越厉害，强迫的表现就越厉害。

强迫的出现，原本是人的自我防御保护的结果，用了错误歪曲的方式来维持心理平衡。

强迫症的康复方法

强迫症康复最忌讳的是纠错

我在很多分享场合，包括在以前分享的强迫症相关文章中，多次提到，强迫症的康复最忌讳的就是纠错。

比如，如果一个孩子有强迫行为，会反复洗手，洗很多遍，这个时候最忌讳的就是，养育者在一边唠叨："哎呀！你为什么每次洗手都要洗这么多遍呢？手早就洗干净了，有必要吗？"

如果孩子有了强迫表现，无论出现的是强迫思维还是强迫行为，家长需要做的都是接纳，比如孩子反复洗手，家长不仅不必紧张，内心要完全接纳，而且可以告诉孩子："没关系，想洗多少遍就洗多少遍，你洗手又没有妨碍别人，怎么洗手，如何洗手，洗手的自由是属于你的。"

成年强迫症也是一样，无论出现的是强迫思维还是强迫行为，最忌讳的就是对自己进行评判，然后纠结纠缠。比如自己对自己说："我怎么又这样了？怎么搞的？为什么总要这样重复做一个动作？真讨厌，真丢人。"

纠结、纠缠、纠错不仅不利于强迫症的康复，而且会导致强迫情况更加严重，强迫时间更持久。

海夫人接触的强迫个例，最常出现的就是这种错误的方式：纠结、纠缠、纠错。

强迫的源头本来就是一股纠结拧巴的力量（违心和本意两股力量相互纠缠、纠结、纠错，合而为一），如果你继续往里面加入纠结、纠缠、纠错，那么这股纠结拧巴的力量不是会继续持续增长吗？

强迫症的康复方法

1. 接纳

无论是儿童强迫症还是成年强迫症，对于强迫症的态度都应该是顺应自然，也就是接纳（发自内心的彻底接纳）。这种接纳是必须的，如果没有这种接纳，康复就根本无法开始。

接纳可以打开患者自身的身心通道，接纳起到的是打开的作用。

强迫症源自患者自身身心通道有一股纠结拧巴的力量，这股力量导致了堵塞，那个症结点如同一个疙瘩，发挥着黑色的焦虑威力。强迫症本身就是焦虑障碍的一种，焦虑障碍会有一些共同的表现：纠结、纠缠、拧巴。

强迫最初出现的本意是为了缓解和转化焦虑，疏通通道，保持平衡，但采用了错误的防御方式（通过对现实的歪曲来维持心理平衡），于是导致了这种防御方式越是被反复采用，就越起到了强化脑神经回路的作用，道路不仅没有被疏通，堵塞感反而源源不断地出现。

接纳自己的强迫，接纳这个已经存在的事实，就如同打开通道，主动地去看见那两股纠结、纠缠的力量，主动地往源头（症结点）看。

2. 觉察并看见

康复的第一步是顺应自然地接纳强迫，打开自身身心通道，后面需要下功夫去做的练习是觉察和看见。

身心通道既然已经被打开，那么接下来就要内观，主动觉察和看见身心通道内的情况，对于任何的情绪、思维、念头、想法等，都要极其自然主动地去观察、去看见。

强迫思维在很多情况下会转化为强迫行为。

当一个强迫思维出现（一个念头和想法跳出来）时，首先要接纳。

比如：头脑里出现一个想法，说空气有毒，就接纳这个想法，告诉自己："嗯，我头脑里有一个想法，很清晰地告诉我空气有毒，我知道并看见了这个想法。"

紧接着第二个想法跳出来："你得戴口罩。"然后两个想法会合并在一起："空气有毒，你得戴口罩。"

这个时候，要继续接纳并主动觉察和看见："嗯，空气有毒，我得戴口罩。"要清楚地观察并看到这个念头和想法："嗯，空气有毒，我得戴口罩。"接下来出现强迫行为，戴上口罩（无论什么季节，什么场合都必须戴），接纳自己的强迫行为，愉快轻松地戴上口罩。

这个时候，可以暗示自己，戴口罩是我个人的行为，与他人无关，所以我可以自由选择。之所以做这样的暗示，是为了提醒自己不要评判自己的这种强迫行为。强迫行为在任何时候都不需要被评判，存在就是必然。

一旦评判强迫表现，就意味着会出现新一轮的纠结、纠缠、拧巴，就意味着自己在源源不断地推波助澜，助力自己的强迫。

强迫思维只有转化为强迫行为，或者被看见，被接纳，才会减弱或停止，否则会一直在脑海里反反复复。

一个人要做到顺应自然，接纳自己所有的强迫表现，每天都要主动地去觉察和看见自己的强迫，不带任何评判，不套任何概念，不说是非对错，让看见只是看见。虽然我仅用短短的文字便可以表述清楚，但是具体到每一个强迫症患者，每一个想要康复的成年强迫症患者，那就要真正地进行不折不扣的修行，需要强迫症患者自己切实的努力和行动，需要毅力和坚持，还需要悟性。

宝剑锋从磨砺出，梅花香自苦寒来。这从来不是一句空话。

3. 活在当下

焦虑在很多时候是一种悬空的状态，无法接纳当下，无法安在当下，无法活在当下，这种悬空状态会引发一系列连锁（想象）反应。

强迫症患者在难受的时候，可以把注意力和关注点放在自己身上，观察自己的身体感受、反应，同时告诉自己，

279

那份纠缠、纠结来自头脑的剧情模式，我们只要觉察并看见，做一个清醒的人，不要继续被套住就好。

4. 多运动

运动可以缓解焦虑，强迫症是焦虑障碍的一种，每天坚持运动 30 分钟以上，坚持半年，半年后焦虑情况就能够得到明显缓解。

选择一个自己喜欢的运动项目，长期坚持下去。运动可以增强体质，缓解焦虑，稳定情绪。

如何面对儿童强迫症

一个儿童出现强迫，排除掉遗传因素，一般是环境、养育者、养育方式出了问题。

改善环境，养育者进行自我修复和自我成长，改变养育方式，是强迫症儿童康复的首要条件。

儿童强迫症的情况比较少，通常不严重，家长只要改变养育方式，积极努力地进行自我修复和自我成长，儿童强迫症就能很快缓解。

重度强迫症的治疗

重度强迫症患者和重度抑郁症患者一样非常痛苦，干扰和影响（创伤）基本上都来自早年（幼儿期，甚至婴儿期），唯一不同的是重度强迫症对患者的生活干扰非常大，如同巨大的内耗，影响着患者生活的方方面面，但是不会令患者难受到要去自杀的程度，重度抑郁症到后期不堪忍受痛苦与折磨，有可能选择自杀。

重度成年强迫症患者需要的是综合治疗，包括患者本人的积极努力（接纳、觉察并看见、运动）、心理治疗、药物治疗，以及社会、家庭的辅助帮助等。

重度青少年强迫症的综合治疗包括环境改善、养育者自我修复、养育方式改变、心理治疗、青少年本人的努力（多运动，运动可以缓解焦虑）和药物治疗等。

药物治疗只对强迫症起到暂时缓解、辅助帮助的作用，单纯使用药物治疗无法治愈强迫症。

孩子会无故自残、强迫吗？

来看看一位家长在群里的分享。

湖北小哲妈妈（沐浴阳光 5 群）：我的童年时光很快乐，因为是在乡下爷爷奶奶和外婆外公家里长大，有很多的小伙伴，漫山遍野地玩，受到的束缚少。

后来我被妈妈接到工作的地方上小学，妈妈是小学老师，一个特别焦虑和形式主义的家长，我的言行都受到了严重的束缚，在这里就不一一列举了。

可能我妈妈自己觉得这并不是问题，这导致我非常早熟，变成一个人见人爱的乖孩子。我很小就知道怎样说怎样做大人们会喜欢，我在大人面前开朗活泼，私下里却很痛苦，压力很大，就像一个两面人。

我就是这样长大的，因为我妈妈是一个焦虑且很强势的人，有很多规矩，而且很在意别人的看法。

我小时候会和我妈妈讲很多话，但讲的都不是我的心里话，都是我妈妈喜欢听的话。现在想想，让一个小孩子去努力迎合大人的喜好，是一件多么残忍的事情。

我小时候有过自残现象，我很清楚安全感和幸福感对一个孩子的重要性。

我爸爸出于工作的原因，和妈妈两地分居，所以很少陪伴我。我父母的感情一般。

我列举一下当时我原生家庭的状况，爸妈感情一般，互相之间从来不开玩笑，我和爸妈说话就像上下级或同事之间那样客套。我有一次给我妈打电话，我同学说："你是在给你妈打电话吗？像跟领导汇报一样。"

我妈无微不至地关怀我，以前我在家洗澡的时候她会进来转转，完全没有界限感。对于我认识的新朋友，她会查清楚别人的家庭组织和亲戚关系。

去亲戚家串门前，我妈会先教教我怎么说话，说哪些话别人会高兴。

我上小学时非常聪明，刚上一年级的时候，我妈妈就让我学完了三年级的功课，上三年级时就学完了五年级的功课。

上初中的时候，我们要住校，离开了家的束缚，我成了一个叛逆的孩子，因为不用再在大人的眼光下表演了，经常打架闹事，但是回到家我还是装作很懂事的样子，是典型的两面人。

我在初中发现自己有了强迫症状，洗手时要洗好多次，说话时也要重复好多遍，如果不重复的话，就感觉脑子里好像有个声音在说，如果不重复，就会怎样怎样的。

初中毕业之后，上了高中，我发现了我和其他同学的区别，原来每个人都是不一样的，原来不需要刻意地去做一个让别人喜欢的人。上大学以后，我回家的次数更少了，我发现我的强迫症好了很多。

我对孩子从小就比较严格，这也是原生家庭对我的育儿观产生的无形的影响。

在我孩子小时候，我沿用了我妈的那套育儿方法，还以为自己比我妈好多了。

我想起自己以前对娃说过的话："我是你妈妈，我说什么你都要听。"我现在觉得自己当时说这样的话好残忍。

每个人，包括小孩子，都是独立的个体，都应该有自己独立的思想和观点。我们家长要做孩子人生的导游，而不是导演。

当孩子出现抽动动作后，我一直在不停地修正自己，对孩子没有以前那么苛刻了，孩子在家里可以叫我的名字，还说我是他最好的朋友。尽管孩子现在偶尔会发脾气，会大哭，但是目前基本上没什么动作了。

自从孩子出现抽动动作以后，我就做好了积极面对的准备，即使动作不消失，我也会接受并一直爱他，和他一起承担世俗的眼光和压力。

虽然我有些不甘心，总是奇怪抽动的症状为什么会落在自己孩子的身上。但是我知道，任何事情都有因果，也有两面性。动作的出现虽然不是我们愿意看到的，但是既然出现了，就是在提醒我们哪里出了问题，让我们来进行反思和自查，从而调整自我，这也是人生的一种历练。

坦然接受并为之做出改变，是唯一的出路。

我也曾有过无数个不眠之夜，但是想想，既然问题出现了，我就要带着正能量去面对，纠结和焦虑起不到任何作用的。我分享经验的目的是想告诉大家，原生家庭的氛围对人的影响真的特别大，要想孩子好，首先得自查。

我相信每个父母都是为了孩子，都能披荆斩棘，都能竭尽全力。我想，虽然自我改变很难，但是我会一直努力。愿大家在自查和自我调整的过程中，能成为更好的自己，相信孩子也会好起来。

海夫人：为什么湖北小哲妈妈会在群里做这样的分享？因为当天有一个家长在群里问我："海夫人，我家孩子（8岁）有强迫性动作，有自残倾向，我现在纠结我该怎么去干预，是用心爱，等待结果，还是要有药物？如果不用药，会不会进一步严重？"

当时我做了提醒，如果一个孩子出现了这样的问题还不能提醒家长，那么这个孩子太可怜了。

一个孩子出现自残、强迫，首先说明养育方式、环境、家长出了问题，没有哪个孩子会天生自残、强迫。孩子自残是因为压力太大，压抑到没有办法了，只能通过这样极端的方式，让身体痛，内心才能舒服点。

那时湖北小哲妈妈也在群里，看到了我们的聊天内容，于是她分享了自己亲身的经历，她小时候就有自残和后来的强迫情况。孩子出了问题，家长确实首先需要自我反思和反省。一个好好的孩子凭空怎么会自残、强迫呢？

孩子是一粒种子，有自己的生命力，有自己的方向，应该拥有独立自主的权利。

在这里借用湖北小哲妈妈的话：我们家长要做孩子人生的导游，而不是导演。

孩子闻手，家长批评打骂

来看看一位家长的反馈

网友：海夫人，我的儿子六周岁多了，以前所有出现过的症状全没有了，但是这学期有了一个新动作，就是闻手，手指头撮成一撮，凑到鼻子上闻。

之前，我没有特别在意这个动作，但是最近这样的动作特别频繁。我问他为什么闻手，那样做不卫生，万一手上有脏东西都被吸进去了，但是他好像不知道为什么，总是控制不住。我老公看他这样很不耐烦，每天无数遍批评他，我受到老公这种情绪的影响，开始制止孩子做这个动作。

上周有一天，我们用武力制止他，就是在他闻手的时候扇他的手和口鼻的地方。他被打疼了，哭了很久，当天基本上再没有闻手。可是这几天又开始了，他爸还是不厌其烦地批评他，我也偶尔配合着教训孩子。但是我心疼孩子，我打过孩子以后，心里却难受极了。我告诉他爸，闻手应该是和吸鼻子、眨眼睛一样，是抽动症状，我们不要再呵斥他了。可是我害怕这个动作会让他生病，毕竟手总是要到处乱摸，不能时刻保持干净，而且手上越脏，他就越想闻。我真的不知道该怎么控制自己的情绪，怎么引导孩子了。

海夫人：孩子的这种行为属于抽动症并发强迫症的情况。

亲爱的家长，如果家长一直这么错误地强制不许孩子闻手，整天盯着孩子，总是批评教育孩子，反复提醒孩子不要闻手，那么孩子的这个行为会越来越严重。手真的有那么脏，闻一闻就会导致生病吗？

来看看其他家长的反馈

咪呀咪呀：我儿子在幼儿园时期闻手两年，我没有干涉，孩子现在已经没有这个症状了。

品儿888：担心闻手不卫生会生病的根源是家长的过度焦虑，没有焦虑就没有管控。我家老二（一岁半）经常用嘴巴去体验生活中的种种事物，并不会导致生病，所以，闻手就担心生病，真是多虑了。

紫烟：想怎么闻就怎么闻。"闻手会吸进去脏东西"可能只是父母不能接受这个行为的借口。家长制止孩子闻手看起来是为了孩子，其实是因为家长自己不能接受有这样行为的孩子，制止只是为了满足家长自己的需求。

668开心果：家长不要制止孩子闻手。我家孩子去年咬手指，我当时也制止，孩子说他自己控制不住。后来老师控制孩子不咬手了，结果抽动症出现了。孩子咬手是转嫁焦虑紧张的方式，如果被强制制止了，后来就会通过抽动的方式表达出来。

知足常乐：家长需要仔细想想，孩子闻手是不是之前家长吓唬孩子造成的。我家孩子去年有段时间总是吹手，或吹一下他摸过的东西，我都装作没看见，孩子过了一两个月就不再吹了。我觉得也许是因为之前老人过于讲究卫生，动不动就说这个脏，那个脏，这个有细菌，孩子在那段时间就频繁洗手、吹手。后来我给他讲细菌有好坏之分，即使接触细菌也没关系，我们的身体都有抵抗力，适当接触细菌，还可以提高抵抗力。在不知不觉中，孩子就不再出现这些动作了。家长的淡化和疏导很重要，只要家长放松，不把这件事当回事，孩子就不会在意。

海夫人：孩子表现出想闻手的这种行为只是一个结果，并不是成因。因果因果，因不变，果怎么会变？我不了解这个孩子家庭的详细情况，无法做更多的呈现，所以只能从孩子表现出闻手的这种行为结果来分析。

如果家长强制不让孩子闻手，那么孩子的这份焦虑无法释放，只会导致孩子更焦虑，闻手的欲望会更强烈。

如果家长严格控制甚至打骂孩子，孩子的焦虑就无法通过闻手这种行为释放出来，当这个孩子有抽动症的时候，就会用身体抽动的方式释放出来，否则这份被强制压抑的焦虑会继续往里跑，边跑边壮大自己，到最后就不是闻手这么简单了。孩子的问题绝对不是空穴来风。

孩子表现出问题，出现障碍，是对家长的提醒，家长是否该醒醒，走出头脑种的各种剧情模式（标准模式、评判模式、概念模式、对错模式），活在和身心联结的真实里。

看见孩子，看见自己，看见才是爱！

障碍的出现是一种提醒

先来看看一段留言

网友：我的孩子 10 岁，有抽动症。我的承受力太弱了，我自身的优秀让我无法承受痛苦。我夜夜想死，想逃离，太痛苦。我迟早会精神崩溃，变成神经病。大家和海夫人说的话我都相信，但我做不到视而不见，看到孩子痛苦地抽动或扭动身体时，我做不到像个没事人似的。别人站着说话不腰疼，孩子不是他亲生的，当然不会痛苦。太折磨人了！夜夜失眠！想回到结婚前，回到没生孩子前，想去出家逃离。我想我死了算了！太痛苦！我的脑子都快不行了，天天的郁闷导致我耳鸣，脑子里嗡嗡嗡……

这样的留言，大家看了什么感受？

Nihao8756：这是一种经历，我曾经也有过失眠，想自杀，想逃避，我觉得这是正常的，过了这段时间就好了。海夫人，是你给我的正能量，我读了你的好多篇文章，从中我发现了我的不足。为了爱，我也在慢慢地改变。

floralily：这位妈妈对抽动症了解不够，我相信每个经历过的妈妈当初都会有这样的反应，鼓励这位妈妈多了解一下，缓解一下。

hl5239463：和自己和解，和孩子和解。海夫人的书我都看了，我不是一个合格的学生，我自己也不能达到书里的要求，毕竟很多生活中的行为举止并不是一朝一夕就能够改正过来的，但海夫人的理念对我的影响非常大，让我想通了很多事，不再那么焦虑。我的孩子在我的面前会有动作，每当这个时候，我的脑海里总是会浮现出现书里的话，症状表现出来是好事，孩子憋着会难受，动一下又能怎么样，又没有妨碍别人，想动就动。

红萧：当时我也是这样过来的，觉得整个天都要塌了，自己的孩子怎么看怎么难受，心里又内疚又痛苦。后来看了海夫人的文章，进了沐浴阳光群，再读了一些育儿书，慢慢地调整了过来。我现在搬了家，给孩子换了学校，积极发掘孩子的闪光点，我觉得我的孩子越来越可爱了，他虽然还有一些症状，但我已经不再那么介意了。

山海梦游纪：可怜的人，还在黑暗中爬行，希望她早点走出来。如果家长不改变，孩子就永远好不了，孩子是在承担家长的焦虑和恐惧。

不能呼吸的鱼123456：我有过焦虑，但绝不会放弃。

海夫人：初次面对孩子的不同，看到孩子表现出的问题，出现障碍，比如多动障碍、抽动障碍、强迫障碍、情绪障碍等，每个家长的反应都差不多，刚开始会感到震惊，不能接受，不敢相信，然后会感到崩溃、焦虑、痛苦与自责。

海夫人当年也是如此，自己的孩子是那么可爱的小天使，怎么突然就变得奇奇怪怪？夸张且另类的身体动作，为什么会出现一个天真无邪的稚子身上？那个时候我的孩子还特别小，所以我在第一时间知道，这不是孩子的问题，只是这个问题毫无遮掩地通过孩子表现出来。

孩子遇到了障碍，就好像原本通行无阻的路上突然出现了路障，这个路障既属于孩子，也属于成年人，甚至属于我们整个社会。

幼吾幼，以及人之幼

孩子，是这个社会真正的"弱势群体"。因为孩子的生理心理处于生发阶段，所以感知性更强、更敏锐，只是因为年龄尚且幼小，孩子只会本能地呈现，感知到了什么，在哪里遇到了障碍，然后被卡住，只会用自己的方式表达。

291

如果我们家长，甚至整个社会，面对孩子身上比较集中表现出的障碍，不去反思反省，不去思考如何更好地帮助这些孩子跨过路障，或者帮助孩子一起面对这个路障，清除这个路障，而是一味地批评、教育、指责、治疗这个孩子，单方面把一切归结为这个孩子有病、有问题、不对劲，让孩子来承担一切，承担来自成年人转嫁的焦虑、负面情绪和负面能量，这样对孩子无疑是雪上加霜。

障碍的出现是一种提醒

对于各种障碍，如抽动障碍、强迫障碍、多动障碍、情绪障碍、抑郁障碍等，中医李辛老师这样讲：疾病的发生，是先从生命无形的部分开始，也就是先在精神、信息的层面开始出问题；第二个阶段，到达气的部分，能量格局和运行规律发生紊乱；第三个阶段，到达有形的疾病层面。

障碍呈现的是有形的疾病层面，这个时候治疗有形的疾病层面或看得到的身体疾病部位，只是治疗的一部分。

这类障碍需要的都是身心同疗，也就是综合治疗，包括自身积极努力、心理治疗、药物治疗、社会和家庭辅助帮助等。

当孩子表现出有形的障碍（也就是有形的疾病层面）时，其实已经经历了"神"病（疾病先从生命无形的部分，即从精神、信息的层面开始出问题）和"气"病（能量格局和运行规律发生紊乱）。

这个时候最需要做的是什么？

通常第一步从有形的障碍（有形的疾病层面）开始，好比路面出现路障，阻碍了交通，这个时候首先需要清除路障。路障清除，道路通畅，交通恢复，人就可以回到自然平常的状态。

这个有形的障碍就是我们的身体，看得见的实体部分。

这个时候大部分家长认为，甚至医生会告诉家长，需要对孩子进行治疗，治疗包括药物（中药或西药）、手术、调理（按摩、拍打、艾灸、针灸）等。通过治疗有形的障碍（有形的疾病层面），能够使症状得以缓解甚至消失，比如抽动症、多动症孩子的动作通过治疗后会有所减少。

有形的疾病层面处在最后呈现的阶段，在治疗中却是会最先治疗，尤其在现在，社会焦虑普遍存在，人们越来越以外界为主，后天头脑假自我盛行，人对自己的觉察和感受力越来越弱，这个时候如果不先让家长看到通过治疗，症状得以缓解，那么无法让家长从极度的焦虑恐惧状态中回过神。

有形的障碍层面通过治疗得到缓解，但是"神"病（疾病的发生先从生命无形的部分开始，即先从精神、信息的层面开始出问题）和"气"病（能量格局和运行规律发生紊乱）的障碍依旧存在，所以路面的路障被清除后，隔一段时间又会自动生成路障。

293

这也是很多家长不明白的地方，为什么多动障碍、抽动障碍、强迫障碍、情绪障碍单通过治疗很难治愈。有的家长会进入一个可怕的循环，带着孩子花十年、二十年的时间治疗下去。

李辛还讲到，现在存在一个很大的误区，那就是有病就要根治，不停地治，一直治下去。因此，病人甚至整个家庭都会忘记正常的生活，没有运动，没有娱乐，没有恋爱，什么都没有，只剩下紧张、焦虑地跟病魔做斗争。

这些障碍本身不是疾病，障碍只是以一种症状的方式呈现。症状，是表现出来的异常，不是疾病本身。

西医并未找到对这些障碍确切的成因，能列举出来的都是可能的、相关的原因。

中医告诉我们，无论是何种疾病，出现什么障碍，都是一种提醒。在积极应对有形疾病的同时，需要做的是回归自身，感受自身，以自身为出发点，调理身心，修身养性，觉察和觉悟，成长并提高。

观察者也属于观察事物

你为什么看不见自己，看不见孩子，看到的只是有形的疾病？

观察者也属于观察事物，他们自身的执着局限了他们的视野，导致他们只能看到他们执着于的那个点（有形的疾病）上，而无法做到纵观全观。

李雪老师曾经讲到，我们看见一个东西，感知到一个存在，就意味着被感知的对象已经坍塌成一个经典态，自己也一样，既然剧情重合，彼此的观察，让彼此共同坍塌出一个可被感知的共享经典态。每个人活在自己的剧情里，活在自己的虚拟世界里，同时跟其他人共享一些基本程序设定。

如果我们执着于活在自己头脑的剧情模式里，也就是后天"小我"所收获的认知、概念、评判标准等的综合思维模式。这种模式类似程序，如果符合程序模式，人就满意，就觉得对。如果不符合这个程序，人就觉得不对，就会焦虑。

程序的频道越少，频率越低，模式就越单一，兼容性就越差，于是只能 A，不能 B，容易陷入死板偏执中，而且越如此，这种坍塌状态就越牢固。

能够破除头脑执着的只有我们的心，我们的爱，保持觉察和觉知，认真地去感受身心，慢慢地修复自己。

来看看另一个小窗信息

JulieLiu：海夫人，感谢遇见！我们从刚开始发病症状轻微，到四处求医，再到爆发全身抽动和声音抽动，经历了两年多的时间，吃了一年多的药，从 9 月 10 号左右爆发时关注您，到停药，再到上月稳定，这个月孩子学习和生活的状态越来越好。我们全家人心怀感恩，我们也是幸运的，后面的路也许依然很长，但我们会一直坚持！沐浴阳光群里有很多焦虑的家长，最近我孩子的情况比较稳定，我很少看群里的信息，但只要家长做出改变，纠正错误的教育和沟通方式，改变现有错误的育儿观，把自己打碎了重塑，孩子才会改变。就像海夫人所说的，疾病是上天另一种形式的爱，它提醒我们从错误中醒来，再次感谢海夫人！

抽动症、多动症、强迫症的康复无法一蹴而就

抽动症、多动症、强迫症的康复无法一蹴而就，为什么？

抽动症的康复最重要最关键的是：妥妥自身的内平衡能力

抽动症属于神经精神障碍，存在神经精神障碍的孩子一般特别敏感，神经感受信息的内容和范围广，神经传递信息的速度快，而孩子自身的内平衡能力跟不上，所以影响了整个人的神经系统功能反应，突出表现就是，当外界压力过大或者不利的环境因素超出孩子自身神经系统的耐受能力时，孩子自身的内平衡遭到破坏，症状就会表现出来。症状的表现形式有身体、情绪、心理等三种。

抽动症康复的核心是提高妥妥的内平衡能力，也就是妥妥自身的疏导能力和承载能力。

抽动症孩子的神经特质是比较敏感，这一点无法改变，妥妥只需要在正面正确面对自身特点的前提下，努力提高自己的内平衡能力。

当压力过大或者不利的环境因素超过妥妥自身神经系统的耐受能力时，妥妥的内平衡就会遭到破坏，症状就会

表现。如果妥妥的内平衡能力得到提高，自身能够自如地面对过大的压力或不利的环境，就不会再有内平衡被破坏的情况，症状也就不会再出现，这个时候抽动症就好了。

康复抽动症的关键就是妥妥自身的内平衡能力，如果妥妥自身的内平衡能力没有得到提高，那么症状的缓解只是一种假象，只会暂时缓解，将来一旦遇到无法应对的情况，妥妥自身的内平衡能力不够，症状就会再次表现。

抽动症是不是好了，关键不是看有没有症状，因为通过药物治疗或者其他治疗，可以抑制症状，或者暂时缓解症状，这样就会给你一种假象，你就会认为孩子的抽动症好了，抽动症症状的缓解如果不是通过孩子自身内平衡能力的提高获得的，那么这种缓解就是暂时的。

抽动症症状暂时缓解稳定的时间长短取决于个人的经历、遭遇和内平衡情况是否被打破，如果一直没有出现大变故或压力大的不利环境因素，就有可能稳定 5 年，甚至更长时间。

多动症的康复最重要最关键的是：多动症孩子内部机制紊乱情况的平息

多动症属于神经行为障碍，存在神经行为障碍的孩子，神经感受信息的内容和范围广，神经传递信息的速度快，神经系统承载和负荷的信息量过大、过重，而神经系统鉴别、筛选信息的能力不够，导致内部机制发生紊乱，信息接收和信息输出的行为指令不能很好地协调，突出反映在孩子的行为上，核心症状表现就是：注意缺陷、活动过度、冲动性。

多动症孩子神经系统协调、鉴别、筛选信息的能力不够，导致内部机制紊乱，因此会出现注意缺陷、活动过度、冲动性。

多动症的康复最关键的就是调"常"，这个"常"就是针对多动症孩子内部机制紊乱的情况，"常"的意思是平常、正常，调整到合理合适的程度，调整到孩子自身合理合适的范围内，而不是家长认为的合理合适的范围，慢慢调"常"，慢慢康复。这个调"常"针对的就是多动症孩子内部机制紊乱的情况。

多动症孩子的调"常"是建立在孩子自身状态的基础上，慢慢引导孩子，通过外界的帮助和孩子自身的努力，让孩子的内部机制从目前多动症紊乱的状态回归到正常状态，这个时候多动症就好了。

要想让多动症孩子的内部机制从紊乱状态回归到正常状态，除了外界的帮助和影响以外，还需要多动症孩子自身力量的成长。只有多动症孩子自身内部力量得到增长、强大并稳固，内部机制紊乱的状态才能得到缓解，并最终终止。

这就好比太阳系，太阳系是以太阳为中心，所有受到太阳引力约束的天体的集合体。太阳系包括八大行星（水星、金星、地球、火星、木星、土星、天王星、海王星），以及卫星、矮行星，还包括四个柯伊伯带天体，和数以亿计的太阳系小天体和彗星。太阳系以太阳为中心，其他的天体围绕着太阳转，如果太阳自身的力量和能力不够，这种格局就会被破坏，就会出现混乱的局面和情况。

多动症孩子的康复就是以多动症孩子自身力量和能力的提高为主，提高自身对于紊乱状态的觉察和感知，加强自身的定力（自身就好比太阳），这个正面面对并提高的过程就是康复的过程。

当多动症孩子能够依靠自身的力量和能力面对并化解内部机制紊乱的状况时，也就是能够让内部机制有序地围绕自身这个中心（太阳）转，多动症就好了。所以说，要看多动症是否好了，不是以外在多动症状为考核标准（通过药物治疗只能暂时抑制这种紊乱状况），而是以内部机制紊乱的情况是否平息，内部机制是否正常有序地运转为检验标准。

强迫症的康复靠的是强迫症患者自我觉察和看见的能力

强迫症的源头是一股纠结的力量，通常形成的过程是：在现实生活中，患者迫于环境的压力、养育者的压力、自身错误意念的压力（想做一件违背常伦的事或者想做一件无法做到的事），无法实现自己的意愿，不得不违心行动，而对于这种违心的行动，患者非常不愿意，非常恐惧且排斥，于是违心和本意这两股力量发生纠缠，这两股力量纠缠纠结得越厉害，强迫的表现就越厉害。

强迫症的康复靠的是强迫症患者自我觉察和看见的能力，只有拥有足够的自我觉察和看见的能力，才能让自己成功地从两股力量纠结纠缠的状态中走出来。

当强迫症患者自身觉察和看见的能力已经大于自身两股纠结力量造成的强迫时，强迫就会消失，强迫症也就好了，这是真正意义上的好了，而不是通过治疗暂时缓解强迫情况的假象。

抽动症、多动症，强迫症康复的根本和关键：自身的成长、自身力量和能力的进步和提高

抽动症、多动症、强迫症等这类疾病只能靠自身某些能力的提高才能彻底好，如果你自己不努力，只想通过外界的力量或者药物治疗，一下子就好了，那是不可能实现的幻想。

药物治疗和外界力量只是暂时帮助患者缓解症状，让患者不那么痛苦难受。只有在极端的情况下，在症状影响并干扰了基本生活的情况下，才需要借助药物治疗和外界力量来帮助患者。

治疗的目的只是让症状不影响正常生活，并不是单纯通过治疗，多动症、抽动症、强迫症就能马上彻底好。

药物治疗和外界力量无法直接让患者提升能力，能力是靠一个人自身的努力来提高和进步，无法通过其他途径

凭空获得。

多动症、抽动症、强迫症的康复，最关键的是本人自身健康、有力量的成长，本人自身的努力，本人自身力量和能力的进步、提高，这才是康复的根本和关键。

能力的获得需要本人的努力，能力的获得无法一蹴而就

在具体的接触中，我会给出真实的建议，也就是布置详细具体的作业，列出具体要做的事情，比如非常简单的行动、每天运动多长时间、每天写观察日记等等。

但是真的会去照做的，坚持付诸具体行动和实践的人少之又少。

任何的改变都需要有具体的行动，这个具体的行为、具体的行动是自我康复、自我修复、自我改变。进步的初始源头，犹如长江的初始源头是一个微小的水滴，这样微小的水滴，日积月累，形成了今天的长江，亚洲第一长河。

我曾经解释过，为什么会布置详细具体的作业，为什么要有每天具体的行动，因为能力无法一蹴而就，必须脚踏实地地通过自己一步一个脚印在实践体会中获得。

我做过对比，那些在咨询后用心领悟体会建议、认真完成布置的作业的人，他们的实际收获远远多于咨询后没有任何行动的人。

沐浴阳光群里每一个成功的个例，都经过了学习、用

心领悟体会、认真面对、付诸行动，再加上不断的反思反省，他们的成长就非常明显，他们得到的收获对他们自身、整个家庭和孩子的意义都非常重大，这种感悟和体会只有切实得到成长、获得进步和提高的人才能拥有，这种成长对于生命的意义是无价的。

康复没有捷径，需要脚踏实地，努力行动，具体去做

光说不做，光想不行动，还没开始做就希望收获成果，总是想走捷径，想不劳而获，想孩子马上好，家长不用辛苦面对，不用花时间去努力，有些私立医院抓住的正是家长们的这种心理。你想不劳而获，可以啊！你砸钱，我负责把你的孩子治好，于是广告就是采用这种不劳而获、走捷径的方式，广告强调的就是能够治愈的效果，吹得天花乱坠，忽悠你没商量。

有些私立医院非常明白人性的弱点，了解现在社会普遍存在的心理，如急功近利、好大喜功、浮夸、忽略过程、欠缺踏实努力的精神、相互攀比、注重表面形式、头脑假自我盛行等。

家长最需要做的就是努力去做，去行动，默默耕耘，注重过程，而不要急功近利，没有付出多少努力就想收获成果，而且整天只说不做，只喊口号，没有具体行动，只想不做，越想越焦虑。

第七章　面对并成长

▶ ▶ ▶

　　多数家长在面对孩子表现出来的障碍行为时，第一个反应是评判孩子的行为，然后进行问题归类，接着希望以最快的速度解决问题，想快速切割掉这个障碍。

　　问题的出现就是在提示家长需要正确面对，要求家长在面对问题的过程中获得提高和成长，如果家长省去了面对问题的过程，那么问题的出现将没有任何意义，家长也无法获得提高和成长。

07

写给您的是心情，写给我的是反省

小小李妈妈（沐浴阳光5群）：海夫人，我也很感激能遇见您，您让我少走许多弯路。您给我的感觉是坚强、坚韧、坚定，对命运决不妥协，最重要的是您对您孩子深深的爱和对有相同遭遇的孩子的爱！

昨晚在海夫人微信公众号（HFRCDWX）里读您的文章，一直读到凌晨三点半，您的每一篇文章中都有我自己的影子，我几乎是哭着读完您的文章，今天早上八点半醒来，特别想跟您说说话，想写点什么，于是打开了电脑。

孩子开始不自然地眨眼睛

先说说我女儿的情况，女儿现在4岁10个月，是一个活泼好动的小姑娘。从2018年5月开始，女儿出现了眨眼睛的情况，还会挤眉毛。

女儿出现眨眼睛的症状前，有一段时间感冒了，鼻炎也犯了，爱耸鼻子，爱用手擦鼻子，等感冒好了，耸鼻子的动作也就消失了。

当看到女儿眨眼睛时，我并没有在意，我以为孩子平时看动画片的时间长了，眼睛可能有点干痒。其实我对女儿看动画片控制得很好，女儿每次看动画片之前，我都就和女儿商量，要她自己拿主意看几集。如果她说看三集以内，我们就表示同意，因为她看的动画片每集时间都不长，只有10分钟左右。

我带女儿去医院眼科检查，医生让滴结膜炎的眼药水，滴完之后女儿还在眨眼睛，我们都不以为然，觉得肯定会好起来的，从来没有往抽动症上想。

直到有一天，爷爷带女儿出去吃早餐，碰到一个奶奶，那个奶奶说："这个孩子有点不对劲，孩子的表现不是单纯的眨眼睛，而是抽搐，我以前也有这样的情况，不自然地眨眼睛，你们赶紧去医院让医生看看。"这时我们全家人才慌了手脚，都不知道什么是抽搐，不知道是属于神经问题还是精神问题。

除了我和老公以外，全家人都有些紧张，尤其是爷爷奶奶。5月21日，我们到医院挂了外科的门诊号，女儿一直很焦虑地看着医生，把眼睛瞪得大大的，强忍着不眨眼睛。外科医生很温和地说："还好啊！"

我对医生说她喜欢眨眼，她现在没有眨眼睛，是因为在忍着不眨。医生想了一下，说："如果你们不放心，就再挂神经内科看看。"

于是我们当天预约神经内科的专家号，5月22日做了心电图、脑电图、骨密度等检查，折腾一天之后，儿童医院的神经内科专家看了检查结果，说："情况还好。"

我马上舒了一口气，因为我原先最怕孩子患的是癫痫。

可医生又说："孩子有抽动的问题。"

我不以为然地说："好，请问是怎么引起的？"

医生说："不知道。"

我说："会不会是剖宫产引起的？"

医生说："抽动和剖宫产没什么直接关系，先开点药吧。"

医生建议家长多学习

我带孩子去医院看病时有个原则：能不吃药就尽量不吃，能不打针就尽量不打。但是这一次，我同意让孩子吃药，只对医生要求开副作用小的药，尽量开点中药，药量不要太大。医生当时开的药是安神口服液、肌酐。

我当时很感谢这位专家，她没有说很多吓人的话，只是说："孩子还好，不要关注孩子的动作，多关心她。家长要慢慢接受这种病，网上有一些关于这种病的介绍文章，还有这方面的书，可以多读读，以后就用这个病历来看病。"听了医生的话，家里人都很高兴孩子没有大问题。

在回家的路上，我查阅了抽动障碍的有关资料，一个熟悉的词语跳入我的眼帘："抽动秽语综合征"。以前我就听说过这种病，看过相关患儿的视频，当时被吓坏了，我没想到世上还有这样的病。

307

妈妈在痛苦中振作

我看了许多关于抽动障碍的文章，了解到抽动障碍会发展到可怕的程度。

坐在车上高兴异常的女儿又是唱歌又是跳舞，我知道她高兴的是今天医生没有给她打针，脑电图检查也没有她想象中那么可怕，一点也不疼。连开车的司机叔叔都笑着说："这丫头好高兴，看来没病。"我亲了女儿一口，笑着说："肯定啊！这么可爱，怎么会有病？"

我当时很迷茫，不知何去何从。为什么是我的女儿得这种病？我该怎么跟家里人说？女儿将来会不会发展到抽动秽语的地步？将来如何嫁人？吃一个疗程的药会不会好起来？一连串"为什么"在我的心里起起落落，心被某种力量抓得生疼，我想大哭一场，又在不断地安慰自己，给自己希望，告诉自己："孩子可能没问题，孩子会好起来的。"

也许我是一个很容易看开、能够自我排解的人，我纠结痛苦了半小时，之后我就释怀了，不管孩子的病情有多严重，她都是我的孩子，我都爱她，而且将来会更爱她！

于是，我跟孩子的爷爷、奶奶和外婆发了微信："孩子有问题，但问题不大，不要关注孩子的症状，也不能忽视孩子将来可能的病情发展，要注意及时观察新的情况。"

我在杂乱的信息中明白了一些道理，不要过多关注孩子的问题，要好好教育，好好引导，这种病有可能是心理因素引起的。

很幸运遇见海夫人

后来那几天，我依然在查资料，读文章。"海夫人"三个字不断地出现在搜索之中。于是，我遇到了您。

5月26日下午，我在匆忙开会的途中加了您的QQ，进了您的QQ群，买了您的书。3件事在5分钟内完成，或是冥冥之中，也是命中注定，我遇到了海夫人——一个坚强伟大的母亲。

进了QQ群之后，我才知道有这么多同样的孩子。老群友建议我先读读您的文章，我一边读着您的文章，一边看着聊天记录。

刚确诊的那几天，我并没有特别担忧，也许因为孩子的症状不严重，但是我越读越揪心，不是揪心孩子的病会不会变得严重，怎么才能治好，而是感到很懊悔。

看着群里妈妈们的讨论，我偷偷地哭了起来，或许是因为有共鸣，也许是因为有一种强烈的懊悔感，觉得对不起孩子，沉重的负罪感从各个方面袭击着我的心，比我刚刚得知孩子有这种问题（我始终不愿称它为"病"）的时候还要难过。天底下有哪个母亲不希望孩子平安健康呢？

边读海夫人的文章边进行反省

我女儿从小在两个家成长起来，一个是奶奶家，一个是外婆家。奶奶家和外婆家都离我们家不远，女儿上幼儿园之前，白天在奶奶家，由爷爷奶奶照看，我们下班以后回奶奶家吃饭，再把孩子送到外婆家睡觉，等外婆给孩子洗漱之后，我和老公再赶回自己家睡觉，第二天继续如此循环。

我知道这样做非常不对，可爷爷奶奶和外公外婆都不愿意和我们住在一起，也不同意我和老公和他们一起住，他们都觉得这样带孩子的方式很好，所以我和老公就妥协了。

女儿上幼儿园之后，也是这样住，女儿白天在幼儿园，晚上在外婆家睡觉，只有在周末和我们一起住。惭愧的是，女儿直到三岁半才和我晚上睡觉。女儿很亲外婆，在三岁半之前，女儿每天晚上都是和外婆睡，外婆就像妈妈一样亲。

我和我老公陪伴女儿的时间太少太少了，孩子的性格很敏感，没有安全感，自尊心也很强，家里的教育方式也是五花八门的。

爷爷和外公常常溺爱女儿，对女儿的事情亲力亲为，信奉"孩子长大就好了"的理念。外婆常常看不惯女儿的坏习惯，经常制止、唠叨。

有人说女儿粘爸爸，爸爸对女儿的爱比妈妈深。这句话说的都是别人家的爸爸。我家这个爸爸没耐心，孩子一哭闹他就呵斥，我一对孩子发脾气，他就呵斥我。我对他的评价是：不陪伴孩子，不懂得和孩子交心。

我的性格比较急躁，爱发脾气，一碰到不满意的地方，心中的火就直往外冒。其实我对女儿还是很有耐心的。我知道女儿的性格胆小敏感，我常常带她出去玩，让她长长见识，鼓励她多交好朋友，幼儿园放学之后会和女儿谈心，没有给女儿报太多课外班，随她的意愿报了个画画班，为了锻炼她的注意力。

平时我家的氛围还不错，比较轻松。女儿最初也有些自闭的症状，不爱和人对视，说话比较晚，讨厌身体的触碰，不太合群，不懂得如何和小朋友玩。

当时看到女儿有些自闭，我特别焦虑不安，直到孩子渐渐长大，才好起来。当得知孩子现在的问题，我反而有些小庆幸，这总比自闭好点吧！当时为女儿自闭而产生的煎熬是现在懊悔的千倍万倍，或许现在我能及时疏导自己内心的情绪吧。

311

妈妈喜欢"折腾"孩子

我很容易急躁，还有个很不好的习惯，喜欢"折腾"孩子。当孩子不听话，又碰巧我心情差的时候，我就像太阳黑子爆发撞击地球一样，我就像那个火爆的太阳，我喜欢把她关进房间，让她使劲哭，纵然她使劲拍门，我也不开门。一股无名之火烧得我异常难受，现在想起来，我是一个多么可怕的妈妈。

我女儿的性格敏感胆小，没有安全感，在外面走路时，从来都是牵着我们的手，生怕我们不要她，就算她自己走路，也会时不时地看看我们在不在她身后。这是因为，我曾经开玩笑地吓唬她："你再不听话，我就不要你了。"这句玩笑话曾经深深地扎在她的心里。

而我如此粗暴地对待她，她肯定害怕我们不要她，肯定看到一个犹如怪兽一般的人在她面前，那个人肯定不是一个好妈妈的样子。

有一次，她不想吃饭，我便"折腾"她一次，她哭完吓得不作声，赶紧把一碗饭吃完，还讨好地给我看："妈妈，您看我棒不棒？"

针对她抬手打人的动作，为了消灭她的这个坏习惯，我也同样"折腾"了孩子。现在回想，孩子在那个时候就已经出现眨眼睛的状况。

有一天，孩子特别不愿意和我一起睡觉，一直说要找外婆，要回外婆家。我安抚好久都没用，从9点到11点，孩子一直不愿意睡觉，坚持要回外婆家。我迷迷糊糊地睡了一觉，醒来发现孩子蒙头在哭，我当时就火了，我在深夜12点歇斯底里地吼她，甚至把她推到漆黑的楼道里，让她一个人待了半分钟。孩子在号啕大哭："妈妈开门啊！妈妈！"最后孩子爸爸责备我："你把她吓到了！"我才开门抱她进来，她自己赶紧爬上床抽泣地睡着了。

妈妈的忏悔

海夫人，您知道我现在跟您写信的心情吗？我心疼得喘不过气，眼泪满面，我给自己一巴掌。我现在回想一下，在那半分钟里，她是多么绝望和害怕。

我后悔自己没有用正确的方式教育孩子，每当孩子不听话，家里人的口头禅是："乖点哦！又不听话了，看看某某某多乖，多会吃饭。"

我女儿在外面很乖，说话声音不大，很安静，即使有小情绪也只对我表现出来，只要我语气严厉点，她就立刻不闹了。

家长总是爱要求一个几岁的孩子懂事听话，按家长的要求成长，总是拿"别人家的孩子"来攀比。其实每个孩子都有自己的特点，孩子心智的成长需要的是爱，而不是批评、要求、限制。我们要让孩子知道我们都爱她，爱不仅需要说出来，还需要用行动做出来。

当孩子出现不良的情绪时，我常常说："听话！闹什么闹？"想想自己活了三十几年都没能做到"听话"，又何必要求一个身心还在成长的孩子。

若是碰到会排解情绪的孩子，即使被家长训，也知道家长再怎么训都爱她，可是换了性格敏感、安全感不强的孩子，就不一样了，她会怀疑你的要求是不是对她的否定，是不是不再爱她了。

313

心若向阳，何来阴霾

我给您讲了这么多，其实也是在讲给我自己听。我把您的文章推荐给了家人和朋友。您的育儿理念不仅对抽动症孩子的父母是一剂强心针，对普通孩子的父母也是一味良方。

每个家庭的情况都不一样，教育方式也不同，孩子的特点也不一样。父母是家庭教育的主导，爷爷奶奶外公外婆也应该多了解孩子的性格，学习先进的教育方式，毕竟他们也在参与孩子的教育，他们的言行也会影响孩子。

对于孩子的问题，我从一开始就很淡然，我开玩笑地说："女儿跨过自闭的障碍，却又被这个鬼东西绊了一下，没关系，爬起来就行。"读了您的文章，我相信女儿会好起来的，即便有大爆发，那就让它放马过来吧！

女本柔弱，为母则强，我是她的妈妈，如果我先放弃了，孩子就肯定会败给她心里的那股"邪火"。再多的后悔懊恼都为时已晚，前面只有一条路：从现在开始改变自己，同时劝说孩子爸爸也开始改变，只有这条路才能走入光明。

就像您说的，孩子是家长的复印件，原件都错了，何谈复印件？错不在复印件，而是原件。这是多么痛的领悟，我庆幸女儿这么早出现问题，我们还来得及蜕变，我们也会勇敢乐观地一起面对未来。

我是向日葵，她是太阳。只要向着她，我就没有阴霾。

勇敢面对抽动症

海夫人，不知道您是否愿意听我这个"新手"妈妈唠叨的废话。我很感激孩子这么早就出现症状，让我遇见抽动症，它犹如一面镜子让我照出自己的错误。

我也很感激我能这么快就遇见您——海夫人，您让我少走许多弯路。您给我的感觉是坚强、坚韧、坚定，对命运决不妥协，最重要的是您对您孩子深深的爱和对有相同遭遇的孩子的爱！我期望我将来再写一封信，跟您分享我孩子已经康复或症状消失的喜悦心情，我相信总会有那一天。

我也知道，对于我们这个家庭来说，和抽动症的抗争也许是一生的战争，我们都做好了准备。

祝福您和您先生、孩子，健康安康。

海夫人：这是一篇深深触动我的分享文章。当这位妈妈深刻地剖析自己和回顾孩子的成长之路时，我也在回顾过去，想起了自己曾经也是一个"魔鬼妈妈"的经历，和我相比，这位妈妈不知道要比我好多少倍。

我很感动这位妈妈的反思、反省和觉察，这让她清醒地看见自己，也看到了孩子的无助。

在这个社会上，几乎所有的职业都需要上岗前的学习培训，但是做爸爸妈妈什么都不需要，两个已婚的年轻人随时可以做爸爸妈妈。

这位妈妈不用太自责，抽动症本身就是一个礼物，这个礼物的可贵，需要真正接住礼物的人才能体会。

阳光总在风雨后

山东－宗－11岁男孩（沐浴阳光7群）：其实我一直想分享自己的经历，但总是不愿意回想过去的一幕幕。儿子常跟我说，要是早点认识海夫人就好了，他就不会吃那么久的药了，因为吃药的时候特别难受，成天没精神，一点儿都不快乐。现在孩子的整体情况比以前好太多太多，情绪特别好，变得很幽默。我和孩子能有今天的状态，离不开海夫人的帮助，真不知道怎么表达这种感谢！

求医问药

儿子在4岁多就被诊断为患有抽动症，当时我只听说过多动症，没有听说过抽动症，更不知道抽动症形成的原因。我像大多数家长一样，孩子出现了异常，就带孩子去医院，听专家的意见，给孩子吃药，根本不知道这种病和家长的教育有关。

儿子刚吃药时效果非常好，吃了几天，孩子的症状就没了，每次去复查的时候症状总是很少，专家一直说效果不错，但是回家后孩子的症状仍然很厉害，我看到这个情况变得更焦虑更担心。在这个时候，我从来没有往自己的内心看，只是盯着孩子的症状，天天如此。

我自己的心情很不好，每次碰到工作不如意，就会有很多的负面情绪，再面对孩子的症状，我就把负面情绪统统发泄在孩子身上，总以为是孩子的这些动作导致自己各方面不顺利。其实是我错了，是我的负面情绪在影响孩子。孩子太小，不知道如何表达，每天都在忍受着恶魔妈妈的所作所为，现在想想孩子太可怜了。

往事不堪回首

我经常打骂孩子，甚至侮辱过孩子，我真的是一个很不称职的妈妈。过去不堪回首！如果把我的行为都说给大家听，大家一定会对我恨之入骨。是的，这就是我，一个恶魔！

孩子继续吃药，吃过中药，也吃过西药，能够做的治疗我们都做过，全国的权威医院我们也去过，都是让我们吃药，孩子就一直继续吃药。可是我并没有改变，孩子的症状变得越来越厉害，所有的症状几乎都有了，轮流交替，我简直崩溃了。

遇见海夫人

就在我快要活不下去的时候，一个偶然的机会让我遇到了海夫人。遇到海夫人的时候，我仍然给孩子吃药，但是刚刚换了一种药——择思达，孩子吃了5个多月。孩子一吃择思达就不想吃饭，晚上睡不着觉，很痛苦，症状不但没有减轻，反而越来越厉害。孩子还出现了强迫，写字划斜线，拿东西的时候总是使劲摔打一下，抽动症状也越来越厉害。

遇到海夫人的时候，我还无知地问能停药吗。海夫人当时就当机立断地告诉我："孩子没事，不用吃药！是你有心病，是你自己太焦虑！"

当时我很难受，心想，孩子没事怎能这样表现？不过我还是按照海夫人的建议，立即给孩子停药了，带孩子多运动。让我想不到的是，孩子停药后的几天，状态好了很多，虽然也有症状，春节的时候我带孩子出去旅游，孩子几乎没有症状！寒假过后开学时孩子表现得也很不错。

后来，孩子在一次小测验中的成绩不理想，老师找我谈话，当时我又回到过去的模式，对孩子大吼大叫，孩子的症状又加重了。其实孩子一直很努力，他只是需要时间，是我太着急了！

后来，我慢慢地改变自己，开始学着尊重孩子。我经常反复读海夫人的文章，对于抽动症所有的问题，海夫人都讲得很清楚，我需要用心地领悟。

真的很感谢海夫人！是您拯救了我的儿子，拯救了我们的家庭。我知道千言万语也无法表达我内心的感受，真的，真心感谢您！

这位家长在"沐浴阳光群"里这样分享：

儿子现在很阳光，很积极向上，很努力，症状很少，几乎看不到，写的字也越来越好。家长需要从自身找问题，向内看，就像海夫人说的那样，症状不是洪水猛兽！相信孩子们肯定都会好起来的，前提是家长要做到位！加油吧！爸爸妈妈们！

阳光总在风雨后

海夫人：我第一次见到这位妈妈时，她的状态非常不好，焦虑担忧，说着说着就泪水涟涟。第一次见面时，我就告诉她要立刻停药。因为孩子从 4 岁开始吃药，吃了 7 年，7 年的求医问药换来的并不是孩子的康复，而是越来越严重的各种症状，孩子已经开始出现强迫。

我建议妈妈给孩子停药的时候是这样说的："如果你从来没给孩子吃过药，针对你现在如此焦虑的状态，我可能会建议你给孩子吃药，但是你的孩子一直在吃药，吃药的效果你比谁都清楚。如果这个药有用，吃了 7 年应该有效果。如果这个药没用，再吃 7 年也还是这样。"

这位妈妈非常信任我，很快给孩子停药，并且照着我的每个建议做，非常努力。在以后的沟通中，我经常提醒这位妈妈，正是她长期的焦虑让她失去了对事物的基本判断能力，没有智慧的指引，一直在用错误的方式面对孩子的抽动症，她焦虑的本质是根本没有活在当下，总是活在对将来的担忧中。

一个总是活在过去的人容易后悔和抑郁，而一个总是

319

活在将来的人，总在担忧将来，容易焦虑或者空想。这位妈妈原本比较聪慧，她的聪慧只是暂时被焦虑淹没，如今她走出了阴霾，做到了活在当下。

孩子现在很阳光很幽默

山东－宗－11岁男孩：孩子的情绪一直都很不错，海夫人，真的很感谢您带我走出阴霾。孩子很阳光，虽然还有症状，但是我觉得那是多年以来对压抑的释放。

您还记得以前孩子的强迫导致孩子连字都没法写好吗？现在孩子可上心了，昨天晚上我看了他的作业本，字迹那么工整，我很欣慰。我夸他作业写得这么好，真是一个用心的孩子。

孩子在假期经常运动，好像永远都不知道累，我给他报了篮球和乒乓球的课，他特别喜欢，每次上课都是他一个人去。上周日他自己到花卉市场买了小盆栽，很开心地浇水、照看、欣赏。

他经常跟我说，要是早点认识海夫人就好了，他就不会吃那么久的药了，因为吃药的时候特别难受，成天没精神，一点儿都不快乐。孩子的整体情况比以前好太多太多，情绪特别好，变得很幽默。我和孩子能有今天的状态，离不开海夫人的帮助，真不知道怎么表达这种感谢！

阳光总在风雨后，不经历风雨怎能见彩虹。

抽动的天使

江苏－老钱爸－16 岁女孩（沐浴阳光 13 群）：前两天看了大蒋老师的纪录片《妥妥的幸福》，又回忆起孩子得了抽动症后的心路历程。虽然自己都快忘记孩子还有抽动症，但看到片子里焦虑的父母，依然感同身受。尤其看到最后一集海夫人的事迹，更是感动，于是来到海夫人的"沐浴阳光群"里，希望自己能做点什么。

孩子从 6 岁开始症状日益严重

孩子大概从 6 岁开始发病，起初表现是频繁地挤眼睛，不是正常地眨眼睛，而是非常用力地闭眼睛，连眼角的皱纹都被挤出来了，后来开始吸鼻子，很用力地张嘴，以至于嘴里的食物都会掉出来，接着开始伸脖子，耸肩，甩胳膊，吸肚子，踢腿，喉咙里发声。

我起初并不知道孩子患的是抽动症，只是奔波于各个医院的眼科、耳鼻喉科。

我也曾以为这些表现是孩子的坏习惯，严厉地批评她，并且不断提醒她：不要挤眼睛，不要张嘴，不要吸鼻子，不要……但是这些做法都没有用，孩子抽动的频率和幅度日益增加。

求医无果，爸爸多方学习

多方求医无果，在万般无奈之下，我开始在网上搜索，于是"抽动秽语综合征"这个名词第一次出现在我的眼前。这是怎样的一种疾病啊！病因不明，病理不明，没有有效的治疗方案。这如同一种不死的绝症！它不会摧毁孩子的身体，也不会侵蚀孩子的智慧，但会击垮孩子的尊严和信心，让一个个健康聪慧的孩子只能痛苦地活在自卑的阴影之中。

看着女儿天使般的脸庞，却如魔鬼般地扭曲，我的心紧紧地拧成了一团，我该怎么拯救我的宝贝？

由于发病的机理还不清楚，西医多用精神抑制类药物来减轻症状，对这种治标不治本且副作用极大的治疗方法，我从一开始就坚决排除了。我们尝试看中医，吃中药，但同样没有什么效果，反而每天喝中药成了孩子最痛苦的事，坚持了两个月，我们也放弃了。

我总不能什么也不做啊！于是我开始到各种论坛和QQ群去求医问药。这些地方大多充斥着家长们的焦虑、悲观和绝望，间或还有各种医托骗子的丑恶表演。

那段时间我非常压抑，支撑我走过来的，就是那个抽动着蜷缩在我臂膀下的柔弱身影，我不能垮掉，我是她的天，我得为她撑起这个世界！

翻看着各种资料，倾听着患儿家长的交流，透过那些负面的情绪，我拼命汲取着其中每一丝有用的信息。渐渐地，我对抽动症有了更多的了解。这种病有遗传的可能，但我仔细了解了我们夫妻双方的家庭情况，确认没有家族病史，孩子的病是后天出现的。

爸爸反思自己的完美主义教育方式

随着更加深入的了解，我终于开始意识到，也许我就是那个把魔鬼阴影投射到孩子心里的罪魁祸首。我爱我的女儿，为了她我愿意付出全部。我希望她成为一个健康、端庄、有教养、有知识的女孩，我是个完美主义者，我用自己全部的心血去雕琢这块璞玉。

我用自己的方式爱着女儿，也用这种方式伤害着她。我发现我错了，以爱的名义实施的伤害，才是最大的伤害，因为孩子对爱是不设防的。

我开始反思自己的教育方式，孩子是初生的花朵，而我像个拙劣的园丁，用铁丝束缚着孩子的身躯，用蛮力塑造着我心目中的完美。在孩子优雅的外表下，掩藏着被我肆意扭曲的心灵。我为什么不能让孩子自由地生长，把自己的爱化作阳光，用温暖的照耀来引导孩子的人生方向呢？

我尝试着改变，放下高高在上的心态，蹲下身子和孩子平等交流。用尊重教会孩子尊重，用理性教会孩子理性，用宽容教会孩子宽容。我退了所有的抽动症群，也不再上抽动症的论坛，我要忘记抽动症，有抽动症又怎样？治不

323

好又怎样？她依然是我的天使。

病魔要击垮孩子的心理，我就想办法把孩子的心构筑得更坚强。我无法驱散抽动的阴云，那就给孩子的心中增加一点爱的光明。

真正无条件地爱孩子

我不再对女儿的学习提出任何目标和要求，不再拿她和任何人做比较，我告诉她，她就是我们的最爱。我把所有的业余时间都用来陪伴她，每天早上抱抱她，每天晚上亲亲她。我们一起做手工，一起做游戏，一起去旅游，一起参观博物馆，一起去图书馆，让她随意挑选自己喜爱的书籍。

我不再强迫她遵从我的各种规范，只是时刻注意自己的言行，给她树立正确的榜样。她做得好，我就鼓励她；她做得不好，我就平静地告诉她。孩子喜欢弹古筝，我们就让她学，鼓励她练琴，但从不逼迫她。

人生有很多十字路口，并不一定把第一次选择的路走到底。让孩子多尝试，她才能找到真正属于自己的路。

孩子爱上天文

慢慢地，我发现孩子从图书馆借来的书里多了一些天文书籍，后来每次都借回一摞天文书，一看就是几个小时。

晚上散步时，她会指着天上的星星问我："那颗是什么星？那个是什么星座？"很快，我那一点点可怜的天文知识就捉襟见肘了。于是，我开始和她一起看书学习，还到各大天文论坛去读文章，去各个天文群去取经。

每当自己学会一点儿，就转过头去教她。有了疑问，就一起翻阅书籍查找答案，如果找不到答案，我就四处请教。

我们买了一柜子的书，还买了各种天文观测器材。我们为第一次看到环形山而雀跃欢呼，为新认识了一颗星星而击掌庆贺。夏夜里，我们为对方喷洒驱蚊水；冬夜里，我们守在望远镜前依偎取暖。

慢慢地，女儿在我面前彻底放松了，没有了以前的畏惧，甚至她不再叫我爸爸，我在天文群里的 ID 号成了她的专属称呼。我们更像有着共同爱好的朋友，而不像父女了。

她的身体和心理日趋健康成熟，四年级时，我送她去内蒙古参加为期 10 天的夏令营。那是她第一次离开我们。虽然我顶着家人的压力，支持她参加这次活动，但我的内心是无比担忧的。孩子爆发出的能量远远超出我们的预估，她不仅没有哭哭啼啼地想家，反而因为优异的表现得到了老师和同学们的一致称赞。

在旅途中，她和带队的天文指导老师聊了两个小时的天文话题，以至于后来在天文观测活动中，老师直接把全体营员分成两组，让她和老师各带一组。晚上活动结束后，她意犹未尽，约了两个男生继续看星星，结果寂静的草原上传来几声狗叫，两个男孩吓得逃回了宿舍，她一个人举着双筒望远镜，在院子里观测了两个小时。

夏令营的最后一个项目是30公里徒步穿越沙漠，她第一个到达终点。老师在最后总结时夸孩子们表现得都像个男子汉，然后才反应过来第一名是唯一的女孩子，于是女儿得了个"女汉子"的外号。

活动结束时我去接她，看到女儿黑了，瘦了，但一双眼睛却格外明亮。孩子们纷纷和她道别："女汉子，再见！"

看着她对天文越来越喜爱，我对她说："海王星不是用望远镜找到的，是科学家用笔算出来的，所以要想学好天文，就必须学好数学和物理，英语也不能差，因为我们用的天文软件大多是英文的，很多天文的最新研究成果也是英文的。"于是她开始阅读数学和物理方面的书籍，并且主动要求补习数学，而在此之前，她没上过任何补习班。

兴趣让孩子学习优秀

我们从来不干涉孩子的学习，也从不监督检查孩子的作业。在兴趣的驱动下，孩子的学习成绩蒸蒸日上，从班级前五名到级部前五名，再到全区统考前五名。孩子在数学课外班也从提高班到尖子班，从尖子班到尖端班，最后直到竞赛班，小学五年级就闯入全国中学生天文奥林匹克竞赛的总决赛。

为期一周的决赛赛程，成了她最美好的记忆，和全国最优秀的中学生天文爱好者同场竞技，一起交流，更让她开阔了眼界。

很快，女儿要小升初了，她被本地最好的四所中学同时录取。最后她自己选择了历史最悠久的那所中学，也是她一直以来的目标，并且可以直升他们的高中，不用再参加中考。我提醒她："如果你选择了这所学校，就要有当倒数第一的心理准备。"她回答："我知道那所中学里都是高手，我就算倒数第一也没关系，慢慢爬呗。"慢慢爬，就是女儿的绝招，她没有异于常人的天赋，也没有一鸣惊人的爆发，从来都是一步一个脚印，缓慢而从未停止过。

我爱女儿，无论她怎样我都爱她

327

女儿的抽动症正在稳定中，偶尔有轻微的面部小动作，现在的同学们并不知道她有抽动症，我们已经不再去纠结这些问题。

我们很早就放弃了药物治疗，只给孩子补充一些微量元素和维生素，饮食方面也不忌口，只是引导孩子不要偏食，尽量保持营养均衡。冬天的时候，会让孩子用热水泡泡脚，活活血。

世上本来就没有完美的事物，如果瑕疵可以选择，那么我宁愿选择抽动症，因为它教会了我怎样做一个合格的父亲，也教会了女儿自信和坚强。

孩子目前挺好的，很阳光，有自己的爱好，学习也不错，还代表中国获得了亚太竞赛的铜牌。

海夫人：这才是真正的爱。爱孩子，就要让孩子沐浴阳光，而不是整天盯着症状，对症状高度关注，把所有的心思都耗在症状上。

钱爸自从加入"沐浴阳光群"，一直希望能为这个群体做点什么，希望帮助新群友，钱爸的话经常能让群里迷途的家长茅塞顿开。钱爸所做的一切，一如他对女儿的爱一样，他只是爱他的女儿，而不是非要女儿达到自己心中那个完美的标准。

钱爸希望少一些纠结症状的焦虑家长，多一些真正爱孩子的平和家长。

世上本来就没有完美的事物，如果瑕疵可以选择，那么我宁愿选择抽动症，因为它教会了我怎样做一个合格的父亲，也教会了女儿自信和坚强。

——钱爸

多么痛的领悟 —— 一个家庭的重生

海夫人：看了这篇分享文章，估计很多家长会泪奔。这是又一位了不起的妈妈，她创造了奇迹，原来孩子那么严重厉害，现在也稳定了，最重要的是整个家庭转变了，爸爸回归家庭，妈妈不再是怨妇，孩子健康开朗。

提醒一下，看的时候准备好纸巾……

广东－玉宝－8岁男孩（沐浴阳光2群）：我要感谢海夫人和"沐浴阳光群"这几年的陪伴，让我从痛苦的黑色深渊中走出来，孩子经历了抽动大爆发和歇斯底里的疯狂发泄，我如饥似渴地学习育儿知识，开始了自我成长。孩子的症状终于消失了，也重拾了快乐。我和老公再也没有了往日的争吵，重现了昔日的温馨和幸福。

烦躁狂暴的妈妈

两年前的圣诞节，对于我们一家人来说是个黑色的日子。那天，我妹妹带着她儿子从香港来我们家过节，妹妹的儿子和我儿子相差不到两岁，很能玩得来，一天到晚守着电脑玩游戏。很快儿子的3天假期只剩下半天了，我本来想让孩子好好复习课文，因为下个星期就要测验，可是我妹妹让我带她儿子去医院看皮肤病，皮肤科的人特别多，很快一个下午就过去了。

回到家，我就焦急地催儿子写作业，我不停地催，不停地骂，带着情绪大声吼叫。我妹妹赶紧解释说："他一个下午都在写作业，刚玩一会儿电脑，是我让他玩的。"

此时的我就像疯了一样控制不住自己，一脚把凳子踢很远，声嘶力竭地骂他，打他。孩子低着头，忍着心里的恐惧，把凳子捡起来，轻轻地说："因为这点小事，就不要发脾气了。"然后低着头，站在门口一动不动。

吃完晚饭，我又对孩子大吼大叫，让他去冲凉，并且一脚把卫生间的门踢烂了，冲完凉马上逼他去睡觉，孩子始终都在微微笑着。

孩子躺在床上，我还不死心，从书包里拿出语文课本放在床上，让他再复习一遍。明天就要测验了，因为在我的世界里，孩子必须考 100 分，容不得半点差错。

此时，孩子躺在床上，表情有些木讷，一声不吭，眼神空洞，我这才罢休，没再逼他了。半夜里，孩子闭着眼，拳打脚踢，又哭又闹，一会儿就自己睡着了。

孩子表现异常

第二天中午放学回来，孩子情绪低落，眼神空洞无神，而且不停地点头，我和家人还笑话他："你干吗总点头啊？"

可是越说，他点得越厉害。我和他爸有点担心，我便上网查资料，一查才知道是抽动症，便打算带孩子去医院看病。

孩子爸爸向来都不在乎孩子生病的事，有一次孩子发高烧到39.8℃，我打电话叫他回来带孩子去检查，他还在电话里大吼大叫说烧不死，他朋友刚好在家里，连忙打电话叫他回来，他爸这才从麻将桌上回来。

孩子从出生到长这么大，每次生病时，我们都因为爸爸不肯带孩子去医院而吵架。这次也不例外，他说："没什么事去医院干什么？"我说："你不带我们去，我们就坐出租车去。"

当时我妹妹在旁边，他还是板着脸拉着孩子甩上门出去了。我拿了水杯和背包跟着出去，结果他一踩油门就走了，我只好打车跟在后面去了医院。到了医院，我们俩还在吵，孩子说："你们不要吵了！"我才没敢说了。

医生初步判断孩子得了抽动症。我回到家里，疯狂地上网查有关抽动症的资料。当时我吓得腿发软，眼泪止不住地哗啦哗啦流。

我妈妈也在哭，我躲到厕所里，痛哭了一个多小时。我听到我妈妈在给我弟和我爸爸打电话，我一边号啕大哭，一边在家人群里发信息："救救我的孩子！"

我弟弟和弟媳知道情况后马上联系了儿童医院，当晚就带孩子去了医院，儿童医院的医生也确诊是抽动症，让我们别紧张。检查完后，我弟弟帮我们安排了酒店，让我们一家人放松一下。这是我们一家三口第一次睡一张大床，第一次这么像一家人，第一次这么爱我们的孩子。

痛苦的回忆

这十多年来，我一直努力让老公回归家庭，偌大的一个店只有我一个人守着，他对我们母子俩没尽过一天的责任，他只爱他自己。我日日盼他回家，累了烦了就找孩子出气，乱发脾气。我不敢骂老公，就拼命骂孩子，拿衣架打孩子，吓唬孩子。有时我心很痛，抱着孩子哭，边哭边说："你爸不要我们了，你要努力学习，将来养活妈妈。"

孩子坐在我的腿上，静静地听我说，给我擦眼泪。孩子很争气，学习很好，次次考 100 分，跆拳道也练得很好，是个小教练。因为孩子很出色，所以我对他要求更严格。

孩子也很心疼我，有时他爸爸回来了，他就劝爸爸别出去了，他爸爸就凶他。

有一次，半夜三更，老公回来了，我没忍住自己的火，和老公打起来了，孩子被吵醒了，正好看到他爸爸狠狠地打我胸口，这一幕在孩子心里成了永远抹不去的记忆。其实孩子爸爸人并不坏，就是因为交了一些成天吃喝玩乐的朋友，也变成那样了。

孕期就埋下了痛苦的种子

在我怀孕的时候，老公就开始不回家了，不知道有多少次，半夜三更，我挺着大肚子在外面找啊哭啊，又气愤又痛苦，有时候我狠狠地捶肚子里的孩子，狠狠地打自己的肚子。

怀孕6个月的时候，我出现了睡眠障碍，整晚整晚睡不着，平均每天睡两小时。长期的睡眠障碍让我患上了偏头痛，这一痛就痛了好多年，每次都要吃止痛片。

我的孩子也早产了，生完孩子12天，我妈妈来帮我照顾宝宝，我很对不起我的妈妈，让她跟着我没过一天好日子，整日在我和老公的争吵中帮我带孩子。

自从发现孩子有抽动症，我妈妈每天哭，哭得眼睛都看不见了，我弟弟把妈妈接回去，让妈妈做了眼部手术。我妈妈帮我带孩子的六七年里，我爸爸为了让我妈妈帮我带孩子，一个人在老家住了六七年。妈妈做了眼睛手术后，两个老人才生活在一起。

我只顾着孩子的抽动症，一两个月没给爸爸妈妈打过一个电话，后来才知道，我妈妈因为做眼睛手术没休息好，整日牵挂孩子，经常哭，有一次上厕所时晕倒了，整整7天说不了话，手脚动不了，住院半个月都没有人告诉我，我觉得特别对不起我的爸爸妈妈。

产后服用过量的镇静催眠药，非常难受

孩子出生以后很不好带，一直哭了3个月，我和我妈妈轮流抱着孩子睡觉。这时我的睡眠障碍越来越严重了，我妹妹陪我去看心理医生，医生给我开了大剂量的镇静催眠药。

群里那些吃西药的抽动症孩子吃的也是这样的镇静催眠药，第一次吃了药之后我睡了两天两夜，还昏昏欲睡地醒不过来。

当时我还很庆幸总算有办法睡着了，接着又吃，结果早上爬不起床，孩子又在身旁哭闹，老公照样不在家，我妈妈刚好回去看望我爸爸。孩子不停地摇我吵我，我只能用手把眼睛皮顶开，勉强给孩子弄吃的，到底给孩子吃了什么，我现在都想不起来。我也不记得是怎样骂他打他的，我唯一能感受到的就是我想自杀，想跳楼，非常胸闷难受。

我老公打电话给我妹妹，让我妹妹过来陪我，带我去看医生。我妹妹从香港急忙赶过来，我感觉非常痛苦，非常想自杀。我妹妹又带我去看病，这次换了一位医生，这位医生说我没事，是吃药过量了，5天以后就会好起来。果然几天后，我凭自己的意志，非常坚强地走出来了。

我在这里提醒还在让孩子吃西药的家长，赶紧给孩子停药。

找到海夫人

孩子抽动之后，我妹妹在第一时间帮我找到了海夫人的文章，并且复制其中的内容给我看，我当时的心情放松了一些，后来我找到了海夫人的"沐浴阳光群"，并且加入了群。我一边感觉放松了，一边还在担心，又让孩子吃了半个月的中药。记得每次去拿药，孩子就乱发脾气。有一次，趁我和他爸爸没注意，他红着眼睛就冲出去了，大吼大叫，说要去撞车，幸亏我发现及时，才没出事。

从那以后，我再也没带过孩子去拿药了。孩子吃中药的效果并不好，吃得面黄肌瘦，而且脾气越来越大，不再点头了，又开始翻眼睛。那段时间，我每晚边读海夫人的文章，边哭到凌晨两三点。

335

孩子开始释放，生命出现转机

一天中午放学，孩子回来坐在书桌旁哭。以前孩子从来不哭，怎样打怎样骂都不哭，我和他爸爸都吓坏了，想去抱抱他，可是被他甩开了。我问他怎么了，他说不知道，然后跳下椅子冲了出去，我就跟着孩子后面边跑边哭，孩子的爸爸也跟在我后面哭，这一幕永生难忘。

自从孩子抽动以来，他爸爸突然像变了个人似的，也不出去玩了，也知道疼孩子了，的确是不痛到极点就不知道悔改。

当天下午，我给孩子请了假，带孩子去摘草莓。孩子一路上在车里发脾气，不过一下车，到了草莓园，孩子又变得阳光灿烂。孩子爸爸时刻陪在孩子身边，我把这难得的一幕幕都拍了下来，偷偷地流着眼泪。

晚上回到店里面，孩子去找伙伴玩，只有一小会儿的工夫，孩子就开始狂打一个伙伴，拳打脚踢，歇斯底里。我把他拉了回来，他便开始打我，也是歇斯底里地狂打，我想他是在释放内心的压抑吧！我就笑着说："不疼，再来！我很厉害的，我的手很有力气，你怎么打我都不疼。"孩子就拼命地打，他当时学了跆拳道，有一定的功夫，他打我时，我其实觉得很疼。他打完后又觉得对不起我，又不停地说："妈妈，对不起！"那段日子，我浑身上下没一处好的，青一块紫一块。

孩子宣泄曾经的压抑

到了星期六，我带他去广州海边玩，我的小妹妹和小妹夫也陪着他。玩着玩着，我让他把湿衣服换了，他就猛地一拳打到我背上。旁边很多人说："你不能这样对待你妈妈呀！"我抱着他，说："妈不疼。"没想到孩子就开始狂跑，我便开始追他，他一边跑一边说："你再跟上来我就消失。"我马上放慢脚步，慢慢地走，大约走了两里路，孩子累了，气也消了。我轻轻地跑过去，抱着他说："儿子，你爱吃鱿鱼吗？我们现在烤鱿鱼吃吧！"孩子就不怎么反抗了。

吃完烤鱿鱼，我又抱住他说："我们要不要再去沙滩上玩一会儿呢？"孩子轻轻地"嗯"了一声。我们就带他去沙滩上玩沙子，我在地上捡起一块小石头，说："这石头好漂亮呀！"

孩子这时开心起来了，一个劲地沿着海边捡我刚才随口说的那种好看的石头。我说："儿子，你为什么捡这么多这样的石头呀？"孩子说："我要送给你，你刚才说这个很漂亮。"我扬起头不让眼泪流出来，我把这几块珍贵的石头带回来，一直保存在现在。

就这样，担惊受怕的一个学期过完了。在这期间，我四处打听，群里有人说按摩好，我就每晚帮孩子按摩；有人说泡脚好，我就每晚一大盆一大盆地给他泡脚，泡完再按摩；有人说跳绳好，每天中午放学回来我就陪他跳绳。我买了好多中医书、营养书和心理学方面的书，这些书堆起来有一米多高。终于孩子没有症状了，脾气也好了。

黎明前的黑暗，抽动症大爆发

暑假，我们带孩子去深圳玩，攀爬了一个下午。第二天早上起来后就发现孩子有些不对劲。孩子的手、脚、躯体全都在抽，点头、摇头、清嗓子等情况全出现了，这就是大爆发吧！持续一两个月都是这样，孩子睡在床上，床也抖得很厉害。

　　我带他去乡下外婆家，他坐在沙发上看电视，半边身体抽得几乎转不过来，手也摇摇晃晃，而且对我拳打脚踢，一天打好几次。后来我麻木了，像根木头一样站在那里，脸上堆着笑，嘴里说着："不疼，再来！"我爸妈躲在一边哭。孩子见我说不痛就不打了，我又想让他释放出来，就又故意打他，说："再来呀！再来呀！"孩子见我不疼，又开始拳打脚踢，其实他踢得特别疼。那一刻，我只想着把我打死吧，我想死了。

　　在外婆家待了三四天，我赶紧把他带回家了。回来后，我和他爸爸对他百依百顺，天天哄着，不敢对他大声说话，他要什么就给什么。我和他爸爸在他面前再也不争吵了，天天想法子带他到处玩，慢慢地，孩子的情绪好了起来。

　　过了不久，开学了，孩子在学校没有什么特别的情况，可能是因为他在学校一直忍着。回到家以后，写作业的时候就乱发脾气，不愿意写作业，一在家听写就手抖得厉害。

拼命学习育儿知识，让自己成长

　　那段时间我拼命地学习，只要有关育儿方面的知识我都学，连视频也不放过。

　　有一天，我看到一个教授这样说："孩子的作业很多，而且有的是重复作业，比如一个生字写十行，我通常只让孩子写一行，因为作业量太大。"听了这个教授说的话之后，我也照着做。孩子害怕听写，我就让孩子自己看着书照抄。

如果作业实在多，或者遇到没有学过的生字，我直接写出来给他看，以免耽误孩子太多时间。因为我知道孩子集中注意力只能坚持 20 分钟，早点做完作业，多留出时间让他出去疯玩。

寒假里，我让孩子尽情地看电视玩电脑，每天上午和下午抽出两个小时去公园打篮球和踢足球。刚开始，我们陪着他去运动，后来他在公园认识了伙伴，就不让我们陪他去了。对于孩子来说，同伴比父母好玩得多。

差点走入行为主义育儿方式的误区

339

我在接触海夫人的理念的同时，也接触了另一种理念，那是一种比较严厉的育儿方式。这让我从之前的百般顺从走到了另一个极端，结果让孩子以为我在放弃他。

比如孩子分床这件事，那是容不得孩子一分一秒考虑的。孩子说害怕，我轻描淡写地说："有什么好怕的？"然后头也不回地出去了。

孩子让我抱他一会儿，我推开孩子，说："你这么大了，自己玩去！"

吃饭的时候，我只叫孩子一遍，他爱吃不吃，他看我们吃得津津有味，就主动跑过来一起吃。

那段时间，孩子的心力的确提高了不少，独立性也增强了，但我看得出他开始怀疑我们对他的爱，对我小心翼翼，还会来讨好我。我又开始反思，也变得迷茫，到底我该怎么做？

有一次，孩子想让我陪他去公园玩，我一把推开他，说："自己找朋友玩去！"孩子觉得很委屈，在墙上到处写"死妈妈"，我照样不理他。孩子又委屈地跟我说："妈妈，你是不是不爱我了？我是不是很丑？我是不是很没用？"

我的心彻底被触动了，把孩子拉进怀里，拍拍他的背说："因为你长大了，我相信你能够独立完成很多事，无论你成绩好坏，无论你厉不厉害，无论你变成什么样的人，我和爸爸都会把你养大，都会保护你。"孩子又变得开心了，我也背着羽毛球拍子和孩子一起去公园玩得很开心。

孩子拔牙补牙时，我把孩子送到牙科医院，就到外面等，医生如果问什么，就让孩子自己回答。

出门买东西问路的时候，我都让孩子自己去尝试，而且他也很乐意去尝试。

结合这两年治疗抽动的心路历程，我大致找到了适合自己孩子的方法，不溺爱孩子，也不对孩子太严格，把他当正常的孩子来对待。只要家长觉得这不是什么严重的事情，孩子就不会变得很严重，肯定会好起来，家长心里阳光健康，孩子就会阳光健康。

做真实快乐的自己

我做了十几年的生意，现在很快乐，也很忙碌。我也会主动找朋友聊天，在家长群里，我也很热心。如果有家长遇到什么问题，只要是我知道的，我便马上在群里回答，我结交了两个关系很好的家长朋友。

以前我每天催孩子整理书包，总是我帮他整理好，再把孩子送到校车站点，每天都催得他不开心，我也不开心。现在我每天忙忙碌碌地整理我的小店，孩子自己独立上学。

孩子现在做作业时，让我在旁边陪他，我平和且面带微笑地回答："我在忙呢！"不知不觉中，他自己翻书查字典，很自觉地写作业。

有时我坐在他旁边写店长笔记，我写得很认真，他一吵闹，我就说："请别打扰我。"他看我写得这么认真，也变得认真起来，一口气写完作业，不像以前，又是喝水，又是上厕所，所有这一切都是自然而然地进行着。

341

海夫人：妈妈状态非常好，明白并悟出了一个道理，人做自己就好，正面面对自己的情绪，没必要为了他人装，天天装自己累，别人也感受不到你的真心。做好自己就是爱。活好自己才能养好孩子。

整个家庭获得重生

我现在每天都很开心，虽然小小微店盈利不是那么丰厚，但赚来的是自信和快乐。我自信快乐了，孩子就能感觉到。我现在真的放下了，不是因为孩子没症状而开心，而是我觉得抽动真的不是什么严重的事情。

现在我们一家人和和气气，孩子爸也不出去玩了（多么痛的领悟），孩子每天乐呵呵地出去找伙伴玩，不再是以前那个内向、害羞、胆小的孩子了。春节期间，我们带他去游乐场玩刺激的海盗船、碰碰车、鬼屋……他爸爸当时还有点担心，孩子一点症状也没有。

这次开学前，我又有些紧张，谁知一大早孩子又是唱又是跳，说："今天发新书喽！"开学后的一个星期，孩子都是开开心心的。虽然我还有些小小的紧张，但我们的方向是对的，一点也不怕了，反而要感谢抽动症拯救了我们的家庭，更重要的是拯救了孩子，让我们没有在错误的教育方式下一条路走到黑。

谢谢这两年海夫人和"沐浴阳光群"的陪伴，衷心地感恩、感谢！

爱的收获

海夫人：这是一位爸爸通过 QQ 发给我的分享文章，我没有做任何编辑和改动，直接毫无保留地发布在我的微信公众号（HFRCDWX）。这位爸爸从来没有通过 QQ 小窗联系过我，唯一的一次联系就是给我发这篇文字，然后对我说了这样一句话：

阳光：谢谢海夫人，谢谢您为我们指明了方向，虽不曾接触，但在心里您就像我的家人一样！

海夫人：这个案例非常有代表性，孩子前后的变化简直判若两人，前期因为压抑得不到释放，然后停药后彻底大爆发，在大爆发的过程中，爸爸妈妈信念坚定，温和地对待孩子，用心地爱孩子，合理有效地引导孩子。孩子被爸爸妈妈的爱感化，在健康地成长着。如今雾霾散去，全家共同沐浴阳光，我由衷地为他们感动和骄傲，我要为他们的坚持，为他们的努力，同时也为我自己的坚持说声"好"。

我非常感谢这位爸爸的分享，由衷感谢这位爸爸对孩子用心用爱的付出，孩子的内心因此温暖、幸福、阳光！

阳光（沐浴阳光群）：我是一位抽动症孩子的爸爸，一直想提笔记录下这一段坎坷辛酸的心路历程，既希望给自己今后教育孩子敲响警钟，也希望为抽动症孩子家庭带

343

来一点点启发。

海夫人：予人玫瑰，手有余香。每个善者总能抓住初始发心的第一念"希望能为抽动孩子家庭带来一点点启发"。感谢阳光的善心善举！

发现症状

我在孩子9周岁时发现了孩子的症状，其实孩子出现症状的时间可能更早，只是我们没有意识到，现在回头想想，孩子得抽动症一点儿也不奇怪。

先说说我们一起住的五口家庭成员吧！有从农村来的爷爷奶奶，还有我、孩子妈妈和儿子。

爷爷的脾气一直很暴躁，动不动就开口呵斥，甚至动手打孩子，这也是我儿时最深刻的记忆。

奶奶是个温和柔弱的人，爱唠叨，在孩子被强势的家庭成员打骂的时候，根本保护不了孩子。

妈妈是个追求完美、以自我为中心的人，对儿子的要求成千上万，当孩子没有达到她要求的目标时，就要用打骂来让孩子实现她的要求。

我通常不管家庭琐事，总认为有爷爷、奶奶、妈妈这么多人管就够了，每当儿子受委屈时，我就一句话："要听大人的！"如果孩子不听话，我也会训他。

纵观所有家庭成员，没有一个能与孩子进行心理沟通、为孩子做主、做孩子知心朋友的人，孩子就是在这种压抑的环境中长大的。

我们多次听到儿子说不想活、想自杀等极度消极的话语，也没当回事，一直以为是小孩子不懂事乱说话，其实即将来临的暴风雨已潜伏很久了。

海夫人：世间万物的生长都需要阳光。没有阳光，植物无法进行光合作用；没有阳光，动物和人都无法健康成长。父母对孩子的爱就如同阳光，孩子的身体需要阳光，内心更需要阳光。爱是一切力量的源泉，爱是正能量，理解、尊重、包容才是爱，而暴躁、打骂、侮辱、逼迫都不是爱。

辛酸的求医路

孩子9周岁的时候，甩头的症状被班主任发现，并告诉了我们，这是孩子的症状第一次得到关注，可想而知，我们作为父母是多么失职。发现孩子的这个动作以后，当时我们并没有很紧张，听人说只要做个微量元素检查，补充些维生素就行，我们天真地把去省城儿童医院看病当作一次周末外出游玩。

一番检查之后，医生告诉我们儿子得的是抽动症。我们从没听说过这种病，又天真地以为吃些药就会好。医生开的药有硫必利、小儿智力糖、五维康、肌苷片等，医生让孩子早晚各吃0.5片硫必利，其他辅助药由开始的一两种到最后齐上阵。硫必利没有外包装盒，也没有说明书，我们根本不知道这种药有什么副作用。

过了一段时间，我们发现药效很好，几乎看不到孩子的症状了，后来我们没有继续监督孩子吃药，顺利过完了暑假。

9月开学后不久，孩子的症状变得频繁，我们又开始紧张了，本来希望吃了药就可以完全康复，以为是孩子没按时吃药导致复发。

接下来，我们天天严厉责骂和监督孩子吃药，孩子的症状有些好转，但这次还出现了情绪抽动，时常装疯卖傻，并偶尔伴有暴力倾向。妈妈训斥孩子别故意装傻，否则就要不客气。孩子的症状断断续续，一直没有完全被控制住。

第二年5月，我们带孩子到上海大医院看病，总以为到大医院看病才能放心，医生同样告诉我们吃硫必利和其他辅助药，没有什么更好的办法。我们按照上海医生的建议，回到省城医院，给孩子做了脑电图和其他检查，脑电图检查显示孩子没问题，确认孩子没有患精神病，这给了我们些许宽慰。

9月，省城医生要求我们加大剂量，让孩子早晚各吃1片硫必利，说只有加大剂量吃4个月，先把病情完全控制住，然后再慢慢减量，这样会彻底康复。

果不其然，加大剂量后，儿子的症状真的被完全控制住了。那时我还舒心地认为我们的求医问药总算没有白费。然而，当我们按要求减量时，症状又反复了，我们只好又将硫必利加到早晚各1片，而且发现儿子嗜睡、作呕、长眼病，脸色越来越苍白，不爱吃饭，越来越瘦。

海夫人：如果仅仅只是"止"抽，可能就需要一直"止"抽。"止"抽的后果就是把这个症状表现的过程往后延伸，单纯"止"的过程并不是在面对问题，而是在掩盖问题，遮挡问题。

一位亲戚提醒我，孩子长期这样吃药是不行的。我开始反省，这样吃下去什么时候才是个头呀。于是，我开始在网上搜索硫必利、小儿智力糖、五维康、肌苷片等药的副作用，发现除了小儿智力糖没有副作用外，其他药物的副作用在我儿子身上都可以找到。我开始害怕了，这样吃下去，孩子的身体一定会毁了。

海夫人：是药三分毒，长期吃任何药都不妥，尤其是成长中的孩子。很多孩子求医问药的过程都是惊人的相似！抽动症的康复需要家长的爱和帮助，并不是以消灭症状为目的的治疗。

347
▲

遇上海夫人

我在网上搜索找到一个群（群名：一起成长的日子），幸运第一次降临到我身上，一个好心的群友让我多读读海夫人的文章。

进入海夫人的 QQ 空间后，我边读边流泪，原来我无处可诉的痛苦在这里早已有人经历过，海夫人的每一篇文章都好像在诉说着我孩子的故事。

海夫人的每一篇抽动症文章都深深地吸引着我，我就像抓到一根救命稻草一样，直觉告诉我，只有按照海夫人的理念，才能冲出黑暗，迎来黎明。

我和孩子妈妈一起读海夫人的文章，我们花了两个月的时间果断给孩子停药，而此时，儿子吃西药已整整两年。

海夫人：建议大家认真地读一读海夫人的文章，用心去读！这些文章凝结了海夫人十年来的全部心血，这些文章真实地记录和表达了海夫人关于抽动症康复的理念。海夫人的书《爱是最好的良方》2016 年 12 月由青岛出版社正式出版。

大爆发

正如我们预料的那样，儿子停药后，症状变得更频繁，脾气越来越暴躁，彻底爆发了。我们决心已定，无论如何变化，我们都不会再回头吃西药了。

这次大爆发，是我最不愿提起的事，一想起就会声泪俱下，心如刀割，太痛苦了。在最严重的两三个月里，每天都会爆发，我和孩子妈妈真正体会到什么叫让人崩溃，什么叫痛不欲生。

具体表现

在症状大爆发的那段时间里，孩子只要听到一句不顺耳的话，就开始扔东西，每天都把衣柜里的衣服扔出来，扔得到处都是，还用水和酸奶泼。孩子还会将门反锁，把卫生间里的水流满整个家，席梦思床垫也在水中浸泡。

家里的电脑、电扇、遥控器、椅子、房门等所有的东西无一幸免，全部遭到破坏。他在爆发时，就要用螺丝刀不停地拆木床，不停地摔门，当我们阻止他摔这一扇门时，他又跑去摔另一扇门。

最让人无法忍受的是，他的暴力倾向越来越严重，稍不注意，不知道他什么时候给我们一拳，用头撞，孩子妈妈几次被打得坐在地上号啕大哭，看着妻子由过去的不可一世变成如今的柔弱无助，让人一阵阵椎心泣血。

清早，我还没睡醒，孩子就把书本、衣服堆在了我的床上，我当时只穿着短裤坐在床上，孩子不停地把一瓶瓶酸奶倒在我头顶上，我实在受不了了，用生不如死来形容一点也不为过。那时的我想过放弃，甚至想用铁链把他锁在车库里，这样我才能睡一次安稳觉。

每天下班回家，我看到儿子浑身脏兮兮地满地爬，喉咙里发出像狗叫的吼声，身体出现各种各样的古怪动作。一想起过去人见人爱、帅气、懂事、聪明的儿子竟然变成如今这个样子，我便到了崩溃的边缘，内心的痛楚就像刀割一样。

爷爷奶奶求我们带儿子去精神病医院治疗，我没答应，因为我的头脑里一直回想着海夫人说过的话："孩子没病，病的是大人。"特别是海夫人说过的"要经历二万五千里长征"这句话一直在支撑着我。

谁都知道长征的艰难，爬雪山，过草地，但只要坚持走下去，革命胜利的目的地终将会到达。虽然我已做好充分的准备，但当这个过程真真切切地发生在自己身上时，我没想到会这么难熬。

暴力释放，出现转机

有一次，我们陪他在公园散步，孩子又因为一句不合他意的话就开始暴力相向，习惯性地用石头、砖块在不远处砸妈妈，我突然感到害怕，担心这样下去家里真有可能会出人命，我于是开始反抗。儿子打我一下，我用同样的方式回击他一下，我们两个就像在打架。后来我发现，儿子的情绪并没有因为跟我对打这件事而变得恶化。

在以前，我们在家大声责骂孩子，用语言侮辱孩子的时候，孩子就会用头撞门，掐自己的脖子，出现自杀倾向，这也是我们现在即使被孩子打也不敢反抗的原因。

我们学习了海夫人的文章，也咨询过心理医生，才明白打架是儿子释放压力的有效的方式，而侮辱性语言才是对孩子最大的伤害。

从那天开始，每当儿子动手打我时，我采取的对策是：我先告诉他我会先警告他两次，第三次我会采用同样的方式回击，但最后一回合总是我让着他，我想儿子应该能感受到爸爸是在让着他、是在关爱他吧。当暴力来袭时，孩子妈妈也采取同样的方式。

慢慢地，儿子的暴力行为越来越少了，也许是因为他明白，当他对别人施加暴力时，自己也会得到暴力的伤害。

在儿子破坏物品时，我们除了对一两件比较珍贵的家电进行适当阻止外，家里的物品随他乱摔。我想，儿子总要找到一种发泄的方式吧。我交代每个家庭成员，不要阻止儿子摔东西。

群里一些家长带孩子求医问药的花费，一年有几万元，甚至十几万元，我们把没有去求医问药省下来的钱权当补偿儿子摔东西的损失吧。

需要说明的是，每当儿子爆发完平静下来的时候，我们会按照海夫人的理念，问他刚才生气的原因，给他讲明道理，进行疏导，日复一日，儿子爆发的间隔时间逐渐拉长。

351

海夫人：停药后的大爆发是必然的，这是每种单纯"止"抽后都容易出现的局面，因为原来一直在堵，只是为了不让症状表现，并没有疏导，堵到最后就会爆发，到了无法堵住的时候肯定会洪水泛滥。出现症状大爆发并非坏事，表明还有机会。

建议读海夫人的书《爱是最好的良方》里的文章《单纯"止"抽的后果》，特别是其中的一节《"止抽"是堵，是最低等的方法》。

状态好转，沐浴阳光

如今儿子停药已经半年有余，现在的状态很好，每天和小朋友玩得很开心，变得阳光和自信了，除了偶尔有轻微仰脖子和眨眼（外人完全看不出来）之外，跟正常的孩子没什么两样，而且学习成绩提高了，在班上前十名以内。虽然孩子还未完全彻底痊愈，但我们一家人都已经坦然，时常忘记抽动症这件事。

海夫人：如果没有停药，没有经历这么一个艰难的转变过程，很难想象孩子现在会是什么样子。问题表现出来，正确正面面对，远比躲着藏着，逃避不面对好。

经验分享

如果一定要说说经验，我觉得有以下几点：

1. 停药

停药是前提，西药的副作用太大，吃西药是一条不归路，永远是治标不治本，只会让孩子的身体越来越差，脾气越来越暴躁，直至产生心理阴影。

2. 每天坚持读海夫人的文章

在阅读海夫人新浪博客文章的前提下，我每天还坚持读海夫人的书《爱是最好的良方》，读海夫人的新浪微博、微信公众号（HFRCDWX），"QQ说说"（615739433）里的内容和各种评论，不仅可以学到一些知识，还可以提醒自己要做好自己，提醒自己要为儿子付出比常人更多的心血。

3. 良好的家庭环境

要处理好在一起住的每个家庭成员的关系，特别是夫妻关系，夫妻恩爱，家庭和睦，祥和的家庭氛围是为孩子打造的天然氧吧，一定会感染到孩子。

海夫人：婚姻和家庭生活有一条铁的定律，只有和睦相处才能共赢，否则就是共输！

4. 善待孩子的朋友

现在儿子经常邀请很多小朋友到家里玩耍，家里经常乱糟糟的，家里的玩具随他们玩，家里的零食随他们吃，小朋友们在一起玩耍才是他们最开心的事，这比吃任何天价药都更有助于孩子症状的好转。

海夫人：在抽动症中，任何天价药都比不上父母的真爱管用。

5. 拥有三颗心，即爱心、耐心、恒心

首先，家长对待孩子的任何事情，都要富有爱心。可以拿出孩子小时候的照片一起欣赏，对孩子说："无论你变成什么样，你从小到大都是爸妈最疼爱的儿子，记住：爸爸妈妈会永远爱你。"

我说一件特别让我感动且记忆犹新的事。一次，儿子爆发时，将妈妈的手咬出两排深深的牙印，当时妈妈疼痛难忍，但下班后却对儿子说："今天同事问我手上的牙印是怎么回事，我说这是我儿子给我留下的爱的印记。"当

353

时儿子的脸上浮现出感动的表情。

其次，家长要有耐心。对待抽动症孩子，家长要比常人付出更多的耐心。对于同一件事，无论说多少遍，我们都不能急躁，更不能责骂。当家长急躁、紧张时，孩子必然也会跟着急躁、紧张。停药之后，儿子的抽动症状时而轻微，时而严重，我们从未因为他症状的变化而急躁、紧张过。

最后，家长要怀有恒心，也就是要坚持。不要因为孩子稍有好转，家长就放松警惕，好好爱孩子本来就是我们家长一生该做的事。

要记住，孩子是一面镜子，孩子出现问题往往是大人的过错，我们要怀着一颗愧疚的心去更好地关心、爱护抽动症孩子。

海夫人：曾经不懂爱，现在学会爱！爱和改变任何时候都不晚！

6. 游戏和零食

关于游戏和零食的问题，对待抽动症孩子的态度跟对待普通孩子的态度没什么两样，玩游戏、看电视、吃零食，什么都可以。我们从不限制他看电视的时间，但限制他玩游戏的时间，因为玩游戏时间长会伤害眼睛。我们对垃圾食品也有所限制，比如他喜欢吃的方便面，一个月只能吃一次。另外，我每天给孩子3元零花钱，由孩子自己自由支配。

海夫人：抽动症孩子和普通孩子一样，都可以拥有轻松快乐的童年，可以玩游戏、看电视，可以偶尔吃点小零食。

7. 食疗

我觉得群里推荐的"八珍粉"对调理抽动症孩子的脾胃效果还不错。"八珍粉"的配方是：太子参20克，白术20克，莲子50克，芡实50克，山药50克，薏米50克，茯苓50克，杏仁50克。如果孩子胃口太差，可以加山楂和麦芽各15克，用蜂蜜蒸成粉，每天让孩子吃3~5克。如果把孩子的脾胃调理好了，孩子的饭量就会增加，体质自然随之提高，这是抽动症孩子好转的根本。

海夫人：除了食疗，多运动也是增强体质的好方法。

355

错爱的代价

海夫人：我看完这篇分享文章特别感动，这篇文章是一位妈妈花费了不少时间和精力，用心、用情写出来的，目的是希望通过讲述自己亲身的经历和体会，给有着同样境况的家长提供借鉴和帮助，希望更多的家长选择正确的方向，走在帮助小妥妥康复的康庄大道上，沐浴阳光。

对于自己曾经犯过的错和走过的弯路，总是不希望别人再重蹈覆辙，这是很多善良的家长真实质朴的想法，分享文章首先从自己做起，做好自己就是爱！

黑龙江－果妈（沐浴阳光6群）：特别感谢海夫人，特别感谢"沐浴阳光6群"里那些帮助过我的可爱、可亲又可敬的家长们，从我进入"沐浴阳光6群"那天开始，我就对战胜抽动症充满了信心，儿子从以前的爆发到现在的症状轻微，焦虑、强迫行为都没有了，儿子变得积极阳光、宽容大度。

我的心中充满了感恩之情，一直希望也能像群里的家长们一样做一个有益于社会的人。每当我看到群里焦虑的家长时，我就希望能把我的经历分享给大家，供大家参考，因为我也是从那个阶段走过来的，看到有和自己类似情况的过来人，就像抓到了救命稻草一样，于是我把平时的日记整理一番，虽然都是平铺直叙，但全部是我的亲身体悟，希望能对大家有所借鉴。

家庭成员简介

爷爷：典型的退休老干部，社会经验丰富，知识面广，因此非常固执，平时想尽一切办法让所有人必须遵从爷爷的想法。爷爷对家人非常好，对孩子照顾得无微不至，但脾气特别急，和他在一起，就像是冰火两重天的感觉。

奶奶：一位普通的老太太，慈祥善良，爱唠叨，喜欢左右别人。如果奶奶想让别人干什么，别人就必须干什么，如果来硬的不行就来软的，软的不行再来硬的，直到别人妥协为止。孩子的爸爸是独子，孩子也是家里的一棵独苗，爷爷奶奶把全部的精力都放在孩子身上，对孩子细心的程度几乎到了孩子掉一根头发他们都能发现的地步，用无微不至的爱照顾孩子的一切。

爸爸：典型的公子哥，对自身的要求很低，如果能躺着就决不坐着，如果能坐着就决不站着，凡事以自己舒服为主，但脾气很好，非常宠爱孩子，几乎不正式参与家庭教育，偶尔参与一下就会搞得一团糟，有时我会开玩笑说他是我的大儿子。

妈妈：也就是我，一直从事教育工作，急功近利，追求完美，对自身的要求非常高，对孩子的要求也很高。

孩子：从出生到 7 个月的时候，主要由妈妈带，妈妈从事教育工作，对孩子的早期教育非常用心。孩子7个月之后，妈妈休完产检上班，由爷爷奶奶接手，老人对孩子的日常起居照顾得非常精细，无论在饮食方面还是在教育方面都很用心。爷爷奶奶家离我们家比较远，为了方便照顾孩子，我们一直住在一起。

海夫人：孩子从小得到的是精细化养育，全方位包办、溺爱、周到，同时也充满限制，在这样的养育方式下，孩子缺失了成长的空间和自由。

发现抽动症

儿子是通过剖宫产出生的，一直吃母乳，直到两周岁。大概在1岁8个月的时候，我发现儿子看电视或看书时会频繁地眨眼睛。因为孩子爸爸近视比较严重，所以我当时以为孩子频繁眨眼睛是遗传爸爸近视的缘故，于是全家人都停止看电视，也减少孩子看书的时间，以听故事为主。孩子一旦不看电视、不看书了，果然不再眨眼睛了，但后来又出现过清嗓子、干咳的症状，我们都没太在意，症状出现几天就会自行消失。

海夫人：在初期发现症状时，家长因为不了解情况，和大多数家长的做法一样，以"避开"为主。

到了3岁多上幼儿园的时候，我又发现儿子频繁地眨眼睛，就带他去眼科医院做了各种检查，确诊为眼干燥症。医生开了很多药，回家按照医生的建议用药，过了一段时间也没见效。我们又换了一家医院看病，医生说孩子的年龄小，面部神经的发育还不够完善，不需要理会，过一段时间自然就会好，过一段时间，症状果然消失了。

在后来的两年里，儿子的症状开始变多，包括眨眼睛、翻眼睛、干咳、清嗓子、牵鼻子等等，一般出现几天就自行消失。因为我一直从事教育工作，所以对抽动症有所了解，也意识到儿子可能得了抽动症，但当时并不知道抽动症症状将来会发展得这么严重、这么顽固。

亲戚朋友家曾有几个抽动症的孩子，他们长大以后症状都自然消失了，所以每当儿子出现症状时，我都和家人说："没事，不用在意，过几天就好了。"事实也是这样，没过几天症状就消失了，而且症状并不严重，如果不刻意观察，就感觉不到有症状。

现在回忆起来，每次的症状都是在假期变得严重，去幼儿园之后症状就明显好转。我曾经带孩子去过几次医院，医生都说没什么事，让我千万不要大惊小怪，不要批评孩子，等孩子长大了自然就好了。医生开了脑神经的营养药和微量元素制剂，每当症状稍稍严重时，孩子吃几天药，症状就消失了。

海夫人：在海夫人的书《爱是最好的良方》的第一篇《海夫人其人其事》中，介绍了海夫人儿子的初期表现。海夫人的儿子也是这样，两岁多开始眨眼睛，眨上一段时间就好了，然后出现别的症状表现，表现一段时间就好了，后来因为上一年级遇到幼小衔接的压力才全面爆发。只有当孩子遇到无法适应或无法面对的情况时，症状才会表现频繁，有诱因才会有表现，所以没有症状不代表抽动症好了。

儿子在幼儿园大班放寒假的时候症状突然加重，常常发声，发出的声音很尖，但音量不高，几乎停不下来，1秒钟要发好几声，还出现噘嘴、抻脖、翻眼睛、耸肩等好几种症状，但以发声为主，其他症状不多。我又带他去找原来的医生，医生仍然说没事，开了营养脑神经的药。

这次儿子喝了一周的药也没有任何好转，我有点着急了，开始上网查找与抽动症相关的资料，不看还好，越看越害怕，吓得我天天晚上哭。我知道不能批评或压制孩子的行为，在白天，我想尽办法带孩子玩，让他放松、高兴，到了晚上，我到网上继续查找那些让人看了毛骨悚然的资料，期待着第二天早上睁开眼睛奇迹会出现，症状会消失，但每次等着我的都是失望。

海夫人：小妥妥没有症状并不代表好了，抽动症康复的关键是在小妥妥成长的过程中，让小妥妥获得真正的成长，各方面都得到提高，体质增强，身体平衡能力提高，情绪健康自然地流动，内心强大，有较强的抗挫折能力和很好的自我调节能力，这才是真正的康复。任何单方面"止"抽的行为都属于心理安慰，"止"得了一时，"止"不了一世。

用中医治疗

在此期间，我咨询过一位抽动症孩子的妈妈，她带孩子去过北京的大医院，挂过专家号，医生建议回家后吃中药慢慢调理就可以了，没有什么特效药，全国的治疗方法都一样。她一直在当地的中医院给孩子开中药，同时配合针灸治疗，她说有效果。

后来，我和老公带孩子去了那位妈妈说的那家中医院，做了很多检查，最后确定儿子患的是多动症合并抽动症。虽然我有心理准备，但我还是在医院里当着孩子的面痛哭一场。医生说孩子以后要少吃苹果、芒果、黄瓜、柿子、西瓜，然后直接开了住院单，因为住院费用可以通过医保报销，如果不住院的话，中药加针灸的治疗费用太高，一般家庭承受不了。

住院的手续办好了，我们回家准备住院所需的物品。在回家途中，我们去咨询一位以前就熟识的中医，因为我们不希望让孩子盲目遭罪，儿子对针灸的恐惧到了极点。结果这位中医非常肯定地说孩子不需要住院，孩子的情况只是小毛病，吃几副小汤药就能好。果真如此，这位中医开的药量非常少，一次一大口，一天两次，儿子吃了一周之后，发声的情况就彻底消失了，后来几种症状轮流出现，但越来越轻，两个月后所有症状都消失了。

海夫人：看中医，让孩子喝中医汤药，服用中医汤药时的确有许多禁忌，但让人匪夷所思的是，很多人把这些禁忌夸大到日常生活的方方面面。到底问题出在哪里呢？不是出在医生那里，而是出在家长身上，这折射出家长的焦虑情绪。

第二年春天，我和儿子分房睡，一个月以后，孩子的症状再次出现。我当时以为是分房导致儿子复发，并没有意识到抽动症的根源是我错误的家庭教育方式。我当时觉得，只要我更加小心地保护他，不让一切能引发他症状的事物接近他，过一段时间他一定能彻底变好。那个时候，我的心理完全放松了，甚至觉得网上的信息只是吓唬人的。

海夫人：如果这位妈妈及早看到海夫人的博客和海夫人的文章，就不会一直在做无用功，总是要避开一切可能导致症状出现的情况。

妈妈错误的教育方式

在孩子的教育问题上，我依然我行我素，总是要刻意排除生活中所有可能引发儿子症状的事情，以为这样做孩子就不会再有症状出现。我要求孩子不看电视，不玩电脑，不看手机，不看书，不吃所有的零食，不喝任何饮料，不吃苹果、芒果、黄瓜、柿子、西瓜，不吃挂面，不吃油腻的食物，等等。这些饮食方面的禁忌都是我从网上查到的和中医院的医生告诉的。

现在想想我当时有多么残忍啊！我几乎剥夺了儿子所有的权利。

为了让儿子看不到小食品，我从不带他去商场、超市。

为了不让他接触到电子产品，我们家所有人都不碰，也很少带他出入公共场合。

为了不让他看到他不能吃的东西，我几乎不带他参加任何社交活动。

为了不让他和小朋友吵架，我就减少他出去玩的时间，或者出去玩时我和他寸步不离。

当时的我就像一个得了精神病的老母鸡一样，天天扑在孩子身上。

海夫人：家长只是在想尽方法来避开一切会导致孩子出现症状的情况，这不是正确的康复措施，而是在浪费孩子宝贵的成长时间。症状出现为康复提供机会，家长却每次放弃这样的康复机会。

停药 4 个月后，有一次爸爸带他出去旅游，回来后儿子的症状卷土重来，还是以发声为主。

我当时以为是老公带他出去玩导致症状复发，因为他们一起出去玩时曾经大吵一架，老公有些孩子气，平时也经常和儿子发生矛盾。我就减少老公和儿子在一起的时间，我依然对孩子过度保护，依然在刻意排除一切能引发他症状的事物。

我又让儿子吃中药，这一次孩子吃了 4 个月，症状就消失了。

症状大爆发

来年春天，儿子又开始不明原因地发声，我又让儿子吃了3个月的中药，在征求医生同意的前提下，我在暑假带孩子去内蒙古自驾游，玩了8天，回来后儿子就大爆发了。

海夫人：自从发现孩子有抽动症以来，家长从来没有正面面对，一直让孩子吃中药，一直采取回避的方式，避开一切会导致孩子出现症状的情况，孩子从来没有得到真正的康复，所以抽动症慢慢累积发展导致爆发是在所难免的。

从内蒙古旅游回家后的第二天中午，儿子尿裤子了，我们都没有在意，以为孩子贪玩，结果儿子晚上又尿裤子了，我这才感觉到有些不对劲，儿子从懂事起就没尿过裤子，在幼儿园三年也没尿过,怎么会在一天之内两次尿裤子呢？

第二天，儿子开始频繁地尿裤子，我们都害怕了，带儿子去医院的泌尿科做了相关检查，结果显示没有任何病理问题，医生说可能是凉到了，过几天就会好的。可是儿子继续尿裤子，几乎影响到正常的生活，我给他穿上了纸尿裤，带他去看中医，医生说没事，吃点中药，三天就能好。

三天后尿裤子的情况真的好了，但又出现了腿部症状，一抽一抽的，症状出现时几乎无法正常走路，一天大概出现几次，医生还是说没事，吃几天药就能好。

就在腿部动作出现的第四天，爷爷带着他出去玩，爷爷和小区鲜奶吧的营业员吵了一架，到了晚上，儿子就开始出现点头的动作，非常用力地点头，动作非常夸张，非常频繁，大家都特别揪心。我们带他去看医生，医生说这次太严重了，需要吃一年的药才能好，并且把我狠狠地批评了，说一定是有什么事情刺激到孩子了。

海夫人：其实不必过多批评家长，连医生都对抽动症了解不够，在这样的医生指导下，家长又能有什么有效的方法呢？医生批评家长刺激了孩子，家长以后就会把孩子放进"真空环境"了。如果把孩子放进"真空环境"，的确不会出现症状，但是抽动症还在，并没有好，只等孩子一出"真空环境"，症状立刻表现。这难道是正确的康复措施吗？医生都如此，难怪很多家长跟风效仿。

到底是什么事刺激到了孩子呢？我想来想去，觉得只有爷爷带着他和营业员吵架这件事以外，再没有其他的事情发生，如今追究这件事已经没有意义，只能让孩子勇敢面对。

365

儿子总说脖子疼，我们全家都无能为力，只能不停地叹息。儿子点头的同时偶尔伴有全身的动作，有几次走路时两只脚互相拌在一起摔倒了，摔得满身都是土；有时还会全身性抽搐几下；有时甚至弯着腰，整个上半身都在甩。我满眼泪水地回忆着这段辛酸的经历。

自始至终，我一直在耐心地陪伴儿子，给他讲故事，陪他玩。虽然孩子有动作，但儿子的心情还挺好，每天都高高兴兴的，他也从没问过我关于这些奇怪动作的问题，只有一次他问脖子疼怎么办。我和爸爸抱着他说没事的，和感冒一样，过几天就会好的。我有时很担心他会继续问，我真不知道怎么回答他。

有一次，他说同学问他为什么总是有这样的怪动作，我心里一惊，不知怎么说。他很轻松地说："我告诉他们我有点小毛病，长大就好了。"我听了眼泪偷偷地流了出来，心想孩子比大人要坚强得多。

我继续限制孩子的自由，仍然不让儿子接触那些我认为不该接触的东西。儿子大了，接触范围广了，也不像小时候那么好骗了，但我继续软硬兼施地控制他，每天我们两个斗智斗勇，双方的身心都很疲惫。

由于我的过度控制，儿子出现了严重的情绪障碍，总爱莫名其妙地乱发脾气，每天我们全家人都提心吊胆地等着他发脾气，不知道他什么时候又对什么不满意。他不高兴的时候就会大喊大叫，发起脾气来没完没了。我不允许他这样胡闹，先讲道理，如果跟他讲通道理了，事情就过去了；如果讲不通，我就会恐吓他，说不要他了或者剥夺他仅有的一点点权利等。

儿子在我面前还能收敛一些，如果我不在家，他会变本加厉地和爷爷奶奶、爸爸闹，在外面玩时经常和小朋友们发生冲突。

这时身边有些朋友感觉到儿子不太正常，她们都在帮我出谋划策，认为儿子太淘气了，越玩越野，越玩越疯，所以才会出现这种情况，我竟然相信了，从此剥夺了儿子户外玩耍的时间。

平时都是爷爷奶奶去接儿子放学，爷爷奶奶无法制止他在外面玩，于是我就把儿子送到了托管学校，下班后我再去托管学校接他。

由于儿子过度担心我会不要他，又出现了严重的强迫行为，每天都要反复地问几十次："妈妈接不接我？"尤其是每天上学进校门的时候反复问。他自己也知道不应该问，主动说："我再问10遍就进去。"我会抱着他一遍遍地告诉他："妈妈一定会去接你。"这种强迫行为一直持续了整个学期，到了下一个学期开学时，儿子又开始问这个问题。我也想了很多办法，给儿子写卡片，告诉他妈妈爱他，一定会接他。

这一次，孩子吃中药持续一年的时间，春节前后停药一个月，孩子几乎没有出现什么动作，但到了夏天症状又开始加重。我的心彻底地碎了，这时我才意识到用药根本控制不了抽动症。

我整日以泪以面，无条件地满足儿子所有的要求，但又会严格地控制我认为他不应该接触的所有东西。我每天都生活在深深的自责、恐惧、矛盾和焦虑中，几乎处在精神崩溃的边缘，不知从哪里开始努力，几乎对生活失去了信心。

我开始彻底反思我对儿子的教育方式，但是我还是没有认识到自己的错误，不知道从哪里改起。

海夫人：家长继续在错误的方向上奔跑，并且越来越累，因为孩子不仅没有好，越来越严重。

367

接触到海夫人的理念

有一天，我在网上搜到了海夫人的博客，并加入了"沐浴阳光6群"，我每天热切地读海夫人的博文和群里家长们的分享，就像抓到了救命稻草一样，每天读大家的聊天记录，突然觉得世界没有把我们拒之门外，我们也有同行者，有很多已经走出黑暗的人在指引我们前进。

我把海夫人所有的博客文章全部打印出来，按类别装订成册，认真地读海夫人的每一篇文章，并且和自己的经历对照，慢慢地发现自己真的太愚蠢了，我走的都是方向相反的路，按照我之前的做法，孩子的症状一定会越来越重的。

海夫人：家长发现了，明白了，知道了，太好了！曙光来了。

于是我按海夫人的方法每天坚持这样做：

每日一歌（每天睡前带孩子大声唱歌）。

每日一汗（每天带孩子去户外活动到微微出汗）。

每日一谈（每天和孩子谈心）。

每日一反思（反思总结今天的做法，哪些值得坚持，哪些应该改正）。

每日一泡脚（用温热水泡脚20分钟）。（这些内容在海夫人的书《爱是最好的良方》中都有）

每当孩子的症状加重或遇到解决不了的问题时，我都会在第一时间到"沐浴阳光QQ群"里求助，非常感恩群主和6群的家长们，在我几乎崩溃的边缘给了我无穷的力量，让我在黑暗中渐渐明确了前进的方向。

到了10月份，我看完了海夫人的所有博文，果断地把儿子的中药停了，因为我已经坚信任何外力都是辅助手段，要想让孩子彻底好起来，我必须从自身做起，带领孩子一步一步地走出困境。

儿子发脾气的次数越来越少，发脾气的时间越来越短，动作幅度越来越小，频率也越来越低，当然不是直线好转的，而是曲线前进，好几天，坏几天，但这个月和上个月比较就有进步，看到儿子的进步，我更有信心了。

海夫人：非常棒！孩子现在是真正走在抽动症康复的路上。

369
▲

海夫人的书《爱是最好的良方》一出版，我就在第一时间买了回来，反复地读了两遍，也明确了儿子的情况：孩子的身体很健康，状况很好，有症状（抽动症所有的症状几乎全出现过），有情绪抽动（脾气非常大，发起脾气没完没了），有心理问题（强迫行为，莫名害怕）。

我明白必须调整好自己，放下一切，带领儿子重新开始。我学习了一些家庭教育书籍，有《顺应心理，孩子更合作》《妈妈强大了，孩子才优秀》《陪孩子走过小学六年》《爸爸的高度决定孩子的起点》《妈妈的情绪决定孩子的未来》《怎样听孩子才肯说，怎样说孩子才肯听》等等。

妈妈改正自己错误的教育方式

通过看书和群里家长们的指导，我彻底改头换面，回想前几年的我简直就是儿子的噩梦，以爱的名义控制孩子的一切，错误的认知剥夺了孩子幸福的童年，我把儿子逼得症状越来越严重，感恩上苍让我接触到了海夫人的理念，给了我改过自新、向儿子赎罪的机会。

我向全家人讲起海夫人的理念，讲起别的家长帮助孩子康复成功的例子。爷爷奶奶也很认同这种理念，但一看到孩子有症状出现时就开始纠结、慌乱，总想让孩子吃点药快点缓解。孩子爸爸不太愿意听我讲，但表示一切听我安排，没有意见。

我慢慢地放手，允许儿子接触电视，刚开始每天看10分钟，儿子好多年没看过电视，看电视时异常兴奋，症状明显加重，大概过了3个月，看电视时症状加重的情况才有所缓解，但我一直坚持，后来增加到每天看电视20分钟。

我每天都带儿子到户外活动，每次儿子都玩得出汗。儿子踢球时会出现腿部的症状动作，挖雪时会出现肩部的症状动作，但我一直坚持让儿子随心所欲地玩，一直咬着牙坚持忽略孩子的症状。我看到儿子的症状加重时也会焦虑和心酸，但并不会表现在脸上。

以前我不让儿子吃的食物，如今全部正常供应，只要在合理范围内，儿子想吃什么就吃什么，没有任何忌口。

如今儿子的症状虽然还不能称得上痊愈，但只有我们家里人能感觉到，儿子已经不再情绪抽动，偶尔发发小脾气，都属于正常表现，儿子基本上自己就能调整好情绪，有时遇到问题还会主动安慰我。和家人之间、和同学之间发生矛盾后，儿子也能积极主动地解决。

前几天早上儿子和爸爸吵了一架，中午放学回家后，他主动到爸爸面前很友好地喊"爸爸"。当爷爷嫌弃奶奶唠叨时，儿子说："老太太都那样，喜欢唠叨，你别说她了。"同学遇到困难时，儿子会主动帮助同学。儿子出去玩时，我再也不担心他会和其他孩子发生矛盾了。

我坚信海夫人的理念，因为有很多很多人都成功了，坚定方向，坚持做好，我相信儿子将来肯定会彻底痊愈。儿子今年和去年判若两人，我相信黎明很快就会到来。

371

海夫人：孩子目前的状况非常好，身体动作基本没有了，情绪抽动已经好了，孩子的内心在逐步强大，家长和孩子一起获得了成长。

常见教育问题解决心得

我列出了几个常见的问题，说一说我们的处理方法，希望能给大家提供借鉴。

1. 针对孩子的教育，家庭成员不能达成一致怎么办？

平时照顾儿子以我为主，爷爷奶奶为辅，孩子爸爸几乎不参与家庭教育。

我经常和爷爷奶奶讲起海夫人的理念和一些成功家长的做法，爷爷奶奶都非常认同，但要改变老人的溺爱方式和落后的教育理念几乎是不可能的，他们在举手投足间就会流露出固有的思维模式。我决定，除了爷爷奶奶帮忙接送或特殊情况之外，我尽量争取自己照顾儿子，辛苦点也没关系。儿子的大部分事情都由我负责，我和儿子基本上能达成一致，当爷爷奶奶让他做一些他不愿意做的事情时，他会给我打电话求救。

后来我认识到我不应该总是为儿子排除所有的困难，我应该让他学会处理家庭琐事，让他学会理解谦让。

刚开始儿子和爸爸、爷爷、奶奶出现分歧时，我会和爸爸、爷爷、奶奶谈，有时会当着儿子的面和爸爸、爷爷、奶奶讲道理，有时会避开儿子，儿子慢慢感觉到爸爸、爷爷、奶奶说话是没有力度的，开始无视他们的存在，有时公然挑衅爸爸和爷爷奶奶。当他们对儿子提出意见时，儿子会理直气壮地说："我得问问妈妈的意见！"或者干脆说："你们说话不好使，我妈妈同意才行。"

我觉得这样发展下去也不好，于是天天做儿子的工作，爷爷奶奶和爸爸虽然有时方法不对，但他们的出发点是好的，所以我们要理解他们，要用正确的方式处理问题，能达成一致最好，不能达成一致就先表示感谢，再婉转拒绝。

现在爷爷奶奶让儿子做一些他不愿意做的事情时，儿子会说："唉！做就做吧！"虽然语气很无奈，但情绪还不错。

我一直在很辛苦地努力，但我相信，只要我足够努力，足够用心，一直坚持，孩子会好起来的。家庭成员之间能达成一致是最理想的状态，如果实在无法达成一致，就不必强求。如果家里的氛围不好，孩子受到的伤害最大。

2.怎样和孩子分床、分房？

儿子满6周岁的时候，我想让他单独睡，当时儿子非常喜欢他表哥新买的自行车，于是我用自行车做诱饵，答应儿子如果能自己单独睡一个房间，一个月之后我也给他买。

每天晚上我陪儿子入睡，他睡着以后我就悄悄离开，但他半夜醒来时会到我的房间里来，摸摸我的手，我当时残忍地威胁他："如果你不回到自己的房间，自行车就没了！"儿子可怜巴巴地回到了自己的房间。

早上他很早就起床了，然后用哀求的语气问我："妈妈，我睡醒了，我到你床上躺一会儿算违反规则吗？你还给我买自行车吗？"我答应他到我的床上躺一会儿，儿子会美美地再补上一觉。

有一天夜里，儿子又醒了，他不敢到我的床上睡，担心我不给他买自行车，但他又那么渴望睡在妈妈身边，于是他跪坐在我的床下，小手摸着我的衣角，居然趴在床沿上睡着了。回忆到这里，我真想抽自己一个嘴巴，我怎么会残忍无知到这种程度？我把儿子折磨得心神不宁。当我醒来看到儿子的一瞬间，我的心彻底碎了，连忙把儿子抱上床，搂在怀里，告诉他："安心地和妈妈睡在一起吧！妈妈明天就去给你买自行车。"也许因为春季是抽动症的复发期，也许因为儿子好多天担惊受怕，症状再次出现，从此我再也不提和儿子分房睡的事了。

后来，我接触了海夫人的理念，我认识到分房并不是引起症状的原因，是我处理分床的办法不对。儿子已经快9周岁了，不可能总是和我睡在一张床上，这样对孩子有百害而无一利。

我想先从分床开始，一步一步地过渡到分房。我家的卧室面积小，放不下两张床，即使放了两张床，儿子也不一定会和我分床睡。于是我带他去商场看那些漂亮的上下铺。儿子果然上当了，在他再三央求下，我们把他房间的单人床换成了他最喜欢的实木上下铺。新床买回来了，儿子兴奋极了，要求第一个晚上就要睡新床，我欲擒故纵，以新床有味道的理由推迟了几天。

刚开始时儿子睡上铺，他让我上去陪他，我就和他一起睡上铺，等他睡着以后我悄悄下来。他半夜醒来喊妈妈，我会立即爬上去。儿子问我为什么要下去，我说上面太挤了，担心睡着了会掉下来。儿子就说让我陪他一会儿，等他睡着了我就可以下来。这种情况大概持续了两个月，在这两个月的时间里，无论是夜里几点，只要儿子叫我，我就会立刻爬上去。后来我不知道他在夜里是醒了也不需要让我陪，还是从来没醒过来，总之儿子夜里不再叫妈妈陪了，我猜他终于觉得安全了。

到了夏天，天气特别热，睡上铺更热，于是儿子睡在下铺，我睡在客厅的沙发上，就这样自然地分房了，我睡在沙发上是因为儿子躺在床上就能看到沙发上的我。

从这次分床到彻底分房成功，我从没和儿子说过我们要分床或分房，也没鼓励他自己睡，一切都很自然，而且在这期间我随叫随到，让儿子没有任何心理负担，儿子自然而然地做到了独立入睡。所以我觉得最好先分床再分房，争取做到轻松自然，不刻意强调，孩子的安全感得到满足了，自然水到渠成。

3. 孩子尿频怎么办?

儿子在很小的时候，时不时频繁上厕所，那时我们还不知道他患有抽动症，就以为儿子着凉了，就把鞋子和裤子加厚一些，过几天就好了。现在回想一下，即使不穿厚一些，过几天也会好的，因为本来就不是着凉引起的。

随着症状的加重，儿子上厕所的次数也在增多。我带他到医院做过几次检查，当时爷爷奶奶担心儿子的肾不好，检查结果显示一切正常。在我没接触海夫人的理念时，我总是劝他忍一忍，让他不要想上厕所的事情，他如果能多坚持一会儿，我就表扬他，当然这没起到任何作用。尿频的情况一直持续着。

后来，我带儿子去内蒙古自驾游，因为内蒙古地域辽阔，景点之间的距离很远，所以每天在高速公路开车的时间都有好几个小时。以前我们也经常自驾游，我以前在车上给儿子准备一个接尿的瓶子，但这次自驾游是和孩子舅舅一家人同坐一辆车，舅舅和舅妈批评我惯孩子，不讲卫生，不让我在车上为儿子接尿，如果儿子坚持要上厕所，就停车让他下车方便。可是在高速公路上怎么能随便停车呢？即使用最快的车速，还得花四五个小时才能到达下一个景点，如果总停车，晚上就得住在荒郊野外了。我当时也很生气，觉得这孩子真不听话，才尿完一小会儿不可能就有尿。

在内蒙古自驾游的那几天，每当儿子说想上厕所时，我们所有人都横眉冷对，儿子被迫憋了8天。旅游回来的第二天，儿子就开始尿裤子，准确地说是尿失禁，他控制不了。我们到医院做了各种检查，医生说没问题，吃了4天中药后恢复正常。我后来才明白，自驾游的那8天里，我一直限制他上厕所，导致他过度紧张，造成了尿失禁。

从那以后，我再也不限制儿子上厕所，车上一直备着随时为他接尿的空瓶子，无论是逛街还是参加聚会，只要儿子说想上厕所，我就立即带他去。我也和班级老师打好招呼，随时允许让他上厕所。

直到现在，儿子有时还会频繁地上厕所，尤其是晚上睡觉前，有时要连续去几次才能踏实地睡觉，我就像没看见一样，不管也不问，不过上厕所的频率比前几年低很多。

海夫人：关于尿频的问题，我曾经写过相关的文章，海夫人的微信公众号（HFRCDWX）目前还没发布这篇文章。对于如何判断是抽动症症状还是其他病理表现，海夫人的微信公众号、海夫人的新浪博客以及海夫人的书《爱是最好的良方》都收录了文章《如何判断是抽动症症状还是其他病理表现》。

4. 我威逼利诱的方式导致孩子极度没有安全感

孩子担心我会不要他，担心放学后我不去接他，常常问我："妈妈接不接我？"孩子吃饭时也问，睡觉前也问，玩的时候也问，上学时进校门之前更要连续问，有时要连续问二十几遍。我知道这是儿子缺乏安全感的缘故，于是不再让他放学后去托管学校。

虽然不去托管学校了，但儿子仍然每天问这个问题，每次他问我时，我都会不厌其烦地回答他："妈妈一定会去接你的！"

爷爷奶奶不太明白其中的道理，他们经常被儿子连续不停地问弄得忍无可忍，偶尔说他几句："你是怎么回事啊？告诉你多少次一定会接你的，你是不是男子汉啊？为什么会这么烦？"

我家离学校非常近，下楼步行三分钟就到，我知道儿子并不是真的担心没人接他，因为他自己就能回家，他是因为被送到托管学校之后失去了安全感。

于是我想了很多办法，我在心形卡片上写下一句话："妈妈爱你，妈妈一定会接你的。"我把卡片放在儿子的书包夹层里。后来，在儿子问这个问题时，我会提示他："就问 10 次好吗？"他会数着手指头问，问完 10 次他仍然觉得不踏实，会盯着我的眼睛再问几次。这种情况一直持续了整个学期，到了下一个学期开学，他又开始问，但问的次数明显减少，后来就不再问了。具体是哪一天开始不问了，我不记得了。

5. 儿子出现闻手的情况

儿子突然出现闻手的行为，我不知道这是属于抽动症状，还是属于强迫行为。他总说自己的手有什么味道，自己闻，也让我闻。他有时会不停地闻，连续闻十几次。我买了很多种带不同香味的香皂，当他闻得严重时，我就带他用香皂洗手，把手洗得香香的，然后我和他一起闻，然后陶醉地说："哇！好香！"慢慢地，闻手的情况也消失了。

儿子还出现过其他的强迫倾向，比如走路时必须和我迈同样的步伐，必须保持同样的速度；睡觉时必须开灯，必须把灯开到特定的亮度，必须把灯摆在指定的位置，必须把被子铺成指定的样子；等等。这些情况都很轻微，我都忽略他的这些行为，同时做到有求必应，在不知不觉中这些行为都慢慢消失了。

6. 孩子不愿意写作业怎么办？

我在网上看到很多因为上学才诱发抽动症的案例，一直担心儿子上学以后症状会加重，所以上学时不敢过多要求，只求能跟上就行。尤其在儿子症状非常严重的时候，只要儿子能正常完成作业，我就觉得很好了，所以在学习方面从没对儿子要求过什么。

我这种松懈的态度也深深地影响了儿子，儿子能及时完成周一到周四的作业，但到了周末，就不愿意写作业了，从周五拖到周六，从周六拖到周日。到了寒暑假，孩子更不愿意写作业，我只能拿吃、喝、玩各种利诱轮流上阵，才能哄着儿子把作业写完。

到了三年级的学习爬坡阶段，儿子开始闹情绪，每天晚上都不愿意写作业，每次都磨蹭到很晚，又开始严重焦虑，找各种理由发脾气，就是不写作业。

我正是在这个时候接触到海夫人的博客，我认识到是我多年错误的教育方法把孩子弄成如今这种样子，想在几天之内改变是不可能的，于是我静下心来想解决的办法。

379

首先，我改变孩子的认知，让他明白无论他是否喜欢学习，学习都是必须要做的事情，只有集中注意力把学习这件事做好了，才会有更多的时间做其他的事情；其次，我引导孩子对学习产生兴趣；最后，我帮助孩子找到适合他的学习方法。

（1）改变孩子的认知

当时，儿子很喜欢听《巴啦巴啦小魔仙》的故事，故事的大意是：好人有彩色星石，坏人有黑色星石。好人做好事时，彩色星石就会发光，整个世界都会变得更美。坏人做坏事时，黑色星石就会发光，世界就变得灰暗。

我利用晚上每日一谈的时间，把儿子搂在怀里，借助这个故事和儿子说："其实每个人的身体里都有两个精灵，一个好精灵，一个坏精灵。如果你让好精灵出来做好事，你就会变得越来越健康、帅气、受人欢迎；如果你让坏精灵出来做坏事，你就会经常生病，长得越来越丑，没人喜欢你。"

儿子根据故事里的内容说起了自己的看法：好精灵拥有所有好的品质，比如善良、正直、勇敢、智慧等；坏精灵拥有所有坏的品质，做的坏事有发脾气、摔东西、说脏话、发泄仇恨等。

我鼓励儿子让好精灵出来做事，控制坏精灵，不让坏精灵出来干坏事。每天晚上，儿子都会躺在我的怀里，说一说今天发生的事情，他会高兴地说："我的好精灵今天出来干了几件好事，我今天没控制住我的坏精灵。"我会抱着他说："这都很正常，妈妈有时候也控制不住自己的坏精灵，你知道控制它就是很大的进步了，妈妈相信你会慢慢地控制住坏精灵的。"

儿子的坏脾气果然越来越少了，发脾气的时间也越来越短。儿子慢慢有了自控能力，我开始和他谈学习的问题，我告诉他智慧是最好的品质，只能通过学习才能拥有智慧。

儿子明白这个道理，但真的做起来很难，总是拖拖拉拉，不追求速度和质量。我又开始和他讲第二个道理：说到就要做到，规则一定要遵守。

我告诉儿子一定要做一个说到做到的人，不能说了不做。儿子听了不高兴，不承认我说的是对的。我就和他讲："警察如果不遵守规则，拿着枪想开就开，枪就会被没收；司机如果不遵守规则，到处乱停乱开，驾照就会被吊销；

医生如果不遵守规则，乱开药，乱打针，病人会增添很多痛苦；妈妈如果不遵守规则，说了不做，你会非常可怜。"

儿子似懂非懂地点点头，答应以后一定说到做到。当他不愿做他曾经许诺过的事时，我就说："如果你说话不算数，那我说话也不算数，我答应你的事情就取消了。"他就会乖乖地说："那好吧！"这仅限于一些重要的原则问题，有些不重要的事情是可以让孩子反悔的。

（2）培养孩子的学习兴趣

解决好孩子的心理问题和情绪问题后，我开始从学习兴趣入手。每天我和儿子一起写作业，他写什么我就写什么，我和他比速度、比质量，大部分时间都是他赢，偶尔他速度太慢或心不在焉的时候我会赢一次。他每赢一次，我就给他贴一朵小红花贴纸，攒够10朵小红花，我就会满足他的一个小愿望。

刚开始的时候，我和他只比赛做一道题或者写一行字，后来比赛写一页字，再过一段时间，比赛做一项作业，再后来我就用看书和他比，他写规定量的作业，我看多少页书，慢慢地，儿子能够独立完成作业了，不需要督促，不过我一直坚持坐在旁边看书陪伴。这个过程说起来容易，做起来很难，有时坚持一两个月才能看到孩子的一点点进步。只要家长有足够的耐心坚持住，孩子一定会进步的。

儿子曾经对写作业产生过严重的焦虑情绪，写作业的速度慢，进入不了状态，等到时间稍晚一点，他就开始焦虑，急得边哭边发脾气，说："太晚了！写不完了！不能出去玩了！"

我就平静地告诉他："你放心，无论你几点写完，妈妈都会带你出去玩。"说到做到，无论他几点写完，无论外面是否还有人，我都会带儿子出去转一圈。尽管有时因为玩而占用他睡觉的时间，但我觉得与焦虑相比，少睡一会儿也没关系。

慢慢地，儿子写作业即使写到很晚，也不会出现焦虑的情况。

（3）帮助孩子找到适合他的学习方法

儿子写作业的时候经常开小差，写着写着就去神游了。我对儿子讲："你神游的这段时间既没有玩得开心，又没有写作业，真的是浪费了，如果你真的写不下去了，那就停下来，自己用闹钟定时5分钟，玩5分钟之后再坐下来快点写。写不下去的时候就专心玩，总之不能让时间白白浪费。"

每次玩5分钟后再写作业，儿子明显写得快很多，过了一会儿又坚持不住了，我就提示他再玩一会儿，虽然他每天在写作业期间玩了很多次，但总体用的时间和他以前写作业用的时间几乎差不多，因为他玩了之后心情很好，能够很快地投入到作业中去，而且妈妈对他的尊重和理解让他很感动，他也在不断地努力集中自己的注意力。

当儿子能够完成老师留的基础作业之后，我开始着重提高他写字的质量和速度。因为年级逐渐升高，只靠课堂上学的内容和课后的作业已经远远不够，我开始让他做卷子和上课外班。方法和上面一样，首先要和孩子达成共识，这些事都是我们应该做的，然后帮助孩子调整好时间，找到适合他的学习方法,总之一定要保证孩子学好,也能玩好。

这个过程说起来容易,做起来真的很难,需要对症下药。如果他闹情绪,那就从情绪入手,根据情况需要软硬兼施,也不能一味地表扬、鼓励。批评孩子时,一定要考虑到孩子的心理承受能力,同时和他近期的情况相结合,晓之以理,动之以情,让孩子从心里接受,决不能强行打压。

带孩子进步的过程就像爬台阶,我无法准确判断孩子一步能迈多高,如果准备的台阶太高了,孩子不但上不去,还会摔倒,所以我宁可让这个台阶低一些,让孩子多迈几步。

在四年级之前,我最大的目标是让他能愉快地完成老师布置的基本作业,并没有让孩子额外多学,而班上绝大部分的孩子都在外面上各种补习班,所以儿子的成绩一直不理想,但儿子对学习有兴趣,也从来没有自卑过。

我从他写作业的态度上就能看出他在班级上课的状态。如果他能够积极认真地完成作业,就说明他在课堂上听课的状态也很好;如果他写作业时拖拖拉拉,错误连篇,就说明他听课的状态不好。

对孩子起决定作用的永远是家庭教育

对孩子起决定作用的永远是家庭教育,对孩子影响最大的人永远是最亲近的家人,所以平时我很少主动和老师沟通,我想让他像正常的孩子一样,独立面对他应该面对的事情。

抽动症是上天赐予的礼物

从进入"沐浴阳光6群"的那天开始，我就对战胜抽动症充满了信心。多亏海夫人和群里家长们的帮助，经过了14个月的努力，儿子现在症状轻微，只有我天天和他在一起才能偶尔感觉到，记不清在什么时候，焦虑、强迫行为都没有了，儿子变得积极阳光、宽容大度。

我要再次感谢海夫人，再次感谢"沐浴阳光群"里那些帮助过我们的家长们，我的心中充满了感恩之情，一直希望也能像群里的家长们一样做一个有益于社会的人。

每当我看到群里焦虑的家长时，我就希望能把我的经历分享给大家，供大家参考，因为我也是从那个阶段走过来的，看到有和自己情况类似的过来人时就像抓到了救命稻草一样，于是我把平时的日记整理一番，虽然都是平铺直叙，但全部是我的亲身体悟，希望能让大家有所借鉴。

回想这段还没有最后宣布成功的革命，我觉得最重要的是要反复读海夫人的博文和书，关注孩子的内心，我进群时大家也是这么告诉我的，但那时对这句话的理解不如现在这么深刻，希望新入群的家长不要过于焦虑，稳定住自己的情绪，从反复读海夫人的文章开始吧！

一定要坚信，抽动症是上天赐予我和孩子的一种变相的礼物，振作精神，站在这座高山上，你会发现，无限风景在险峰！

抽动症塑造了家长，也成就了孩子！加油！

觉知和实修

痛苦来自内心不断增长的嗔恨

我曾经陷入的局面都是内心的嗔恨带来的，我的原生家庭有嗔恨，我老公的原生家庭也有嗔恨，并且这种嗔恨最开始都是由女人内心的不满、抱怨、愤恨慢慢演变而成的，日复一日，这嗔恨越积越深，范围越来越大。

长江的源头原本只是一滴水，经过时间的日积月累，一滴水慢慢汇聚就成了一条大河。

我们的嗔恨也是如此，刚开始只有一点小小的不满意，因为自己并没有察觉到，这种小小的不满意一直在默默地生长。谁也没觉得这有什么大不了的，不就是一点不满意吗？不就是一两句抱怨吗？不就是一点嗔恨心吗？生活中适合嗔恨生长的土壤随处可见，随处都有。嗔恨的种子一旦播撒下，就容易生根发芽。

长江自源头生发后源源不断，一路奔流，一路汇聚，最后成了一条大河。我们心中嗔恨的种子一旦生长发展，同样会生生不息，到最后我们看到的就是滚滚不息的嗔恨之江。

孩子身上反映出的都是家庭中的问题，孩子是家长的镜子。当我们照镜子时，如果觉得镜子里的那个自己不完美，不理想，我们并不会挥拳打碎镜子，而是接纳镜子里的模样，接纳孩子其实也就是接纳自己，善待自己。

北京 - 熠琨 -8 岁：你我的内心都有黑白两面，接受自己的"坏"，才能让自己变得更好。

只有在放弃证明自己有价值的时候，你才是自由的，改变自己永远比改变别人更容易，请别把自己幸福的权利拱手交到别人的手中。

海夫人：当嗔恨毁坏我们生活的同时，爱同样会跳出来提醒我们，上天赐予的矛和盾同时在我们的手中。

来看看一位妈妈的话：

四川 - 登妈 -10 岁：昨晚儿子睡前和我摆起了龙门阵。

儿子说："妈妈，你知道吗？我今天生气了，气了好几次。"

妈妈说："妈妈知道你今天生气了，你不高兴了可以生气。你的自行车把手被压歪了，你很心疼，是吗？"

儿子说："还有别的，你知道吗？"

妈妈说："是妈妈在路上催你了，回家也催你了。"

儿子说："是的，我不喜欢你催我。"

妈妈说："妈妈尽量不催你，不过你也要尽量不给妈妈催你的机会啊！妈妈也谢谢你及时提醒。我已经很努力地学着不催你。"

儿子说："你是进步了，不过比外婆好不了多少。你太着急了，如果你没那么着急就不会催我了，我只是有点磨蹭嘛！"

我顿时无语，我感觉自己在潜意识里还有控制孩子的欲望，是不自觉的！

不知不觉、后知后觉和先知先觉

不少家长说："道理我都明白，但就是控制不住！我已经在改变认知了，但还是控制不住，我没法控制潜意识里的想法，一遇到事情就生气！"

改变认知是改变行动的前提，先改变认知，然后通过认知改变行为。从已经发生的错误中吸取经验教训，也就是根据结果的反馈来指导行为，并且调整偏离的方向，这有点像追溯长江的源头。改变认知在觉知的过程中相当于后知后觉的阶段。

387

觉知是觉察当下的能力，就是对每一个在头脑中升起的念头，无论是欢喜，还是嗔恨，还是贪欲，都能清楚地觉察到。觉知本身就如同长江的源头，从这个源头开始你就具备觉察的能力。

觉察当下在觉知的过程中相当于先知先觉的阶段。

训练觉知的过程，就是从一开始不知不觉的状态，达到后知后觉的状态，再进一步达到先知先觉的状态。

（1）不知不觉的阶段

在不知不觉的阶段，比如你的心里存有不满的情绪，并且开始抱怨骂人，这时的你表达出了情绪和行为，但在表达出情绪和行为之后没有察觉，对自己的情绪和行为没有清醒的意识，没有认识，甚至不明白自己为什么会情绪爆发，为什么会打人骂人，爆发之后自己都觉得莫名其妙，不知所以然。

（2）后知后觉的阶段

在后知后觉的阶段，在表达出自己的情绪和行为之后，自己立刻有觉察，有意识，有觉知，对自己的情绪和行为有了清晰的判断和认识，并且知道自己为什么会出现这样的行为。

（3）先知先觉的阶段

在先知先觉的阶段，对于每一个在头脑中升起的念头，自己都能清楚地觉察和看见，知道这个念头里有欢喜，或者有欲望，或者有贪心。无论有什么都不重要，重要的是我觉察到这个念头正在从我的头脑中升起，并可以随着念头的升起来观察这些念头。

如果一个念头刚刚升起，你就能觉察到，这说明你的觉知能力已经得到了提高。这个念头的升起就如同长江的源头。

假如长江出现洪水，面对洪水的泛滥，我们的防范措施只能是围堵或疏导，根据出现的问题结果来对措施进行小范围修正。如果希望进行大范围修正，范围越大，需要付出的时间成本、人力成本和经济成本就越高。

对于一件事物，在起始的萌芽状态进行修正还比较容易，就好比长江的源头，或者好比一个刚出生的孩子，孩子如同一张白纸，你可以随意在这张白纸上画画，你可以决定画作的底色、风格和基调。在这个时候做一个决定很容易，开始行动也很容易，但是一旦开始动手画，并且随着画的内容增多（长江从发源地流出，持续向前奔流），画布上的内容越多，这幅画作开始出现自己的特色和格局（长江不断奔流，汇聚壮大），等到一定的时候，画布上的画已成风格(长江已经形成)，在这个时候你如果再想改，只能是"后知后觉"，只能根据结果的反馈来进行小范围修正。

觉知能力可以帮助我们更好地从源头把握事情的方向。

训练觉知能力

如何训练觉知能力？很简单，在日常生活中，我们做任何事情都要一心一意，时刻静心，觉察当下，清楚当下，明白当下，把握当下，自己做自己身、心、意的主人。

在训练觉知的过程中，你只需要内观自己的心，观察内心有没有升起念头，觉察即可，不必对念头进行评价判断，不必用是非观念打上标签，不要觉得"我怎么有这样卑鄙的念头"，观察这些念头的升起，看着它们，这就是觉知。

任何一个念头的升起和消散都是自然的事情，观察这些念头即可。不要小看觉知能力的训练，觉知能力对我们每个人来说都非常重要，尤其适合成年抽动症和成年抽动症并发强迫症的情况。

　　拥有了觉知能力，再运用到实修中，实修需要踏踏实实、一步一个脚印地去做，实实在在地做，认真做好每一件事。实修没有捷径，唯有努力修（实修）为（行动），再加上好的悟性。

如何进行具体的实修

　　我举一个小例子，我写了不少关于抽动症的文章来表达自己的观点，并且反反复复地讲，但是每次来找我的家长大部分问的都是我重复表达过的内容，于是我常常恼火。

　　有一天，一位家长说孩子吃了中药之后病好了，我的心中很快升起不愉快的情绪，因为他的判断有误，他的孩子才 6 岁，吃中药后症状少了很多，几乎没有了，从年龄和症状表现的过程来看，孩子只是处在稳定状态，家长把稳定当成好了。相关内容可看《抽动症的康复过程》，此篇文章收录于海夫人的书《爱是最好的良方》中。

　　当我不高兴的情绪升起后，我很快觉察到，我看着这个念头升起，起初我只是看着，不吃惊，也没有恼怒和羞愧。我觉知到这一切，并觉察其中的变化，我问自己："为什么要生气呢？仅仅因为家长在不知情的情况下，把稳定判断成好，这是家长的错吗？不是，错的是我，我的胸怀太小了，如此在意别人是否读了我的文章来正确理解抽动症。"

　　我看着心中那份升起的不愉快，觉察着，并且找到导致这个念头升起的真正原因，几分钟后，这个刚升起的念头很快减弱并消散。最后我对这个家长说："不要这样急着去定义，家长真正的努力最重要，也最关键！"

以前我常常心生抱怨，觉得太累太辛苦，每天被这么多人打扰，并且都带着强烈的负性情绪和负能量，甚至我会和他们一样针锋相对，抱怨他们，厌烦他们。后来有一天我突然明白，我生命中出现的任何一个人都绝非偶然，每个人都带着不同的目的出现在我的生命中，用不同的方式帮助我。如果没有对境，我们如何提高自己？对境其实就是机会，那些为你提供对境的人，你是不是应该感谢他们？

改变只应针对自己，如果针对旁人，就带着"强迫"的意味，我们对旁人只能进行引导或者提供建议，我们只有让自己变得更好，以此来影响周围的人！

修行的路上没有捷径，较好的悟性能够让你早日找到正确的方向和适合自己的方式，但是不能省略掉实修的过程。

实修，就是要实实在在地努力，实实在在地行动，实实在在地去做。

觉知和实修，是心灵成长的必经之路。

实修的重要性

海夫人分享了十多年，这十多年接触了无数的家长，孩子的问题不是空穴来风，孩子只会单纯地表现问题，但是孩子无法知道出现问题的原因，也无法知道为什么会这样，为什么就这样了。

海夫人自己就曾经是一个问题多多、问题重重的人，所以当我自己没有走出低谷和困境的时候，当我的成长没能赶上孩子的成长的时候，是我影响了孩子，我的问题给孩子设了一个局，形成了孩子的剧情模式，给孩子造成了很多困扰和痛苦，这是很正常的。这个世界百分之九十九的人都在照这种模式生活，在剧情模式套着剧情模式中轮回。

我接触过很多家长，痛苦和困扰各不相同，有的和我一样曾经深陷在一个巨大的漩涡中。我起初对这些家长怀有深深的同情，因为我知道一个人被巨大的漩涡吸附并困扰其中的滋味，同时我也知道，一个人在自己的漩涡中，只有凭借自己的力量才能脱离这个漩涡走出来，否则就永远在漩涡里轮回。

漩涡有着巨大的力量，不仅吸附着你，也吸附你遇到的一切事和一切人，于是你的一切都因为这个漩涡而变得糟糕，并且无法掌控。这个漩涡也就是我以前曾经讲过的身心处的"黑洞"。

"我是一个天生就从上天那里收获了"偏差"的人，然而我也非常幸运，我的内心始终有着光亮，始终有爱的指引。在这光亮的指引下，我觉知自我，修复自我。当你内心的"黑洞"（偏差）被修复时，这个原本妨碍你、折磨你、损耗你的"黑洞"会在修复后发出巨大的超能力，你也会因此而重生。"这段话摘自海夫人的文章《网络暴力，网络暴民》。

觉察是转变的开始

我在十来岁的时候就感觉到自己的不同，或者说我对自己的情况有所觉察，这到底是我天生就具有的觉察力，还是在后天环境中培养发展起来的自我观察的能力，我不知道。

十来岁的时候，我感觉到自己的性格与环境格格不入。我个性孤僻，沉默寡言，没人愿意和我玩。我无法开口说话，开口必会伤人或得罪人。我的情绪如同激烈的蹦极，跳上跳下，要么升入高空，不见人烟，要么跌入地狱，阴寒湿冷，然后便是可怕的抑郁状态，没有生命的气息和热度，一片死寂，一个比黑洞还要可怕的世界在吸附我的活力。

我的愤怒像活火山口一样随时都会喷发，浇灭良田，毁灭生灵。我有太多的想法，互相纠结拧巴，如同一个沉重巨大的包袱，压得我喘不过气来。我很容易出现焦虑、担心、恐惧等各种负面情绪，这些负面情绪如同毒瘤一样生长发展，严重地影响并妨碍我的基本生活。

身与心其实是相互联系、相互影响的，我糟糕的情绪状态必然会影响我的身体状况。思伤脾，忧伤肺，我经常感到心慌，没有精神，经常疲倦无力，失眠，脾胃弱，我的五脏六腑几乎处于病弱的状态，我曾患有肺炎、胃炎、胆囊炎、气管炎、长期便秘、长期神经衰弱、抑郁。

长期的失眠抑郁严重地影响了我的心肺功能和活力。我曾对婆婆开玩笑说，我的心肺功能还不如她，婆婆点头同意。婆婆现在 80 岁，身体特别好，她的心肺能力在同龄人中属于比较强的。

我曾说自己没有青春期，没有前半生，只有后半生，因为那段如同在地狱里一样的日子太沉重，我的青春期，我的前半生，都在这个漩涡里打转、沉沦、挣扎。

有时候，我觉得自己是幸运的，漩涡虽然有一种可怕的吸附力，但是至少里面存在力量，力量和反力量会相互作用，那些完全感觉不到力量，同样深陷漩涡中的人更难走出来，甚至无法走出来。

这种力量就是爱，这就是我极为幸运的地方，我的漩涡并非全然的死寂、荒芜、黑暗、绝望，而这爱源自我年幼时期 1~3 岁获得的那段无条件的爱，如果没有这份力量，我无法走出来。

我是幸运的，我的幸运不仅因为我的内心始终有爱的力量，而且因为我很早之前就看见了这个漩涡，虽然一开始并不能称得上看见，只能是感觉到自己在一种力量的影响或摧毁下无法自保。

渐渐地，我能看清楚这个漩涡了，最初的体验都是可怕的，每次看到漩涡立刻就会瞬间崩溃，因为漩涡的力量太大，而我的力量太弱。这种崩溃是漩涡的力量和我内心的力量的搏杀，崩溃之后我需要在废墟中再次一点点地积聚力量，重新站起来。

这个过程我坚持并持续了二十多年，这二十多年就是我实修的过程。二十多年后的某一天，我发现漩涡已经不是漩涡了，对我已经没有了杀伤力，漩涡里的速度很慢很慢，漩涡已经变成我生命中自然的水流，而且里面不再是什么都没有的暗黑世界，"黑洞"里其实有一个极为丰富的世界。

对于抑郁症患者，尤其重度的抑郁症患者，你真的不要去开导他们，不要问他们怎么了，更不要去恨他们。没有经历过和体会过的人是无法知道这种力量出现的时候瞬间吞噬和掠夺他们的感受，所以对他们最好的做法就是拥抱他们，接纳他们的感受，爱他们，给他们时间去看见和觉察，给他们时间从废墟和绝望中慢慢重新站起来。

对于强迫症患者，也不要去批评他们，他们被障碍绊住，这种力量全部由内而外产生，如同漩涡，最深处的那个点永远在自己的身心之中。

实修的重要性

在这十多年接触家长的过程中，我最大的感触是，这个世界有太多把行动停留在嘴上和头脑中的人，我给过不少人建议，因为接触的家长很多，我到现在有一种能力，能够在比较短的时间内看到家长存在的问题。

我遇到过很多真诚忏悔的家长，当你听到他们的忏悔和自责时，你会深深地感动，然而她们的行动仅止于此，忏悔自责过后，她们一如既往，原来是什么样，现在还是什么样。

我一般给家长的建议都是具体的做法，就是告诉家长具体要做什么，行为上需要有什么改变。很多家长听的时候觉得我的话很有道理，但是听了以后，就没有下文了，没有拿出具体的行动，没有把我的建议内化成他们自己的东西。

我经常提醒家长，家长自身的努力和实实在在的行动才是最重要的。好比一个练武功的人，如果整天只是记招数，看书看图，嘴上说，头脑中想，但是从不练习，那么他无论学习多久，还是不会武功。

一个会具体做、会实修的人其实就是一个活在当下的人，也是一个会做好当下的人。我从初中开始写日记，刚开始，我写日记没有章法，想到什么就写什么。后来因为自身的困扰，我的日记开始偏向观察和自省，通过每天写日记，通过每天的练习，我逐渐养成了观察和觉察的习惯，在观察和觉察的同时进行反思和反省。

我并不是一个特别有毅力的人，但是在几件小事上我坚持得不错，从以前写观察日记到现在写文章，每天运动，每天阅读。

我是一个没有什么规划的人，从来没有远大的志向，我以前最大的愿望就是从那个痛苦的漩涡中走出来，我在漩涡中痛苦挣扎的时候，我也问过自己，是否我一辈子都会如此，永远走不出来。现在我非常感谢这个生命中曾经出现过的漩涡，为了从这个漩涡中走出来，我日复一日，从小事做起。

比如为了稳定我的情绪，我坚持运动，差不多一直坚持着。比如为了知道这个漩涡是如何产生的，我该如何才能止住这个漩涡，如何才能从这个漩涡中走来，我看书，学习，阅读，思考，写观察日记，写分析日记，自我觉察，自我看见。

在日复一日的坚持中，我做的其实就是生活中点滴的小事，我只是实实在在地去做了。实修的重要性，只有同样经历过踏实努力和坚持的人才会明白，实修是一切的基本，实修是一切的基础。在实修的过程中，量变带来质变。实修本身是指身心同修，也就是身体力行的同时，心的觉察也在进行着。

实修就是身心同修

前面我讲过，从最初我觉察到这个漩涡，到我主动看见这个漩涡，漩涡的力量都会瞬间让我崩溃，在这个过程中，我始终保持了觉察，也就是清楚明白地看见了，并且切身地体会到了。

我被漩涡吞噬或摧毁的瞬间，整个人都会崩溃，这种崩溃的状态会持续几天或一周，甚至十天或者更长的时间。在此期间，我能看见我整个人倒在废墟上，无法动弹，没有力气，只能全盘接纳，承认自己败下阵来。

经过几天、一周、十天，甚至更长的时间，我慢慢有了些力气，这个时候，我会缓慢地从废墟上爬起来，就是那个内在的自己、灵魂深处的自己、潜意识里的那个自己会慢慢爬起来，然后重新站立起来。等我站立好，我知道，下一个回合的对视不久就会开始。

我和漩涡的对视和觉察，有时候是我主动地去觉察，有时候是漩涡的力量主动来找我，无论是哪种形式，我的主动觉察从来没有停止过，我内心的那股劲头从来没有被消灭掉。我一直在努力和坚持，无论多么痛苦，多么难，我都没有放弃继续努力。

我在最开始和漩涡对视时会瞬间崩溃，后来可以和漩涡对视几秒，再后来能增加到几分钟，就这样一直在延长对视的时间。

有不少人在错误地理解修行。比如瑜伽，很多人把瑜伽当成形体动作练习和呼吸练习，其实瑜伽是最古老的修行方法之一，真正的瑜伽是身心同修的。比如禅修，很多人单纯把诵读经文或打坐当作禅修的全部，其实真正的禅修也需要你内心的觉察和觉知。

实修需要身心同修，只有这样持续进行的过程才会给你带来翻天覆地的变化，这种变化发生在内部，然后由内而外地表现出来。你的内心，你的灵魂，你的潜意识经过实修都能够发生质变和得到升华。

实修是一切的基础。

请保持觉察

我接触过很多家长，发现很多家长只能看见孩子的问题，看不到自己的问题，而且总会对孩子表现出的问题快速评判，比如："孩子怎么这样？真不好！"家长的头脑中只有自己的评判，只能看到是非对错的评判，无法看见孩子，而看见才是爱，当家长没有看见孩子的时候，自然只会说教和管控，这个时候，家长对孩子的伤害就大于教育。

家长为什么会这样？因为家长没有觉察，当家长没有觉察的时候，不仅看不见孩子，连自己也看不见。

自我觉察像什么呢？觉察是改变的开始，是改变的源头，有点像一个更清醒的自我，可以起到刹车或调整方向的作用，更像一个总揽全局的知觉意识，这种自我觉察、觉知的能力也就是后来提出的高灵商。灵商也就是对事物本质的灵感、顿悟能力和直觉思维能力。

我经常提醒家长不要盯着孩子的问题，而要多看看自己，其实我是在提醒家长，多进行自我觉察，主动地看见自己。如果你对自身没有觉察，看不见自己，你同样就看不见孩子，那么你就只能死板地看到表现出来的问题，无法知道因果之间的必然联系，这个时候你的情商和灵商都为零。

觉察是转变的开始。

请保持觉察！